Rによる
心理学研究法入門

山田剛史 編著

北大路書房

本書に掲載されている会社名・製品名は一般に各社の登録商標または商標です。

本書掲載のプログラム使用において生じたいかなる損害についても，弊社および著者は一切の責任を負いませんので，あらかじめご了承ください。

はじめに

　本書は，オープンソースの統計ソフトウェアであるRを用いて，心理学研究法と心理統計を学ぶためのテキストです。Rと心理学研究法と心理統計の3者を融合させたテキストといってもよいでしょう。本書では，調査，実験，観察，実践など様々な心理学研究法を用いた研究を例として取り上げます。全部で10の章からなりますが，それぞれの章は独立していて，1つの章で完結しています。読者はオムニバスの小説を読むように，好きな章から読み進めてもらうことができます。また，各章でバラエティ豊かな研究例が示されますが，本書全体を通して共通することもあります。それは章の構成です。各々の章で1つの研究を研究例として取り上げ，その研究について，①研究の目的，②具体的なデータ収集の手続き，③Rによるデータ分析，④研究のまとめ，の順番で研究内容を詳しく紹介していくというものです（9章と10章については，この構成とは若干異なっています）。このような本書のスタイルは，山田・村井・杉澤（2015）でも用いられています。

　本書では，Rについてごく初歩の知識を有している人を対象としています。Rについてまったく知らない，触れたこともない，という方は，本書を読む前に，村井（2013）や山田・杉澤・村井（2008）をご覧いただければと思います。

　村井（2013）では，「あくまで最初の一歩を踏み出すためだけの本ですので，本書を読んだ後に，上記に紹介した本や他書を参考に，さらなるスキルアップにつとめていただければと思います」と述べられています。本書は，村井（2013）からバトンを引き継ぎ，「Rへの水路付け」を終えた読者を次なるステップに導く役割を担うものと考えています。

　以下に本書の特徴を整理してみます。

・主たる読者対象は，心理学領域で卒業論文に取り組もうとする学部3・4年生。心理統計に関する入門講義を履修し，「はじめてのR」を読了した程度のRのスキルを有していることを想定する。
・心理学論文の著者が自らの研究を題材に，心理学研究法，心理統計，Rについて解説を行う。
・心理学研究として，調査研究（縦断的研究・横断的研究），実験研究，観察研究，実践研究，尺度開発研究，教育測定に関する研究,方法論に関する研究など，様々

なテーマを取り上げる。
・研究例となる心理学研究で用いられた統計的方法について，Rを用いて分析する方法を紹介する。
・心理統計としては，記述統計（1変数の記述統計, 2変数の記述統計），相関分析，統計的仮説検定（t検定，分散分析，カイ2乗検定，ノンパラメトリック検定など），統計的推測，因子分析，回帰分析，マルチレベル分析，構造方程式モデリング，効果量など，近年の心理学研究で用いられている統計的方法を取り上げる。
・本書で紹介した分析を読者が追体験できるように，データとRスクリプトを北大路書房のWEBサイトで提供する。
・「この研究についてひとこと」では，その章で例として取り上げた研究について，研究を行った著者自ら，自分の研究に対して，研究のポイントや，論文執筆時のエピソード，研究に込めた思いなど，論文の著者でしか書けない内容が語られる。
・卒論生のための，心理学研究のモデル論文集であり，具体例に即した心理学研究法のテキストであり，Rのテキストである。

　いかがでしょうか。このような特徴を持つ本書が，これからまさに心理学研究の世界に足を踏み入れようとする読者の皆さんに喜ばれるものになればと思います。
　本書の主たる読者対象である，心理学領域で卒論や修論を書く学生にとっては，学術雑誌に掲載された論文やその論文の著者は雲の上の存在のように思えることでしょう。しかし，現実は決してそうではなく，論文の著者もその研究を行う過程で考えたり悩んだりしながら1つの研究をまとめているのです。このことを本書では伝えたいと思います。本書が，（若手）研究者から，これから研究を始める後輩達へのメッセージとなることを願っています。

目　次

はじめに　3

1章　心理学における実践研究 ……… 13

> **1章で取り上げる心理学研究**
> **研究の概要**
> 1章で取り上げる統計的方法：信頼性分析（クロンバックのα係数），尺度得点の計算，記述統計（基本統計量，ヒストグラム），独立な2群の平均値差の検定
> 心理学研究法に関わるキーワード：不等価2群事前事後デザイン

- 1-1　1章で学ぶこと　14
- 1-2　本書全体の構成　14
- 1-3　研究の目的　14
- 1-4　具体的なデータ収集の手続き　15
- 1-5　Rによるデータ分析　18
  - 1-5-1　データファイルの読み込み　18
  - 1-5-2　各変数の基本統計量　19
  - 1-5-3　α係数と尺度得点の算出　21
  - 1-5-4　尺度得点のヒストグラム　26

❖心理学研究法に関わる話　28

  - 1-5-5　尺度得点の基本統計量　28
  - 1-5-6　独立な2群のt検定　30
- 1-6　研究のまとめ　32
- 1-7　この研究についてひとこと　33
- 1-8　1章で学んだこと　34

2章　心理学における実験研究 ……… 35

> **2章で取り上げる心理学研究**
> **研究の概要**
> 2章で取り上げる統計的方法：1要因被験者間計画の分散分析，共分散分析，多重比較
> 心理学研究法に関わるキーワード：実験法，完全無作為1要因デザイン

- 2-1　2章で学ぶこと　36
- 2-2　研究の目的　36
- 2-3　具体的なデータ収集の手続き　39
  - ❖心理学研究法に関わる話　42
- 2-4　Rによるデータ分析　43
  - 2-4-1　データファイルの読み込み　43
  - 2-4-2　記述統計的分析　43
  - 2-4-3　1要因分散分析　45
  - 2-4-4　共分散分析　47
  - 2-4-5　多重比較　49
- 2-5　研究のまとめ　52
- 2-6　この研究についてひとこと　53
- 2-7　2章で学んだこと　53

3章　心理学における分散分析　55

3章で取り上げる心理学研究
研究の概要
3章で取り上げる統計的方法：2要因被験者内計画の分散分析，多重比較，単純主効果の検定
心理学研究法に関わるキーワード：実験法，反応時間データ，プライミング効果

- 3-1　3章で学ぶこと　56
- 3-2　研究の目的　56
  - 3-2-1　データ収集の手続き　58
  - 3-2-2　反応時間データの事前処理　59
- 3-3　Rによるデータ分析　60
  - 3-3-1　自作関数の利用　60
  - 3-3-2　ANOVA君の使用法　61
  - 3-3-3　出力の検討　63
- 3-4　もう少しつっこんだ分析　68
  - 3-4-1　球面性からの逸脱への対処　68
  - 3-4-2　被験者内要因の多重比較　70
  - 3-4-3　項目分析　70
  - 3-4-4　分析の際の平方和　71
- 3-5　研究のまとめ　71
- 3-6　この研究についてひとこと　72

目 次

3-7　3章で学んだこと　72
3-8　付録　73

4章　心理学における観察研究 …………………………………… 76

> **4章で取り上げる心理学研究**
> **研究の概要**
> 　4章で取り上げる統計的方法：データハンドリング，ウィルコクソン符号順位検定，ウィルコクソン順位和検定，カイ2乗検定
> 　心理学研究法に関わるキーワード：行動観察法，縦断研究

4-1　4章で学ぶこと　77
4-2　研究の目的　77
4-3　具体的なデータ収集の手続き　78
4-4　Rによるデータ分析　81
　　　4-4-1　データファイルの読み込み　81
　　　4-4-2　Rを使ってデータの簡単な計算　82
　　　4-4-3　ノンパラメトリック検定を用いて中央値の比較を行う　86

❖心理学研究法に関わる話　90

　　　4-4-4　カイ2乗検定　91
4-5　研究のまとめ　94
4-6　この研究についてひとこと　95
4-7　4章で学んだこと　96

5章　教育測定に関する実証研究 …………………………………… 97

> **5章で取り上げる心理学研究**
> **研究の概要**
> 　5章で取り上げる統計的方法：古典的テスト理論（項目難易度と項目識別力），度数分布表，得点率の差の推定，I-T相関の差の推定
> 　心理学研究法に関わるキーワード：調査法と実験法を組み合わせた研究法

5-1　5章で学ぶこと　98
5-2　研究の目的　98
5-3　具体的なデータ収集の手続き　99
5-4　Rによるデータ分析　103
　　　5-4-1　データファイルの読み込み　104

	5-4-2	合計得点の算出，合計得点に基づいた群分けおよびファイルの保存　105
	5-4-3	条件ごとの得点率（平均）と群別得点率の算出　107
	5-4-4	条件ごとの解答類型分類率の算出　111
	5-4-5	識別力（I-T相関）の算出　115
	5-4-6	得点率の差およびI-T相関の差の推定　117

❖心理学研究法に関わる話　120

- 5-5 研究のまとめ　121
- 5-6 この研究についてひとこと　122
- 5-7 5章で学んだこと　123

6章　心理尺度および心理検査の作成と信頼性・妥当性 ………… 125

> **6章で取り上げる心理学研究**
> **研究の概要**
> 　6章で取り上げる統計的方法：記述統計（散布図，相関係数，α係数），因子分析
> 　心理学研究法に関わるキーワード：心理尺度（心理検査・テスト），測定の信頼性・妥当性の諸概念

- 6-1　6章で学ぶこと　126
- 6-2　研究の目的　126
- 6-3　具体的な項目作成・データ収集の手続き　128
  - 6-3-1　項目作成　128
  - 6-3-2　予備調査　128
  - 6-3-3　本調査　129
- 6-4　Rによるデータ分析　130
  - 6-4-1　データファイルの読み込み　130
  - 6-4-2　下位領域得点の基本統計量　131
  - 6-4-3　下位スキル得点および全検査得点の基本統計量　132
  - 6-4-4　信頼性（内的整合性）の検証　133
  - 6-4-5　妥当性の検証1（基準連関妥当性）　134
  - 6-4-6　妥当性の検証2（因子的妥当性）　140
  - 6-4-7　妥当性の検証3（内容的妥当性）　143

❖心理学研究法に関わる話　143

- 6-5　研究のまとめ　145
- 6-6　この研究についてひとこと　145
- 6-7　6章で学んだこと　146

目 次

7章　心理学における調査研究（1） …………… 147

> **7章で取り上げる心理学研究**
> **研究の概要**
> 7章で取り上げる統計的方法：マルチレベル分析，尤度比検定
> 心理学研究法に関わるキーワード：質問紙調査，階層性のあるデータ（マルチレベルデータ），観測値の独立性

- 7-1　7章で学ぶこと　148
- 7-2　研究の目的　148
- 7-3　データ収集の手続きとデータの概要　149
  - ❖心理学研究法に関わる話　151
- 7-4　マルチレベル分析　152
  - 7-4-1　1つの変数のマルチレベルモデル　152
  - 7-4-2　2つの変数の関係を表すマルチレベルモデル　154
- 7-5　Rによるデータ分析　155
  - 7-5-1　データファイルの読み込み　155
  - 7-5-2　下位尺度得点の算出　157
  - 7-5-3　マルチレベル分析　157
  - 7-5-4　尤度比検定によるモデル比較　164
  - 7-5-5　独立変数が2つ以上のランダム切片モデルとランダム傾きモデル　166
- 7-6　研究のまとめ　168
- 7-7　この研究についてひとこと　170
- 7-8　7章で学んだこと　171

8章　心理学における調査研究（2） …………… 172

> **8章で取り上げる心理学研究**
> **研究の概要**
> 8章で取り上げる統計的方法：相関係数，偏相関係数，回帰分析，重回帰分析，階層的重回帰分析
> 心理学研究法に関わるキーワード：縦断調査デザイン

- 8-1　8章で学ぶこと　173
- 8-2　研究の目的　173
- 8-3　具体的なデータ収集の手続き　174
- 8-4　Rによるデータ分析　176
  - 8-4-1　データファイルの読み込み　176

  8-4-2 各変数の作成と基本統計量 177
  8-4-3 相関係数の計算と散布図の作成 179
  8-4-4 偏相関係数の計算 181
  8-4-5 単回帰分析（非標準化解） 184
  8-4-6 単回帰分析（標準化解） 187
  8-4-7 回帰係数の95％信頼区間を求める 188
  8-4-8 散布図に回帰直線を引く 188
  8-4-9 回帰直線の95％信頼区間を散布図に描く 189
  8-4-10 重回帰分析 191
  8-4-11 抑制変数 194
  8-4-12 多重共線性 195
  ❖心理学研究法に関わる話―縦断調査デザイン 196

8-5 研究のまとめ 197
8-6 この研究についてひとこと 198
8-7 8章で学んだこと 199

9章　縦断データ解析による因果関係の探索　200

> 9章で取り上げる統計的方法：構造方程式モデリング（共分散構造分析），重回帰分析，パス解析，確認的因子分析，潜在変数のパス解析
> 心理学研究法に関わるキーワード：相関と因果，無作為化配置実験，縦断研究

9-1 9章で学ぶこと 201
9-2 因果関係を知るために 201
  9-2-1 ミルの3原則 203
  9-2-2 無作為化配置実験 204
  9-2-3 縦断調査 206
9-3 構造方程式モデリングによる推定 207
  9-3-1 共分散行列の読み込み 208
  9-3-2 単回帰分析の実行 210
  9-3-3 重回帰分析の実行 214
  9-3-4 パス解析の実行 215
9-4 交差遅延モデル 216
  9-4-1 交差遅延モデルの実行 216
  9-4-2 交差遅延モデルその2 218
9-5 潜在変数間のモデリング 221
  9-5-1 潜在変数を使う理由 221
  9-5-2 潜在変数間の交差遅延モデル 223
  9-5-3 潜在変数間の同時効果モデルと暴力性を第3変数としたモデル 227
  ❖縦断調査研究に携わった経験から 228

9-6　本章のまとめ　　229
　　　9-7　9章で学んだこと　　229

10章　効果量のバイアスを調べるシミュレーション研究 ……… 231

> 10章で取り上げる心理学研究
> 研究の概要
> 10章で取り上げる統計的方法：分散分析，効果量，バイアス，推定量
> 心理学研究法に関わるキーワード：シミュレーション研究

　　　10-1　10章で学ぶこと　　232
　　　10-2　研究の目的　　232
　　　　　　10-2-1　効果量　　232
　　　　　　10-2-2　母集団と標本　　233
　　　　　　10-2-3　分散分析の母効果量　　234
　　　　　　10-2-4　分散分析の標本効果量　　234
　　　10-3　シミュレーション研究とは　　235
　　　10-4　for( )による繰り返し　　237
　　　10-5　Rによる実際のシミュレーション研究　　239
　　　　　　10-5-1　乱数の種　　239
　　　　　　10-5-2　シミュレーション用の設定と変数の準備　　240
　　　　　　10-5-3　forループ　　242
　　　　　　10-5-4　結果の表示　　248
　　　10-6　研究のまとめ　　250
　　　10-7　この研究についてひとこと　　251
　　　10-8　10章で学んだこと　　252

引用文献　　253
索引（事項／関数）　　259
あとがき　　266

1章　心理学における実践研究

山田剛史・林　創

❏ 1章で取り上げる心理学研究

林　創・山田剛史（2012）．リサーチリテラシーの育成による批判的思考態度の向上―「書く力」と「データ分析力」を中心に―　京都大学高等教育研究, 18, 41-51.

❏ 研究の概要

本研究の目的は，リサーチリテラシー（調査をはじめ，研究を遂行するために必要な基礎的能力と定義）を育成するための授業実践の効果を検討することであった。授業は，著者ら（山田・林）のゼミに所属する大学3年生を対象とし，合同ゼミという形で実施された。山田・林（2011）で取り上げられたリサーチリテラシーを構成する8つの力のうち，「書く力」と「データ分析力」の学びに焦点化し，批判的思考の向上に着目した授業を計画した。合同ゼミには，19人のゼミ生（受講生）が参加した。受講生に対して，授業の前後に2週間ほどの間隔を空けて，批判的思考態度尺度（平山・楠見，2004）の測定を行った。同時期に同じ学部の他の講義を履修していた学部3年生47人に対しても，同間隔で批判的思考態度尺度の測定を行った。2回の尺度得点の変化を検討したところ，明らかに合同ゼミに参加した受講生にのみ，批判的思考態度のすべての側面において向上がみられた。この結果から，リサーチリテラシーを育成するための授業実践が，批判的思考態度の向上に寄与することが示唆された。

1章で取り上げる統計的方法	心理学研究法に関わるキーワード
・信頼性分析（クロンバックのα係数） ・尺度得点の計算 ・記述統計（基本統計量，ヒストグラム） ・独立な2群の平均値差の検定	・不等価2群事前事後デザイン

1-1　1章で学ぶこと

> 1章では，大学における授業実践をテーマとした実践研究を取り上げます。研究例として取り上げる林・山田（2012）では，リサーチリテラシーを育成するための「合同ゼミ」という授業実践が行われています。この授業の教育効果を測定するために，受講生に対して，批判的思考態度尺度（平山・楠見，2004）の測定がなされ，合同ゼミの前後でこの尺度の得点が向上するかどうか，検討されています。本章では，特にこの「批判的思考態度尺度」のデータ分析を中心に，林・山田（2012）の実践研究を紹介していきます。

1-2　本書全体の構成

　本書は，調査，実験，観察，実践，理論，など様々な心理学研究法を用いた研究を例として取り上げます。それぞれの章では，バラエティ豊かな研究例が示されますが，本書全体を通して共通することもあります。それは，各章で基本的に1つの研究を研究例として取り上げ，その研究について，①研究の目的，②具体的なデータ収集の手続き，③Rによるデータ分析，④研究のまとめ，の順番で研究内容を詳しく紹介していくというものです。各章は，取り上げた研究例を紹介するための4つの要素から構成されるということです。このような本書のスタイルは，山田・村井・杉澤（2015）でも用いられています。また，本書では，「この研究についてひとこと」として，その章で例として取り上げた研究について，研究を行った（論文を執筆した）著者自ら，研究のポイントや，論文執筆時のエピソード，研究に込めた思いなど，著者でしか書けないコメントを記します。

1-3　研究の目的

　谷岡（2000, 2007）は，社会調査の文脈でリサーチリテラシーのことを「事実や数字を正しく読むための能力」とよんでいます。山田・林（2011）は，この谷岡の定義を少し広げて，リサーチリテラシーを「調査をはじめ，研究を遂行するために必要な基礎的能力」ととらえました。そして，リサーチリテラシーを構成する8つの力として，聞く力，課題発見力，情報収集力，情報整理力，読む力，

書く力，データ分析力，プレゼンテーション力を想定し，これらを学部2～3年のうちに身に付けるべき能力と考えました。さらに，山田・林（2011）では，クリティカルシンキング（批判的思考），メタ認知，心の理論という3つの心理学的概念を援用し，これらを意識することがリサーチリテラシーを身に付ける上で有用であるという視点を提供しています。

こうしたことを踏まえて，林・山田（2012）では，著者らのゼミの3年生を対象に，リサーチリテラシーの育成に主眼を置いた授業実践を行いました。8つの力のうち，「書く力」と「データ分析力」の学びに焦点化し，3つの心理学的概念のうち批判的思考の向上に着目しました。林・山田（2012）は，この授業を「合同ゼミ」とよび，その参加者を「受講生」としています。

林・山田（2012）では，「書く力」「データ分析力」を中心としたリサーチリテラシーの育成を行うことで批判的思考態度（批判的に考えようとする態度や傾向性）が向上するという仮説を立て，これを検討することを第1の目的としました。また，合同ゼミを行う前に受講生に課した課題の解答を詳細に分析することで，大学で求められるレポートや批判的思考について，リサーチリテラシーを学ぶ前の学生がどのような意識を持っているのかを探ることを第2の目的としました。後者については，この目的が達成されることで，リサーチリテラシーを育成する意義と，どのような点に注意して教えるべきかが明確になると考えたためです。

林・山田（2012）では，合同ゼミ以前に受講生に課した「書く力」と「データ分析力」についての課題，それぞれの受講生の課題の解答についての詳細な検討を行っています。本章では，批判的思考態度尺度のデータ分析に焦点を当てて，紹介していくことにします。「書く力」課題と「データ分析力」課題についての結果の詳細については，林・山田（2012）をご覧ください。

1-4 具体的なデータ収集の手続き

受講生（参加者）は，林・山田（2012）の著者らのゼミに所属している学部3年生19人（平成23年度12人，平成24年度7人）でした。具体的な実践の流れは，①合同ゼミ説明会→②事前の課題への取り組み→③合同ゼミ，というものでした。合同ゼミ説明会（平成23年度は7月22日，平成24年度は7月19日）では，まず，平山・楠見（2004）の批判的思考態度尺度に回答してもらい（1回目の測定），その後，合同ゼミで用いる「書く力」課題と「データ分析力」課題を提示し，各年度とも8月1日（締め切り）までにメールで著者ら教員に提出するように指示

しました。合同ゼミ当日(平成23年度は8月10日,平成24年度は8月7日)は午後3コマ(計270分:平成23年度)あるいは2コマ(計180分:平成24年度)を使用しました。山田・林(2011)のテキストを配布し,受講生の課題の解答を例示し,全員で議論をしながら,リサーチリテラシーの重要点を指導しました。授業終了後に,批判的思考態度尺度に再び回答してもらいました(2回目の測定)。同時に合同ゼミの感想も記述してもらいました。なお,比較のため,合同ゼミを受講していない学部生47人(以下,合同ゼミを受けていないという意味で,「非受講生」と表記)に対して,同様に批判的思考態度尺度を実施しました。非受講生は,他の講義を履修している学生でした。受講生と非受講生で条件の差をできるだけ等価にするため,どちらも同じ学部の同学年の学生とし,1回目と2回目の実施間隔を2週間空けて,受講生の実施間隔と一致させるようにしました。

批判的思考態度尺度は,33項目からなる尺度ですが,18項目の短縮版が利用さ

表1.1 批判的思考態度尺度(平山・楠見,2004) 18項目

論理的思考への自覚	
R1	考えをまとめることが得意だ
R2	複雑な問題について順序立てて考えることが得意だ
R3	物事を正確に考えることに自信がある
R4	誰もが納得できるような説明をすることができる
R5	何か複雑な問題を考えると,混乱してしまう(逆転項目)
探究心	
T1	いろいろな考え方の人と接して多くのことを学びたい
T2	外国人がどのように考えるかを勉強することは,意義のあることだと思う
T3	生涯にわたり新しいことを学びつづけたいと思う
T4	自分とは違う考え方の人に興味をもつ
T5	さまざまな文化について学びたいと思う
客観性	
K1	一つ二つの立場だけではなく,できるだけ多くの立場から考えようとする
K2	自分が無意識のうちに偏った見方をしていないか振り返るようにしている
K3	物事を決めるときには,客観的な態度を心がける
K4	物事を見るときに自分の立場からしか見ない(逆転項目)
K5	いつも偏りのない判断をしようとする
証拠の重視	
S1	判断をくだす際は,できるだけ多くの事実や証拠を調べる
S2	結論をくだす場合には,確たる証拠の有無にこだわる
S3	何事も,少しも疑わずに信じ込んだりはしない

1章 心理学における実践研究

れることがあり，林・山田（2012）でも，18項目を利用しました。表1.1に，具体的な項目内容を示しました。批判的思考態度尺度は，「論理的思考への自覚」「探究心」「客観性」「証拠の重視」という4つの下位尺度から構成されます。

得られたデータはcrithin.csvというファイルに入力され，その中身は表1.2のようになっています（表1.2には，最初の数件分のデータが表示されています）。crithin.csv内の変数は，以下のようになっています。本書では，村井（2013）と同様，データはCSVファイルとして作成し，Rの作業ディレクトリに保存することにします。保存されたCSVファイルをread.csv( )により読み込むという方法を用いることとします。

表1.2 crithin.csvの中身

- name：被調査者の名前をイニシャルで表示。
- class：合同ゼミ受講生か非受講生か（1が受講生，2が非受講生）。
- r1aからr5a：批判的思考態度尺度の「論理的思考への自覚（5項目）」への評定（1から5），1回目の測定。
- t1aからt5a：批判的思考態度尺度の「探究心（5項目）」への評定（1から5），1回目の測定。
- k1aからk5a：批判的思考態度尺度の「客観性（5項目）」への評定（1から5），1回目の測定。
- s1aからs3a：批判的思考態度尺度の「証拠の重視（3項目）」への評定（1から5），1回目の測定。
- r1bからr5b：批判的思考態度尺度の「論理的思考への自覚（5項目）」への評定（1から5），2回目の測定。
- t1bからt5b：批判的思考態度尺度の「探究心（5項目）」への評定（1から5），2回目の測定。
- k1bからk5b：批判的思考態度尺度の「客観性（5項目）」への評定（1から5），2回目の測定。
- s1bからs3b：批判的思考態度尺度の「証拠の重視（3項目）」への評定（1から5），2回目の測定。

批判的思考態度尺度の各項目への回答は5件法（1から5）で評定が行われ，数値が大きいほどその項目について「当てはまる」ことを意味します。しかし，

逆転項目については処理がなされており，数値が大きいほど「当てはまらない」ことを意味します。

1-5 Rによるデータ分析

Rによるデータ分析は，村井（2013）と同様に，RエディタにRスクリプトを入力し，「編集」→「カーソル行または選択中のRコードを実行」として（あるいは，「Ctrl」キーを押しながら「r」を押す，ショートカットキーにより）行うことができます。

●1-5-1 データファイルの読み込み

read.csv( )により，crithin.csvを読み込みます。データフレーム名はここではcrithinとしています。head(crithin)を実行することで，データフレーム内の最初の数行分のデータを確認することができます。Rスクリプト中の「#」はコメントを意味します。#以降に書かれた内容は実行されません。どんな分析を行ったか，Rエディタにメモを残す際に便利です。

```
> crithin <- read.csv("crithin.csv")
> head(crithin) # 最初の数行を表示
  name class r1a r2a r3a r4a r5a t1a t2a t3a t4a t5a k1a
1   at     1   3   3   2   2   3   4   4   5   4   5   2
2   in     1   2   2   3   2   2   5   4   3   5   4   3
3   sn     1   1   2   1   1   1   5   4   2   4   2   3
4   ts     1   4   2   4   2   2   4   4   2   2   4   2
5   fd     1   3   4   4   3   4   3   3   4   3   4   3
6   mr     1   2   2   2   2   1   4   5   4   5   4
  k2a k3a k4a k5a s1a s2a s3a r1b r2b r3b r4b r5b t1b
1   3   4   4   3   4   3   3   3   2   2   2   5
2   4   3   4   3   4   2   2   2   2   2   2   4
3   3   3   3   3   3   1   1   2   1   2   4
4   4   2   2   2   2   2   3   3   3   3   4
5   3   3   3   4   3   3   3   4   3   4   4
6   2   5   5   4   2   1   4   2   2   2   2   4
  t2b t3b t4b t5b k1b k2b k3b k4b k5b s1b s2b s3b
1   5   5   4   4   3   4   4   4   4   4
2   5   4   4   4   4   3   4   4   4   5   2
3   4   3   3   4   3   3   3   3   3   2   3
```

18

```
4    4    4    3    4    4    4    3    4    3    3    4
5    3    4    4    3    3    3    4    4    4    5    5    5
6    5    4    2    5    4    4    4    5    4    4    2    4
```

●1-5-2　各変数の基本統計量

　データフレームcrithin内の各変数について，基本統計量を計算してみましょう。このためには，psychパッケージに含まれるdescribe( )が便利です。まだpsychパッケージのインストールをしていない場合は，install.packages("psych")として，必要なファイルをダウンロードし，インストールして下さい。この操作は一度だけ実施します。つづいて，library(psych)で，psychパッケージを利用できるようにします。library(psych)は，Rを起動する度に行う必要があります（psychパッケージを使う場合は）。

```
> install.packages("psych")  # psychパッケージのインストール
> library(psych)  # psychパッケージの読み込み
```

　psychパッケージが利用できるようになったら，describe( )で，データフレーム内の個々の変数について基本統計量を算出することができます。

```
> describe(crithin) # 基本統計量の算出
       vars  n  mean    sd median trimmed   mad min max range  skew kurtosis   se
name*    1 66 27.53 15.06   27.5   27.70 19.27   1  51    50 -0.10    -1.26 1.85
class    2 66  1.71  0.46    2.0    1.76  0.00   1   2     1 -0.92    -1.18 0.06
r1a      3 66  2.59  1.01    2.0    2.57  1.48   1   5     4  0.51    -0.63 0.12
r2a      4 66  2.80  0.95    3.0    2.76  1.48   1   5     4  0.39    -0.89 0.12
r3a      5 66  2.80  1.01    3.0    2.85  1.48   1   5     4 -0.05    -1.04 0.12
r4a      6 66  2.58  0.91    3.0    2.57  1.48   1   5     4  0.20    -0.42 0.11
r5a      7 66  2.65  1.02    2.0    2.67  1.48   1   5     4  0.20    -1.00 0.12
t1a      8 66  4.23  0.91    4.0    4.37  1.48   1   5     4 -1.54     2.92 0.11
t2a      9 66  4.08  1.06    4.0    4.26  1.48   1   5     4 -1.30     1.29 0.13
t3a     10 66  3.88  0.97    4.0    3.98  0.74   1   5     4 -0.86     0.22 0.12
t4a     11 66  3.88  0.89    4.0    3.96  0.00   1   5     4 -0.81     0.67 0.11
t5a     12 66  4.05  1.03    4.0    4.20  1.48   1   5     4 -1.17     0.88 0.13
k1a     13 66  3.62  0.96    4.0    3.69  0.00   1   5     4 -0.86     0.27 0.12
k2a     14 66  3.50  1.06    4.0    3.57  1.48   1   5     4 -0.69    -0.08 0.13
k3a     15 66  3.79  0.92    4.0    3.87  1.48   1   5     4 -0.63     0.12 0.11
k4a     16 66  3.70  0.88    4.0    3.74  1.48   2   5     3 -0.20    -0.71 0.11
```

```
k5a  17  66  3.50  0.96  4.0  3.54  1.48  1  5  4 -0.40 -0.16 0.12
s1a  18  66  3.38  1.03  3.5  3.37  0.74  1  5  4 -0.13 -0.98 0.13
s2a  19  66  3.20  1.13  3.0  3.19  1.48  1  5  4  0.00 -1.02 0.14
s3a  20  66  3.52  1.15  4.0  3.59  1.48  1  5  4 -0.60 -0.61 0.14
r1b  21  66  2.88  1.05  3.0  2.93  1.48  1  5  4 -0.08 -0.99 0.13
r2b  22  66  2.86  1.09  3.0  2.83  1.48  1  5  4  0.27 -0.85 0.13
r3b  23  66  3.05  0.97  3.0  3.04  1.48  1  5  4  0.01 -0.51 0.12
r4b  24  66  2.73  0.99  3.0  2.74  1.48  1  5  4  0.08 -0.54 0.12
r5b  25  66  2.55  1.00  2.0  2.52  0.00  1  5  4  0.61 -0.46 0.12
t1b  26  66  4.38  0.80  5.0  4.52  0.00  1  5  4 -1.65  3.77 0.10
t2b  27  66  4.02  1.03  4.0  4.17  1.48  1  5  4 -1.11  0.74 0.13
t3b  28  66  4.11  0.95  4.0  4.24  1.48  1  5  4 -1.06  0.78 0.12
t4b  29  66  3.86  0.80  4.0  3.91  0.00  2  5  3 -0.46 -0.15 0.10
t5b  30  66  4.24  0.93  4.0  4.39  1.48  1  5  4 -1.28  1.34 0.11
k1b  31  66  3.97  0.91  4.0  4.07  1.48  1  5  4 -0.90  0.70 0.11
k2b  32  66  3.82  0.91  4.0  3.89  1.48  1  5  4 -0.61  0.17 0.11
k3b  33  66  3.92  0.92  4.0  4.02  1.48  1  5  4 -0.80  0.45 0.11
k4b  34  66  3.65  0.92  4.0  3.72  0.00  1  5  4 -0.79  0.58 0.11
k5b  35  66  3.92  0.86  4.0  4.00  0.00  1  5  4 -0.84  0.91 0.11
s1b  36  66  3.74  0.83  4.0  3.76  1.48  1  5  4 -0.46  0.51 0.10
s2b  37  66  3.74  0.98  4.0  3.81  1.48  1  5  4 -0.63 -0.24 0.12
s3b  38  66  3.68  1.01  4.0  3.74  1.48  1  5  4 -0.41 -0.60 0.12
```

それぞれの変数について，データ数（n），平均（mean），標準偏差（sd），中央値（median），最小値（min），最大値（max），範囲（range），歪度（skew），尖度（kurtosis），標準誤差（se）が算出されます。range=max-min，se=sd/$\sqrt{n}$ で求めることができます。

なお，受講生か非受講生かによって，つまり，属性ごとに各変数の基本統計量を算出したい場合は，同じくpsychパッケージに含まれるdescribeBy( )を用いることができます。

```
> describeBy(crithin, crithin$class)  # 属性ごとの基本統計量の算出
group: 1
      vars  n  mean    sd median trimmed   mad min max range  skew kurtosis   se
name*    1 19 29.05 16.41     29   29.29 22.24   3  51    48 -0.16    -1.53 3.76
class    2 19  1.00  0.00      1    1.00  0.00   1   1     0   NaN      NaN 0.00
r1a      3 19  2.32  0.82      2    2.29  1.48   1   4     3 -0.01    -0.83 0.19
r2a      4 19  2.84  0.83      3    2.82  1.48   2   4     2  0.27    -1.59 0.19
r3a      5 19  2.58  1.07      2    2.59  1.48   1   4     3  0.06    -1.40 0.25
```

1章 心理学における実践研究

```
...
s1b     36  19  3.95   0.62      4  3.94  0.00   3   5    2   0.02  -0.56 0.14
s2b     37  19  3.84   0.90      4  3.88  0.00   2   5    3  -0.58  -0.44 0.21
s3b     38  19  3.74   0.93      4  3.76  0.00   2   5    3  -0.66  -0.53 0.21
-------------------------------------------------------------------------
group: 2
        vars  n  mean     sd median trimmed   mad min max range  skew kurtosis   se
name*    1   47 26.91  14.62    27  27.05 17.79   1  51    50 -0.09   -1.21 2.13
class    2   47  2.00   0.00     2   2.00  0.00   2   2     0   NaN     NaN 0.00
r1a      3   47  2.70   1.06     2   2.67  0.00   1   5     4  0.49   -0.97 0.15
r2a      4   47  2.79   1.00     3   2.74  1.48   1   5     4  0.42   -0.86 0.15
r3a      5   47  2.89   0.98     3   2.92  1.48   1   5     4 -0.06   -0.98 0.14
...
```

●1-5-3　α係数と尺度得点の算出

　尺度による測定の信頼性の指標として，クロンバックのα係数がよく利用されます（測定の信頼性と妥当性については，6章を参照してください）。α係数は，内的一貫性の観点から見た信頼性の指標です。α係数を求めるために，psychパッケージのalpha( )が利用できます。

```
alpha(crithin[c(3:7)], keys=c(1,1,1,1,1))
alpha(crithin[c(3:7)])  # 論理的思考への自覚(1回目)
```

　Rエディタにこのように書いて実行します。alpha( )の引数として指定されているcrithin[c(3:7)]という記述は，データフレームcrithin内の3列目から7列目の変数という意味です。これらはr1aからr5a，つまり，批判的思考態度尺度の「論理的思考への自覚」への評定（1回目）に対応しています。keysオプションは，α係数を算出する対象となる変数が逆転項目を含む場合に有効です。逆転項目に−1を対応させ，keys=c(-1, 1, 1, −1, 1)のように記述すると，1番目と4番目の変数を逆転項目とみなしてα係数を計算します。今回のデータ例では，逆転項目の処理を行った上でデータ入力をしているため，keysオプションを付ける必要はありません。このため，Rスクリプトを上記の2通りで記述できて，当然ですが，同じ結果が得られます。Rスクリプトを実行すると，以下のようにR Consoleに出力されます。

```
> alpha(crithin[c(3:7)], keys=c(1,1,1,1,1))

Reliability analysis
Call: alpha(x = crithin[c(3:7)], keys = c(1, 1, 1, 1, 1))

  raw_alpha std.alpha G6(smc) average_r S/N   ase mean   sd
       0.8       0.8    0.79      0.45   4 0.075  2.7 0.73

 lower alpha upper     95% confidence boundaries
  0.65   0.8  0.95

 Reliability if an item is dropped:
     raw_alpha std.alpha G6(smc) average_r S/N alpha se
r1a       0.73      0.73    0.71      0.41 2.7    0.099
r2a       0.77      0.77    0.75      0.45 3.3    0.093
r3a       0.71      0.71    0.67      0.38 2.4    0.104
r4a       0.78      0.78    0.74      0.46 3.5    0.092
r5a       0.82      0.82    0.80      0.54 4.6    0.083

 Item statistics
      n    r r.cor r.drop mean   sd
r1a 66 0.81  0.76   0.68  2.6 1.01
r2a 66 0.74  0.64   0.57  2.8 0.95
r3a 66 0.86  0.85   0.76  2.8 1.01
r4a 66 0.72  0.63   0.55  2.6 0.91
r5a 66 0.60  0.43   0.39  2.7 1.02

Non missing response frequency for each item
       1    2    3    4    5 miss
r1a 0.09 0.48 0.20 0.20 0.03    0
r2a 0.03 0.44 0.26 0.24 0.03    0
r3a 0.09 0.33 0.27 0.29 0.02    0
r4a 0.11 0.38 0.36 0.14 0.02    0
r5a 0.11 0.41 0.23 0.24 0.02    0
> alpha(crithin[c(3:7)]) # 論理的思考への自覚(1回目)

Reliability analysis
Call: alpha(x = crithin[c(3:7)])

  raw_alpha std.alpha G6(smc) average_r S/N   ase mean   sd
       0.8       0.8    0.79      0.45   4 0.075  2.7 0.73
...
```

上記の出力の中で，raw_alphaは素点から求めた α 係数，std.alphaは標準化された得点から求めた α 係数です。一般的には，raw_alphaの値を参照すればよいでしょう。「論理的思考への自覚」（1回目）の α 係数は，0.80となります。「Reliability if an item is dropped:」の箇所では，項目を除外したときの α 係数の値が示されています。r5aを削除すると，raw_alphaの値が0.82に上昇することが読み取れます。

その他の尺度得点についても，α 係数を計算してみましょう。Rエディタに下記のスクリプトを入力し，これを実行することで求められます。

```
alpha(crithin[c(3:7)])   # 論理的思考への自覚(1回目)
alpha(crithin[c(8:12)])  # 探究心(1回目)
alpha(crithin[c(13:17)]) # 客観性(1回目)
alpha(crithin[c(18:20)]) # 証拠の重視(1回目)
alpha(crithin[c(3:20)])  # 18項目合計(1回目)
alpha(crithin[c(21:25)]) # 論理的思考への自覚(2回目)
alpha(crithin[c(26:30)]) # 探究心(2回目)
alpha(crithin[c(31:35)]) # 客観性(2回目)
alpha(crithin[c(36:38)]) # 証拠の重視(2回目)
alpha(crithin[c(21:38)]) # 18項目合計(2回目)
```

上記の実行結果を整理すると，表1.3のようになります。

表1.3 批判的思考態度尺度の α 係数

	1回目	2回目
論理的思考への自覚	0.80	0.80
探究心	0.82	0.83
客観性	0.87	0.85
証拠の重視	0.66	0.62
18項目の合計	0.86	0.89

α 係数の値について確認してみると，「証拠の重視」が低めの値になっていますが，項目数が3であることを考えるとやむを得ないかもしれません（α 係数は，尺度に含まれる項目数が多いほど大きな値を取ります）。その他の尺度については，かなり高い値を示していることがわかります。

続いて，批判的思考態度尺度の下位尺度ごとに尺度得点を計算します。林・山田（2012）と同様に，下位尺度に含まれる項目の平均として，尺度得点を計算します。「論理的思考への自覚」（1回目）について尺度得点を求めるには，Rエディタに以下のように入力します。

```
# 尺度得点の算出　論理的思考への自覚(1回目)
attach(crithin)
(crithin$ronri.a1 <- (r1a+r2a+r3a+r4a+r5a)/5)
(crithin$ronri.a <- rowMeans(crithin[c(3:7)]))
```

　ここで，2通りの書き方を示していますが，どちらでも同じ結果を得ることができます。crithin$ronri.a1は，尺度に含まれる項目それぞれの得点の合計を項目数で割って，平均を求めています。crithin$ronri.aは，rowMeans( )という関数を用いて，データフレームcrithin内の3列目から7列目までの変数（これがr1aからr5aに対応しています）の平均を求めています。最初にattach(crithin)としないと，r1aという表記を用いることができません。いちいちcrithin$r1aのように書かないとエラーが出てしまうのです。それは煩わしいので，attach(crithin)を実行し，crithin$と書かなくてもデータフレームcrithin内の変数を指定できるようにしています。(crithin$ronri.a1 <- (r1a+r2a+r3a+r4a+r5a)/5)と，スクリプトの前後に( )をつけて実行することで，( )内のスクリプトの実行結果をR Console上に出力することができます。つまり，crithin$ronri.a1の中身を表示させることができるということです。上記のRスクリプトを実行すると，R Console上に下記のように出力されます。

```
> # 尺度得点の算出　論理的思考への自覚(1回目)
> attach(crithin)
> (crithin$ronri.a1 <- (r1a+r2a+r3a+r4a+r5a)/5)
 [1] 2.6 2.2 1.2 2.8 3.6 1.8 2.6 2.2 2.2 2.8 2.8 2.0 2.2 3.2 2.8 2.0 3.2
[18] 3.6 1.4 2.2 3.6 2.4 2.4 1.6 2.4 3.0 2.6 2.0 2.6 3.2 2.0 3.0 3.4 1.8
[35] 2.8 3.8 3.2 3.2 1.6 2.0 2.4 2.8 2.2 1.8 2.2 1.6 4.0 3.6 4.0 3.6 3.8
[52] 1.8 3.2 2.8 2.6 4.4 2.6 3.4 4.0 2.6 3.8 2.0 2.8 2.8 2.2 2.2
> (crithin$ronri.a <- rowMeans(crithin[c(3:7)]))
 [1] 2.6 2.2 1.2 2.8 3.6 1.8 2.6 2.2 2.2 2.8 2.8 2.0 2.2 3.2 2.8 2.0 3.2
[18] 3.6 1.4 2.2 3.6 2.4 2.4 1.6 2.4 3.0 2.6 2.0 2.6 3.2 2.0 3.0 3.4 1.8
[35] 2.8 3.8 3.2 3.2 1.6 2.0 2.4 2.8 2.2 1.8 2.2 1.6 4.0 3.6 4.0 3.6 3.8
[52] 1.8 3.2 2.8 2.6 4.4 2.6 3.4 4.0 2.6 3.8 2.0 2.8 2.8 2.2 2.2
```

　どちらの方法で尺度得点を求めても，同一の結果が得られていることが確認できました。なお，これら2つの変数（ronri.a1とronri.a）が，データフレームcrithinの39列目と40列目に新たに追加されます。他の尺度得点については，Rエディタで下記のスクリプトを入力して，これらを実行してください。

```
# 尺度得点の算出　論理的思考への自覚(1回目)
crithin$tankyu.a <- rowMeans(crithin[c(8:12)])
crithin$kyakkan.a <- rowMeans(crithin[c(13:17)])
crithin$shoko.a <- rowMeans(crithin[c(18:20)])
crithin$taido.a <- rowMeans(crithin[c(3:20)])
# 批判的思考態度尺度 (2回目)
crithin$ronri.b <- rowMeans(crithin[c(21:25)])
crithin$tankyu.b <- rowMeans(crithin[c(26:30)])
crithin$kyakkan.b <- rowMeans(crithin[c(31:35)])
crithin$shoko.b <- rowMeans(crithin[c(36:38)])
crithin$taido.b <- rowMeans(crithin[c(21:38)])
```

　本研究の目的は，リサーチリテラシーの育成（合同ゼミの受講）によって批判的思考態度が向上することを調べることにありました。そこで今回のデータ分析では，批判的思考態度尺度の得点について，1回目から2回目の変化量を対象とした分析を行います。そこで，変化量（差得点）を計算しておきましょう。スクリプト中でtankyu.aといった変数をcrithin$tankyu.aと書かなくても済むように，下記のRスクリプトを実行します。

```
# 差得点の計算
detach(crithin)
attach(crithin)
crithin$ronri.diff <- ronri.b - ronri.a
crithin$tankyu.diff <- tankyu.b - tankyu.a
crithin$kyakkan.diff <- kyakkan.b - kyakkan.a
crithin$shoko.diff <- shoko.b - shoko.a
crithin$taido.diff <- taido.b - taido.a
```

　ここまでのRスクリプトを実行すると，R Console上では，上記のスクリプトが表示されるだけで，尺度得点や差得点の値は表示されません（スクリプトの両端に( )を付けて囲むことで，尺度得点，差得点の値を表示させることができます）。しかし，データフレームcrithinには，その41列目から54列目に，tankyu.aからtaido.diffまでの変数が追加されています。データフレームに新しい変数（尺度得点と差得点）が追加されていることををを確認するには，head(crithin)を実行してみてください。

●1-5-4　尺度得点のヒストグラム

　尺度得点のヒストグラムを描くには，hist( )を用いることができます。批判的思考態度尺度18項目の合計の1回目，2回目それぞれについて，受講生・非受講生別にヒストグラムを表示させてみましょう。村井（2013, p.54）を参考に，下記のRスクリプトを実行します。

```
# ヒストグラム
par(mfrow=c(2,2))
hist(taido.a[class==1])
hist(taido.b[class==1])
hist(taido.a[class==2])
hist(taido.b[class==2])
```

すると，以下のように表示されます。

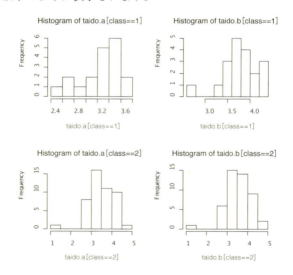

　ヒストグラムの横軸の値を揃えるには，これも村井（2013）を参考にして，以下のRスクリプトを実行してみてください。

```
# ヒストグラム横軸を揃える
par(mfrow=c(2,2))
hist(taido.a[class==1], xlim=c(1,5))
```

```
hist(taido.b[class==1], xlim=c(1,5))
hist(taido.a[class==2], xlim=c(1,5))
hist(taido.b[class==2], xlim=c(1,5))
```

すると，以下のような出力が得られます．

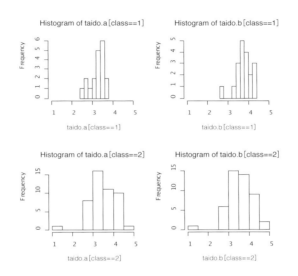

ヒストグラムの横軸を揃えたことで，1回目と2回目の尺度得点の変化が見やすくなりました。受講生（上の行：class==1）のヒストグラムを見ると，1回目から2回目になると，分布が全体的に右に移動している，つまり，得点が全体的に上昇していることが読み取れます。非受講生（下の行：class==2）のヒストグラムからは，そうした変化は見られません。非受講生のヒストグラムを見ると，外れ値と思われるデータが1つ見られますね（左端に存在するデータ）。外れ値は除外することもありますが，ここでは同一人物で，これも1つの態度と考えて分析に含めることにします。ここでは，批判的思考態度尺度18項目の合計についてヒストグラムを描きましたが，他の下位尺度についても同様にヒストグラムを作成することができます。ヒストグラムにより，データを視覚的に表現することで，データ全体の傾向を読み取ることができます。

---- 心理学研究法に関わる話 ----

　ここでは，受講生と非受講生の尺度得点（1回目・2回目）について，それぞれヒストグラムを作成し，それらの比較を行いました。受講生の集団を処遇群，非受講生の集団を統制群とみなしているわけです。しかし，受講生と非受講生は，無作為割り当てで作られた群ではありません。受講生は，林・山田（2012）の著者らのゼミ生ですし，非受講生は，同じ学部のある講義を履修していた学生たちです。このような2群を，「不等価な2群」といいます。処遇群と統制群の等価性が保証されていないことから，こうよばれるのです。そして，林・山田（2012）で用いられている研究デザインは，不等価な2群間で事前と事後の結果を比較することから，「不等価2群事前事後デザイン」とよばれます。不等価2群事前事後デザインについて詳しくは，南風原（2001）や村井（2012）を参照してください。

●1-5-5　尺度得点の基本統計量

　尺度得点について，平均や標準偏差などの基本統計量を求めてみましょう。1-5-2項と同様に，psychパッケージのdescribe( )を利用します。尺度得点は，データフレームcrithinの40列目から54列目にあるので，describe( )の引数としてcrithin[c(40:54)]を指定します。Rスクリプトの実行結果は，R Console上に下記のように出力されます。

```
> describe(crithin[c(40:54)])
             vars  n mean   sd median trimmed  mad   min  max range skew kurtosis   se
ronri.a         1 66 2.68 0.73   2.60    2.67 0.89  1.20 4.40  3.20  0.25    -0.74 0.09
tankyu.a        2 66 4.02 0.75   4.20    4.09 0.74  1.00 5.00  4.00 -1.34     3.08 0.09
kyakkan.a       3 66 3.62 0.78   3.80    3.68 0.59  1.40 5.00  3.60 -0.73     0.60 0.10
shoko.a         4 66 3.36 0.85   3.33    3.38 0.99  1.00 5.00  4.00 -0.18    -0.18 0.10
taido.a         5 66 3.43 0.55   3.47    3.45 0.49  1.33 4.61  3.28 -0.66     1.88 0.07
ronri.b         6 66 2.81 0.76   2.80    2.82 0.89  1.20 4.60  3.40  0.03    -0.64 0.09
tankyu.b        7 66 4.12 0.70   4.40    4.19 0.59  1.40 5.00  3.60 -1.17     1.90 0.09
kyakkan.b       8 66 3.86 0.72   3.90    3.92 0.74  1.40 5.00  3.60 -0.83     0.82 0.09
shoko.b         9 66 3.72 0.71   3.67    3.76 0.49  1.00 5.00  4.00 -0.83     1.56 0.09
taido.b        10 66 3.62 0.55   3.67    3.65 0.45  1.44 4.72  3.28 -0.90     2.18 0.07
ronri.diff     11 66 0.13 0.46   0.00    0.10 0.30 -1.00 1.80  2.80  0.80     1.74 0.06
tankyu.diff    12 66 0.10 0.40   0.20    0.09 0.30 -0.80 1.20  2.00  0.18     0.34 0.05
kyakkan.diff   13 66 0.24 0.59   0.20    0.22 0.59 -1.40 2.20  3.60  0.39     1.10 0.07
shoko.diff     14 66 0.36 0.68   0.33    0.33 0.49 -1.33 2.00  3.33  0.34     0.03 0.08
taido.diff     15 66 0.19 0.33   0.17    0.17 0.33 -0.39 1.33  1.72  0.86     1.42 0.04
```

受講生か非受講生か（classの値が1か2か）によって，つまり，群ごとに尺度得点の基本統計量の算出を行うには，describeBy( )が利用できます。

```
> describeBy(crithin[c(40:54)],class)
group: 1
            vars  n mean   sd median trimmed  mad   min  max range  skew kurtosis   se
ronri.a        1 19 2.48 0.67   2.60    2.49 0.59  1.20 3.60  2.40 -0.07    -0.85 0.15
tankyu.a       2 19 4.11 0.56   4.20    4.12 0.59  3.00 5.00  2.00 -0.43    -1.01 0.13
kyakkan.a      3 19 3.31 0.51   3.40    3.33 0.59  2.20 4.00  1.80 -0.49    -0.71 0.12
shoko.a        4 19 3.09 0.67   3.00    3.10 0.49  1.67 4.33  2.67  0.12    -0.43 0.15
taido.a        5 19 3.26 0.36   3.39    3.28 0.25  2.44 3.78  1.33 -0.77    -0.49 0.08
ronri.b        6 19 2.82 0.71   2.60    2.85 0.59  1.40 3.80  2.40 -0.08    -1.12 0.16
tankyu.b       7 19 4.40 0.46   4.40    4.41 0.59  3.60 5.00  1.40 -0.37    -1.29 0.10
kyakkan.b      8 19 4.07 0.39   4.20    4.11 0.30  3.00 4.60  1.60 -0.88     0.65 0.09
shoko.b        9 19 3.84 0.56   4.00    3.84 0.49  2.67 5.00  2.33 -0.21    -0.47 0.13
taido.b       10 19 3.78 0.39   3.78    3.81 0.41  2.67 4.33  1.67 -0.92     1.17 0.09
ronri.diff    11 19 0.34 0.55   0.20    0.29 0.59 -0.40 1.80  2.20  0.89     0.37 0.13
tankyu.diff   12 19 0.29 0.39   0.20    0.28 0.30 -0.40 1.20  1.60  0.50     0.11 0.09
kyakkan.diff  13 19 0.77 0.51   0.80    0.73 0.30  0.00 2.20  2.20  0.82     0.98 0.12
shoko.diff    14 19 0.75 0.78   0.67    0.80 0.49 -1.33 2.00  3.33 -0.71     0.45 0.18
taido.diff    15 19 0.51 0.32   0.39    0.49 0.25  0.06 1.33  1.28  0.97     0.26 0.07
----------------------------------------------------------------
group: 2
            vars  n mean   sd median trimmed  mad   min  max range  skew kurtosis   se
ronri.a        1 47 2.77 0.75   2.60    2.74 0.89  1.60 4.40  2.80  0.28    -0.99 0.11
tankyu.a       2 47 3.99 0.81   4.00    4.08 0.59  1.00 5.00  4.00 -1.34     2.70 0.12
kyakkan.a      3 47 3.75 0.83   4.00    3.84 0.59  1.40 5.00  3.60 -1.06     1.01 0.12
shoko.a        4 47 3.48 0.90   3.33    3.51 0.99  1.00 5.00  4.00 -0.39    -0.10 0.13
taido.a        5 47 3.50 0.59   3.50    3.52 0.58  1.33 4.61  3.28 -0.85     1.90 0.09
ronri.b        6 47 2.81 0.79   2.80    2.81 0.89  1.20 4.60  3.40  0.06    -0.63 0.12
tankyu.b       7 47 4.01 0.76   4.00    4.08 0.89  1.40 5.00  3.60 -1.03     1.24 0.11
kyakkan.b      8 47 3.77 0.80   3.80    3.83 0.89  1.40 5.00  3.60 -0.55     0.07 0.12
shoko.b        9 47 3.67 0.77   3.67    3.72 0.99  1.00 5.00  4.00 -0.81     1.27 0.11
taido.b       10 47 3.55 0.59   3.61    3.58 0.58  1.44 4.72  3.28 -0.71     1.68 0.09
ronri.diff    11 47 0.04 0.39   0.00    0.04 0.30 -1.00 1.20  2.20  0.21     0.78 0.06
tankyu.diff   12 47 0.02 0.38   0.02    0.02 0.30 -0.80 1.00  1.80  0.04     0.05 0.06
kyakkan.diff  13 47 0.02 0.47   0.00    0.02 0.30 -1.40 1.40  2.80 -0.03     1.39 0.07
shoko.diff    14 47 0.20 0.56   0.00    0.16 0.49 -1.00 2.00  3.00  0.74     0.91 0.08
taido.diff    15 47 0.06 0.23   0.06    0.06 0.16 -0.39 0.61  1.00  0.01    -0.24 0.03
```

それぞれの尺度得点（1回目，2回目）と変化量について基本統計量が求められました。これら尺度得点の平均を整理したのが表1.4（p.32）です。

●1-5-6 独立な2群のt検定

尺度得点の1回目から2回目への変化量について，受講生と非受講生の平均に有意な差があるかを，独立な2群のt検定（対応のない2群のt検定ともよばれます）により確認してみましょう[★1]。

> ★1：4章では，2群の代表値（中央値）の比較のため，ノンパラメトリック検定が用いられています。

例えば，「論理的思考への自覚」の変化量について，独立な2群のt検定を行うには，Rエディタに次のようなスクリプトを入力して，これを実行します。

```
t.test(ronri.diff~class, var.equal=TRUE)
```

実行結果は，R Console上に以下のように出力されます（t.test( )を実行する前にdetach( )とattach( )をしておきます）。

```
> detach(crithin)
> attach(crithin)
> t.test(ronri.diff~class, var.equal=TRUE)

        Two Sample t-test

data:  ronri.diff by class
t = 2.4515, df = 64, p-value = 0.01697
alternative hypothesis: true difference in means is not equal to 0
95 percent confidence interval:
 0.05446931 0.53410851
sample estimates:
mean in group 1 mean in group 2
     0.33684211      0.04255319
```

「論理的思考への自覚」の変化量について，受講生の平均が0.34，非受講生の

平均が0.04です。検定統計量の値は，t (64)=2.45となり，5％水準で有意となります（p値は，0.017）。他の下位尺度についても同様に，変化量について独立な2群のt検定を行ってみましょう。

```
> t.test(tankyu.diff~class, var.equal=TRUE)

        Two Sample t-test

data:  tankyu.diff by class
t = 2.6347, df = 64, p-value = 0.01055
alternative hypothesis: true difference in means is not equal to 0
95 percent confidence interval:
 0.06611608 0.48080441
sample estimates:
mean in group 1 mean in group 2
      0.2947368         0.0212766

> t.test(kyakkan.diff~class, var.equal=TRUE)

        Two Sample t-test

data:  kyakkan.diff by class
t = 5.6618, df = 64, p-value = 3.804e-07
alternative hypothesis: true difference in means is not equal to 0
95 percent confidence interval:
 0.4835171 1.0107718
sample estimates:
mean in group 1 mean in group 2
      0.7684211         0.0212766

> t.test(shoko.diff~class, var.equal=TRUE)

        Two Sample t-test

data:  shoko.diff by class
t = 3.2424, df = 64, p-value = 0.001884
alternative hypothesis: true difference in means is not equal to 0
95 percent confidence interval:
 0.2133580 0.8982508
sample estimates:
```

```
mean in group 1 mean in group 2
      0.7543860         0.1985816

> t.test(taido.diff~class, var.equal=TRUE)

        Two Sample t-test

data:  taido.diff by class
t = 6.5178, df = 64, p-value = 1.295e-08
alternative hypothesis: true difference in means is not equal to 0
95 percent confidence interval:
 0.3175387 0.5982259
sample estimates:
mean in group 1 mean in group 2
     0.51461988        0.05673759
```

「論理的思考への自覚」以外の，上記の検定結果については，次節で結果の整理を行います。ここでは，不等価2群事前事後デザインで収集されたデータの分析方法として，変化量についての独立な2群のt検定を用いました。吉田（2006）は，このようなデザインに対して適切な分析方法を整理しています。そこでは，ここで紹介した方法の他に，事前テストを共変数（または共変量）とする共分散分析を紹介しています。Rを用いて共分散分析を行う方法については，山田・杉澤・村井（2008）を参照してください。また，本書の2章でも共分散分析が取り上げられています。こちらもご覧ください。

1-6 研究のまとめ

Rの分析結果を整理すると，表1.4のようになります。

表1.4 批判的思考態度尺度得点の平均

	受講生（n=19）			非受講生（n=47）		
	1回目	2回目	変化量	1回目	2回目	変化量
論理的思考への自覚	2.48	2.82	0.34	2.77	2.81	0.04
探究心	4.11	4.40	0.29	3.99	4.01	0.02
客観性	3.31	4.07	0.77	3.75	3.77	0.02
証拠の重視	3.09	3.84	0.75	3.48	3.67	0.20
態度尺度の合計点	3.26	3.78	0.51	3.50	3.55	0.06

1回目から2回目への変化量に対して，独立な2群の t 検定を行った結果，「論理的思考への自覚」(t (64) = 2.45, p <.05)，「探求心」(t (64) = 2.63, p <.05)，「客観性」(t (64) = 5.66, p <.001)，「証拠の重視」(t (64) = 3.24, p <.01) のすべてで有意な差がみられました（受講生の方が非受講生より変化量が大きくなりました）。また，尺度全体の合計点（t (64) = 6.52, p <.001）においても有意な差がみられ，受講生の方が非受講生より変化量が大きくなりました。非受講生の変化量の値はすべてで0に近かった（表1.4）ことを考えると，批判的思考態度尺度の得点の上昇は受講生のみにみられたといえ，合同ゼミでの学習が批判的思考態度の向上に寄与したと考えられます。また，非受講生47人には，批判的思考態度尺度を2回受ける間に，どのような方式のゼミを何度受けたかを別途聞いていました。その回答から，非受講生の多数が，批判的思考態度尺度を2回受ける間に，小集団でのディスカッションがあるゼミを少なくとも1度は受けており，形態上は林・山田（2012）の合同ゼミと同様でしたが，批判的思考態度の向上はみられませんでした。これより，受講生と非受講生の違いは，「リサーチリテラシーの学びをしたか否か」であったと考えられ，リサーチリテラシー育成が批判的思考態度の向上にとって重要であることが示唆されます。以上より，「書く力」「データ分析力」を中心としたリサーチリテラシーの育成を行うことで批判的思考態度が向上するという仮説について，林・山田（2012）の結果は研究仮説を支持するものであったといえるでしょう。林・山田（2012）は，リサーチリテラシーの育成について，合同ゼミのような短期集中の形式であっても，十分に批判的思考態度を向上させられることを報告しています。

1-7 この研究についてひとこと

山田・林（2011）は，『大学生のためのリサーチリテラシー入門』というタイトルからもわかるように，大学生の学びを深めてもらうことを意図して執筆したテキストです。1年生対象（初年次教育）でもなく，4年生対象（卒業論文の執筆）でもなく，大学においてこれから本格的な勉強を始める2〜3年生を主たる読者対象として書いたものです。林・山田（2012）の教育実践は，まさに山田・林（2011）のメインターゲットである学部3年生のゼミ生を受講生としています。本章では触れていませんが，合同ゼミのために，著者らは多くの時間をかけて準備を行いました。事前の課題の設定や当日の授業進行・授業者の役割分担，そして教育効果測定のための尺度の選定（さらには，合同ゼミ終了後の打ち上げ会まで）。これらの綿密な計画のもと，合同ゼミは実施され，林・山田（2012）として論文に

まとめられました。主たる読者対象である学部3年生を相手に，著者らが伝えたい内容を記したテキストを用いて行った教育実践ですので，とても思い入れがある研究です。本章で紹介した量的データの分析だけではなく，事前課題について検討した質的データの分析についても，林・山田（2012）では取り上げています。興味のある方は，是非とも林・山田（2012）をご覧いただければと思います。また，著者らの教育実践だけでなく，大学では，日々多くの優れた教育実践が行われています。こうした教育実践の知見を，多くの人が知ることができるように，教育実践研究が今まで以上に数多く報告されることが望まれていると思います。

1-8　1章で学んだこと

- 平山・楠見（2004）の批判的思考態度尺度
- psychパッケージ
- α係数の計算（alpha()による）
- 基本統計量の算出（describe()による）
- 属性ごとの基本統計量の算出（describeBy()による）
- ヒストグラムの描画（hist()による）
- 独立な2群のt検定（t.test()による）

2章　心理学における実験研究

深谷達史

❏ 2章で取り上げる心理学研究

Fukaya, T. (2013). Explanation generation, not explanation expectancy, improves metacomprehension accuracy. *Metacognition and Learning*, 8, 1-18.

❏ 研究の概要

学習した内容を説明してみると，うまく説明できず，わかったと思ったことが実はよくわかっていなかったと気付くことがある。こうしたことから，学習したことを他の人に説明することが学習方法としても有効である可能性が示唆される。Fukaya (2013) は，大学生39名を対象とした実験によって，こうした効果が実際に確認されるのかを検討した。参加者は道具や機械の仕組みを解説した5つの文章を学習した後，各文章についての理解度を評定し，テストを受けた。このとき，学習後に説明を産出する群のほか，説明の代わりにキーワードを産出する群と，説明を予期して学習するが実際には説明を行わない群を設け，説明産出の効果を調べた。従属変数となったのは，理解度評定とテスト成績の個人内連関係数（γ 係数）で，この値は理解度評定がどの程度実際のテスト成績と一致するかを反映するものであった。分析の結果，説明産出群は他の2群よりも γ 係数の平均が高く，ここから，説明を行うことで自身の理解状態を明確にできることが示された。

2章で取り上げる統計的方法	心理学研究法に関わるキーワード
・1要因被験者間計画の分散分析 ・共分散分析 ・多重比較	・実験法 ・完全無作為1要因デザイン

2-1　2章で学ぶこと

　2章では，実験法を用いた研究を取り上げます。心理学の実験では何らかの違いを設けた複数の条件を設定し，条件間で従属変数の値を比較します。2章で紹介するFukaya (2013) は3つの群を設定しています。1つの量的変数に関して2群の平均の差を比べる場合はt検定が用いられますが，3つ以上の群の平均を比較する場合，分散分析という手法が用いられます（また，分散分析は2つ以上の量的変数に関する平均を比べる場合にも使用されます。3章を参照のこと）。さらに，実験参加者はランダムに各条件に割り当てられるとはいえ，ある条件に何らかの特性を持つ参加者が偏って割り当てられてしまうという危険性がないわけではありません（例えばA，B，Cという3つの条件のうち，A条件に高い学習能力を持つ参加者が多く割り当てられてしまうなど）。事前にそうした変数を測定しておけば，共分散分析とよばれる手法を用いることで，分析時にその変数の影響を取り除いて条件の効果を検討できます。本章では，この共分散分析についても学んでいきます。

2-2　研究の目的

　テストの前，「よくわかった！」と思っていざテストに臨んでみたところ，思ったよりも点数がよくなかったといった経験をしたことはありませんか。このとき，もしテストを受ける前に「よくわかった！…と思ったけど，この部分については疑問も残っているな」と，理解が不十分な点を正しく把握し，見直しを行っていたら，より望ましい結果になったかもしれません。こうしたエピソードからもわかる通り，学習を効果的に進めるには，学習内容を正しく理解できたかを自分自身が正確に把握する必要があります。

　自分が理解状態を正確に把握できているかを調べる手法として，これまでの研究では，理解度評定を用いた手続きが用いられてきました（Thiede, Griffin, Wiley, & Redford, 2009）。この手法では，参加者に5つ・6つ程度の文章を学習してもらった後，それぞれの文章について「どの程度理解できたか」という主観的な評定と，テストへの回答を求めます。従属変数になるのは，理解度評定とテスト成績の個人内連関係数です（γ係数もしくはGoodmanとKruskalの順序連関

係数とよばれます)。γ係数はPearsonの相関係数と同じく－1から＋1の値をとる指標で,理解度を高く評定した文章で高いテスト成績が,低く評定した文章で低いテスト成績が得られれば,その人の理解度評定は正確だといえ,連関係数も高くなります(図2.1)。図2.1を見ると,A君は理解度を低く評定した文章が高いテスト成績だったり,理解度を高く評定した文章が低いテスト成績だったりしていますが,B君は理解度評定とテスト成績が一致しています。この図はあくまで模式的なもので,実際には学習能力が高い人は理解度評定もテスト成績も高い方に,学習能力が低い人はどちらも低い方に偏ると思われます。しかし,図2.1から,γ係数が理解度評定やテスト成績そのものの高さではなく,よく理解できたものとそうでないものとを弁別する力を反映していることがわかると思います。なお,Pearsonの相関係数など他の指標の代わりにγ係数が使われるのは,γ係数が理解度判断やテスト成績そのものの値(つまり理解度判断の基準やテスト成績の高低)の影響を受けないなど,好ましい性質を持つためです(詳細は村山,2009; Nelson, 1984を参照)。

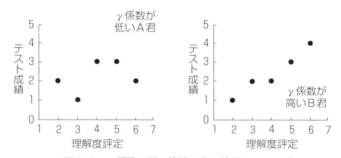

図2.1 γ係数の低い状態と高い状態のイメージ

では,このような方法でγ係数を調べてみると,実際にどの程度の値が得られるのでしょうか。実は,直観に反して理解度評定はあまり正確でないことが知られており,先行研究の結果をメタ分析という手法を用いてまとめた研究によると,γ係数の値は0.27だったと報告されています(深谷, 2010)。0がまったく連関がなく＋1が完全な正の連関であることを踏まえると,偶然よりも少し高い程度にしか,我々の評定はテスト成績と一致しないということになります。こうした結果が得られる原因は,理解度評定の際に用いる手がかりが実際の理解度を反映しないためだといわれています。例えば,我々は自分が興味を持つトピックだと高く理解度を評定しますが,興味があるトピックでもテスト成績が高いとは限りません(Lin, Zabrucky, & Moore, 1997)。

理解度を正確に評定するためには，自分がどの程度学習した内容を思い出せるかといった妥当な手がかりを用いて評定を行う必要があるわけですが，これまでの研究によると，学習者はこうしたことを自発的には行わないということがわかっています。そこで，本研究では，理解度を評定する前に，学習した内容の説明を求めることで，理解度評定の正確さが向上するかを検討することとしました。説明をすることで，うまく説明できればその内容を理解できている，うまく説明できなければその内容を理解できていないというように，自分の理解状態が明確になります（市川, 2000）。理解度評定の際，説明がうまくできたかを手がかりにすれば，正確な理解度評定が行えると予測されます。

　実験のデザインを説明します。まず実験群では，「後で説明を行ってもらう」という教示を受けた上で，学習した直後に各文章の説明を行いました。情報を関連づけて理解していないと的確な説明は行えません。説明を生成すると，理解できたものは説明でき，理解できなかったものは説明できないという状況が生起します。そのため，理解度評定時にも説明を的確に行えたかどうかが評定の手がかりとされ，結果的に理解度評定の正確さが向上すると考えられます。さらに，実験群に対して本研究では2つの統制群を設けました[★1]。1つはキーワード生成群で，この群では説明の代わりにキーワードを産出しました。学習直後にキーワードを生成する場合，断片的な情報さえ記憶されていればキーワードを産出できます。つまり，あまり理解していない文章でも断片的なキーワードを作成することは難しくないため，キーワード産出は，理解度評定を正確にするのにあまり有効でないと予測されます。また，もう1つの群は説明予期群です。この群では，学習前に「後で説明を行ってもらう」と教示されますが実際には説明を行いません。説明を予期して学習することで，わかりやすく説明しようと活発な読解活動が引き起こされると考えられますが，理解度評定を正確に行うために必要なのは，実際に説明してみてうまく説明できるかどうか試してみることです。実際に説明産出を行わない説明予期群は，理解度評定の際には結局理解度を反映しない手がかりを用いてしまい，理解度評定は正確にならないと考えられます。

> ★1：Fukaya（2013）は2つの実験を行っており，それぞれの実験で異なる統制群を設定しています。ここで紹介するのは，このうち1つめの実験です。もう1つの実験について詳細はFukaya（2013）を参照してください。

　最後に，本研究では既有知識の影響を統制した上で，条件の効果を検討しました。例えば，参加者が5つの文章のうち，1つの文章の内容について事前に知識を有していた場合，他の文章よりも理解度評定も高くつけ，実際に高いテスト成

績をおさめる可能性が高いでしょう。つまり既有知識があった方が理解度評定の正確さが向上するという予測が成り立ちます。このように，研究の焦点ではないが従属変数に影響を与えうる変数のことを剰余変数とよびます（高野，2004）。本研究では，実験の最後に，参加者に学習した内容をもともと知っていたかを尋ねることで，分析時に既有知識の影響を取り除いて介入の効果を評価することを試みました。

2-3 具体的なデータ収集の手続き

本実験の参加者は関東圏内の大学および大学院に在籍する39名の学生でした（男性22名，女性17名）。無作為に13名ずつを3つの条件（キーワード産出群，説明予期群，説明産出群）に割り当てました。材料として，Macaulay（1988）などを参考に，ジッパー，シリンダー錠，グランドピアノ，シートベルト，トイレタンクの仕組みを図説した文章を作成しました。理解度評定は，仕組みについてどの程度理解できたかを尋ね，「1：まったく理解していない」から「7：完全に理解している」の7件法で評定を求めました。テストは，参加者に図と説明文の作成を求めるものでした。また，明記されていないものの推論を行えば回答できる質問を各文章1題作成しました（例えば，トイレタンクでは「フロートが下がるとタンクに水が入るのはなぜですか？」という質問が提示されました）。

参加者は年齢などの基本的情報を尋ねたフェイスシートに回答した後，実験手続きについて説明を受けました。この際，理解度評定の基準を統一させるため，各評定値がどのような理解状態を表すかをホッチキスの仕組みを例にしながら教示しました。キーワード産出群と説明産出群の参加者は，各文章の学習直後にキーワードあるいは説明の産出を行いました。キーワード産出は，重要だと感じたモノのパーツの名前や仕組みに関する概念を3つから5つ挙げるよう求めました。説明産出では，手元にメモを用意し図を記入させた後，口頭での説明を求めました。他方，説明予期群では，テスト後に説明を行うと教示しましたが，実際には説明産出を求めることはありませんでした。すべての文章を学習した後，各文章について理解度評定を行い，さらにテストが実施されました。最後に，学習した道具や機械の仕組みをもともと知っていたかどうかが確認されました。

次に，テスト成績，既有知識の回答を指標化しました。まずテスト成績は参加者が書いた説明文，図，テスト回答から仕組みが適切に説明されているかを筆者が採点しました（0点から3点）。大学院生にも一部の回答を採点してもらい，評定者間一致率を出して採点が正しく行われたことを確認しました。また，既有

知識の有無は，5つの実験材料のうち，もともと知っていたと回答したものが1つでもあればその人を「既有知識あり」とみなし，いくつ○をつけたかは考慮しませんでした。なぜなら，1つでも既有知識があるものがあるだけで，正確な評定がしやすくなると考えられたためです。さらに，各参加者について理解度評定とテスト成績を用いてγ係数を算出しました。多くの場合，連関や相関を出す際には個人を1つのデータとし，集団で1つの係数を算出することが多いと思いますが，ここでは個人ごとに複数の理解度評定値とテスト成績が存在しているため，1人につき1つのγ係数を算出しています。

本格的な分析の話に先立って，ここでγ係数の出力法を説明しておきます。例えば，ある参加者の結果が表2.1のようになったと想定します。セルの数値は理解度評定とテスト成績に対応する文章の数を示しており，一例として左上のセルは理解度評定が3（「どちらかというと理解していない」），テスト成績が0点だった文章が1つあったことを示しています。さらに表2.1のデータを確認すると，理解度評定の値が4，5と上がるにつれて，テスト成績も1，2と上がっています。一方で，理解度評定とテスト成績が一致していないものもあり，理解度評定が3であるのにテスト成績が2点だった文章も1つあります。γ係数は，5つの文章のデータからジッパーとトイレタンクのようなペアを作り，ペアの間で理解度評定が上がるとテスト成績も上がるかを調べるものです。例えば，理解度評定とテスト成績のどちらにおいてもトイレタンクがジッパーよりも高ければ，トイレタンクとジッパーは「順序一致ペア」となります。一方，ジッパーの理解度評定値がトイレタンクよりも高いのに，ジッパーのテスト成績がトイレタンクより低ければ，このペアは「順序不一致ペア」になります。順序一致ペアが多く順序不一致ペアが少ないほど，γ係数は高い値をとるのです。

表2.1 γ係数を算出するための仮想データ

参加者X		テスト成績		
		0	1	2
理解度評定	3	1	0	1
	4	0	1	0
	5	0	0	2

ではRを用いてγ係数を算出してみましょう。参加者ごとに表2.1のようなデータを作成していきます。以下のように入力します。

2章 心理学における実験研究

```
> gamma1 <- rbind(c(1,0,1),c(0,1,0),c(0,0,2)) # 行列の作成
```

c( )とは複数のデータをまとめる関数，rbind( )とはデータを列として縦に整理する関数です。gamma1と入力してデータを確認してみます。

```
> gamma1 # gamma1の中身を確認
     [,1] [,2] [,3]
[1,]    1    0    1
[2,]    0    1    0
[3,]    0    0    2
```

表2.1と同じ行列が入力できました。なお，本来の理解度評定とテスト成績の値と異なり，理解度評定とテスト成績の数値が [1,] [2,] [3,] や [,1] [,2] [,3] となっていますが，γ係数には影響しませんので，このまま分析を進めます。

さらに，γ係数を出すためには"PResiduals"というパッケージに入っているGKGamma( )という関数を使用します。パッケージをインストールし，読み込んだ後，先ほど作成したデータフレームgamma1を対象にGKGamma( )を実行します。

```
> install.packages("PResiduals")
> library(PResiduals)
> GKGamma(gamma1)
$scon
[1] 5
$sdis
[1] 1
$gamma
[1] 0.6666667
```

\$sconは先述した「順序一致ペア」の数，\$sdisは「順序不一致ペア」の数，最後の行の\$gammaの値がγ係数です。表2.1のデータのγ係数は0.67ということがわかりました。

このように，1人1人のγ係数を算出した上で，得られたデータを表2.2のように整理し，explanation.csvというファイルに入力しました。変数の内容は以下の通りです。

・condition：割り当てられた実験条件。キーワード産出条件を1，説明予期条件を2，説明産出条件を3として入力。
・priorknowledge：既有知識の有無。どの文章の内容も知らなかった場合は0，

いずれかの文章についてもともと知識を有していた場合1と入力。
・accuracy：γ 係数の値。マイナスが負の，プラスが正の連関を表し，-1から$+1$までの値をとる。

表2.2　explanation.csvの中身

condition	priorknowledge	accuracy
1	0	0
1	1	1
1	1	0.714
1	0	0.333
1	1	1
1	0	-1
1	0	0.333
1	0	0.667

--- 心理学研究法に関わる話 ---

　本研究の実験デザインは，完全無作為1要因デザインとよばれるものです。完全無作為とは，設けられたグループに対して参加者をランダムに割り付けることを指します。参加者をランダムに割り付けることから，独立変数以外に影響を与えそうな種々の剰余変数の影響を統制することができます。1章で取り上げられた不等価デザインと違うのがこの点です。不等価デザインでは，研究室の所属者といった，もともと存在していた異なるグループに介入を行うわけですが，介入を行う前から研究室による違いが存在する可能性があります（例えば片方の研究室に数学に強い人が集まりやすいなど）。他方，完全無作為デザインでは，参加者を無作為に割り付けることで，グループ間ではだいたいどの変数も似たような値になる（等価性が高くなる）と想定できるわけです。ただし，参加者を無作為に割り当てたとしても，いずれかの群に数学に強い人が偏ってしまう可能性もあります（特にサンプルサイズが小さい場合）。こうしたケースでも，独立変数以外に従属変数へ影響を与えそうな剰余変数を測定しておけば分析時にその影響を統制することができます。
　本研究は，「どんな介入を行うか」，つまり「介入」という1つの要因の中にキーワード産出，説明予期，説明産出という3つの水準を設定していました。このように，完全無作為1要因デザインは，「1要因に含まれる複数の水準に対して，参加者を無作為に割り付ける実験デザインである」とまとめられます。なお，同じ1要因デザインでも，異なる水準に異なる参加者を割り当てる「被験者間デザイン」と，異なる水準に同じ参加者を割り当てる「被験者内デザイン」といった下位分類もあります（本研究は被験者間デザインです）。詳細は南風原・市川（2001）などを参照してください。

2-4 Rによるデータ分析

2-4-1 データファイルの読み込み

　read.csv( )によってexplanation.csvファイルを読み込みます。データフレーム名はexplanationとしています。head( )によりデータフレームの内容を表示すると，表2.2と同じファイルが読み込まれていることを確認できます。

```
> explanation <- read.csv("explanation.csv") # データファイルの読み込み
> head(explanation) # 最初の数行を表示
  condition priorknowledge accuracy
1         1              0    0.000
2         1              1    1.000
3         1              1    0.714
4         1              0    0.333
5         1              1    1.000
6         1              0   -1.000
```

　分析の度にexplanation$と打ち込まなくて済むよう，attach( )を使ってデータフレームを指定しておきます。

```
> attach(explanation) # データフレームの指定
```

2-4-2 記述統計的分析

　explanation.csvには独立変数であるcondition, 剰余変数であるpriorknowledge, 従属変数であるaccuracyが含まれていました。これらの変数の記述統計的分析として，質的変数であるconditionとpriorknowledgeは度数分布，量的変数であるaccuracyは平均と標準偏差を算出します。

　度数分布表を作成するためにはtable( )を用います。度数分布表を表示させることで，どの条件に何名の参加者が所属しているかがわかります。

```
> table(condition) # 度数分布表の算出（条件）
condition
 1  2  3
13 13 13
```

　1がキーワード産出群，2が説明予期群，3が説明産出群でした。それぞれの条件に13名分のデータが含まれることが確認できます。

```
> table(priorknowledge) # 度数分布表の算出（既有知識）
priorknowledge
 0  1
28 11
```

同様にpriorknowledgeの度数分布を算出すると，0（既有知識なし）が28名，1（既有知識あり）が11名いたことがわかります。

次に，従属変数であるγ係数の平均と標準偏差を算出します。平均はmean( )，標準偏差はsd( )により算出できます。

```
> mean(accuracy) # 平均の算出（γ係数）
[1] 0.4577692
> sd(accuracy) # 標準偏差の算出（γ係数）
[1] 0.518546
```

γ係数の平均は0.46，標準偏差は0.52でした。＋1がとりうる最も高い値であることを考えると，標準偏差0.52はかなり値が大きいように思えます。これには，条件間で平均が異なっており，群間のバラつきが大きいという可能性が考えられます。そこで，tapply( )を用いて群ごとにγ係数の平均を出してみましょう。tapplyの引数として，従属変数，群，算出する統計量（ここではmean）を順に入力します。

```
> tapply(accuracy, condition, mean) # 群ごとの平均の算出（γ係数）
        1         2         3
0.4578462 0.2406923 0.6747692
```

群ごとに標準偏差を算出する場合は最後のmeanをsdとします。

```
> tapply(accuracy, condition, sd) # 群ごとの標準偏差の算出（γ係数）
        1         2         3
0.5602635 0.5323622 0.3900229
```

結果を見ると，確かに群ごとにγ係数の平均が異なるものの，群内の標準偏差も大きいことから，個人差などの影響によってバラつきが生じていると考えられます。では，次項にていよいよ分散分析を用いて群ごとのγ係数の平均が統計的に

有意に異なるのかを調べていきます。

2-4-3　1要因分散分析

　複数の条件間で平均に差があるかどうかを検討するためには分散分析を行う必要があります。Rで分散分析を行うにはいくつかの方法がありますが，本章ではaov( )を使った方法を紹介します。他の分析方法については山田・村井・杉澤(2014)や本書の3章を参照してください。

　aov( )は括弧の中を従属変数 ~ 独立変数のように入力します。この場合，従属変数はγ係数（理解度評定の正確さ）なのでaccuracy，独立変数は実験条件なのでconditionと記入します。ただし，aov( )はそのまま記入するだけでは論文に記載する必要な情報が出力されません。試しにaov( )をそのまま実行してみます。

```
> aov(accuracy~condition) # 分散分析の実行
Call:
   aov(formula = accuracy ~ condition)

Terms:
                condition Residuals
Sum of Squares   0.305862  9.911957
Deg. of Freedom         1        37

Residual standard error: 0.5175816
Estimated effects may be unbalanced
```

上の出力結果からわかる通り，分散分析の検定統計量であるF値などが出力されません。また，conditionの自由度（Deg. of Freedom）を確認すると1となっていますが，3つの群がある場合，自由度は2になるはずです。aov( )では独立変数が3つ以上の数値だった場合，これらの数値を要因の水準と解釈してくれません。まず，conditionのデータをfactor型に指定する必要があります。

```
> condition2 <- as.factor(condition) # conditionをfactor型に指定
```

　condition2という新たに作成したデータフレームを用いて再度aov( )を実施してみます。

```
> aov(accuracy~condition2)  # 分散分析の実行
Call:
   aov(formula = accuracy ~ condition2)

Terms:
                 condition2  Residuals
Sum of Squares     1.224748   8.993071
Deg. of Freedom           2         36

Residual standard error: 0.4998075
Estimated effects may be unbalanced
```

condition2の自由度が2となっており，適切に分析が行われたことがわかります。さらに，必要な情報を出力するためには，summary( )を組み合わせる必要があります。aov( )の出力をfitというデータフレームに格納し，summary(fit)と記入しましょう。

```
> fit <- aov(accuracy ~ condition2)  # 分散分析の結果をfitに格納
> summary(fit)  # 分散分析の結果を出力
            Df Sum Sq Mean Sq F value Pr(>F)
condition2   2  1.225  0.6124   2.451    0.1
Residuals   36  8.993  0.2498
```

分析の結果を論文に記載するときは$F_{(2, 36)} = 2.45, p < .10$のように記します。$F$の後ろの括弧の中には条件と残差の自由度（$Df$）がそれぞれ記されています。「統計的に有意な差がある」というには一般にp値が.05を下回っていなければならないので，今回の結果は有意差には至らなかったということになります。

ところで，分散分析は「条件間で従属変数の分散が等しい」ということを分析の前提の1つとしています（「分散の等質性の仮定」とよばれます）。分散の等質性を調べたいときはbartlett.test( )を用います。引数となるのは，従属変数～独立変数です。この検定の帰無仮説は，「条件間の母分散は等しい」というものです。

```
> bartlett.test(accuracy ~ condition2)

        Bartlett test of homogeneity of variances

data:   accuracy by condition2
```

```
Bartlett's K-squared = 1.6369, df = 2, p-value = 0.441
```

p-value（*p*値）を見ると.44とあります。ですので，有意ではない，つまり「条件間の母分散は等しい」という帰無仮説は棄却されないことになります。このとき，もし*p*値が.05を下まわると有意，つまり条件間の母分散は等しくないという結論になり，分散分析の前提が満たされないことになってしまいます。ただし，条件間で分散が等しいという仮定が満たされなくても，分析結果には大きく影響しないということも知られています。

2-4-4　共分散分析

2-4-2項で示したように，群ごとの平均を見てみると，仮説の通り，説明産出群のγ係数が0.67と一番高くなっているのですが，キーワード産出群もそれに次いで0.46と高い値になっていました。また，群内のバラつきも大きかった，つまり理解度評定が正確な人と正確でない人がおり，個人差が大きかったため，条件の効果が見出しにくかったと考えられます。

　こうしたケースでは，従属変数に影響を及ぼすと思われる他の変数を考慮することが有効です。本章で焦点を当てた既有知識の有無（p.39では，これを剰余変数としました）がその1つです。例えば，キーワード産出群の値が高くなったのは，たまたま既有知識を持つ人がこの群に多く割り当てられたからかもしれません。既有知識を分析に組み込み，その影響を除外してみると，よりクリアに条件の効果がみられる可能性があります。これは言い換えると，既有知識を持つ（あるいは持たない）人どうしで，処遇が違った場合にγ係数がどう変化するかを調べるということです。

　既有知識の影響をあわせて分析するためには共分散分析を用います。剰余変数は，共分散分析の文脈では「共変数（または共変量）」とよばれることが一般的です。共分散分析とは，共変数の影響を統制して独立変数の影響を検討するものです。ここでは既有知識を共変数として分析を実施します。共分散分析もaov( )で実行できます。以下のように，~以降に独立変数 + 共変数と入力しましょう。なお，conditionと異なり，priorknowledgeはfactor型に指定してはいけません。

```
> # 共分散分析の結果をfit2に格納
> fit2 <- aov(accuracy~condition2 + priorknowledge)
> summary(fit2)
             Df Sum Sq Mean Sq F value  Pr(>F)
```

```
condition2      2  1.225  0.6124   3.565 0.038995 *
priorknowledge  1  2.980  2.9802  17.347 0.000193 ***
Residuals      35  6.013  0.1718
---
Signif. codes:  0 '***' 0.001 '**' 0.01 '*' 0.05 '.' 0.1 ' ' 1
```

結果を見ると，条件（condition2）の効果が$F(2, 35) = 3.57$, $p < .05$，既有知識（priorknowledge）の効果が$F(1, 35) = 17.35$, $p < .001$で両方の要因とも統計的に有意な差が認められました。

また，共分散分析では「共変数の影響が群間で等しい」，つまり既有知識の影響がある群では強くて，ある群では弱いといったことがないという仮定を置いています。共分散分析を行う際には，この仮定が満たされているかを別途検討することが求められます。これを調べるには，先ほどの独立変数 + 共変数を，独立変数 * 共変数と変えます。

```
> # 共分散分析の仮定の検討
> fit3 <- aov(accuracy~condition2 * priorknowledge)
> summary(fit3)
                          Df Sum Sq Mean Sq F value   Pr(>F)
condition2                 2  1.225  0.6124   3.494 0.042040 *
priorknowledge             1  2.980  2.9802  17.003 0.000237 ***
condition2:priorknowledge  2  0.229  0.1145   0.653 0.526855
Residuals                 33  5.784  0.1753
---
Signif. codes:  0 '***' 0.001 '**' 0.01 '*' 0.05 '.' 0.1 ' ' 1
```

確認すべき箇所は，condition2:priorknowledgeの行です。条件によって既有知識の影響が変わる（つまり2つの要因に交互作用がある）場合，condition2:priorknowledgeのF値が有意になります。今回は$F(2, 33) = 0.65$でp値も.05を大幅に上回っていますから有意ではなく，共分散分析の仮定が満たされたということになります。

共分散分析では，既有知識の影響を取り除いたときの条件ごとの平均も算出できます。「既有知識の影響を取り除いた」ということがわかりづらいですが，例えば，既有知識を持つことによってγ係数が平均して0.2だけ向上するのだとすると，既有知識を持つ人から0.2ずつγ係数を引いてあげれば，既有知識の影響を取り除いた条件間の平均が出せるでしょう。このように調整された平均を出すには，まず"effects"というパッケージをインストールし，それを読み込みます。

```
> install.packages("effects") # effectsパッケージのインストール
> library(effects) # effectsパッケージの読み込み
```

次に，condition2，および共分散分析の結果が格納されたfit2に対してeffect( )を用いて次のように入力します。

```
> effect("condition2", fit2) # 調整した平均の算出
 condition2 effect
condition2
        1         2         3
0.2857472 0.3267418 0.7608187
```

これで，既有知識の影響を取り除いた調整平均が算出されました。キーワード産出群が0.29，説明予期群が0.33，説明産出群が0.76となりました。調整を加えない平均の場合，キーワード産出群が0.46，説明予期群が0.24，説明産出群が0.67でした。キーワード産出群のγ係数が低くなったことから，やはりキーワード産出群に既有知識を持った人が多く割り当てられていたのだとわかります。

2-4-5 多重比較

さて，前項の分析から条件の効果が統計的に有意であったことがわかりましたが，どの条件とどの条件の間に差があるのかは前項の分析だけではわかりません。3水準以上ある要因が有意になったときには条件間の比較を行います（複数の比較を行うことから多重比較：multiple comparisonsとよばれます）。ここでは，分散分析と共分散分析それぞれにおける多重比較の方法を紹介します。

まず，分散分析における多重比較の方法です。分散分析における多重比較の方法は非常に多くあります（分散分析における多重比較については，3章もご覧ください）。ここで紹介するのはTukeyHSD( )という関数を用いた方法です（Tukeyの方法とよばれます）。分散分析の結果を格納したデータフレームfitを引数として指定します。なお，通常，分散分析の結果が有意でなかったら多重比較は行わないのですが，ここでは解説のために多重比較を実行しています。

```
> TukeyHSD(fit)
  Tukey multiple comparisons of means
    95% family-wise confidence level
```

```
Fit: aov(formula = accuracy ~ condition2)

$condition2
         diff          lwr          upr       p adj
2-1  -0.2171538  -0.69633538  0.2620277  0.5156206
3-1   0.2169231  -0.26225845  0.6961046  0.5163317
3-2   0.4340769  -0.04510461  0.9132585  0.0823057
```

条件を組み合わせた結果が示されます。例えば，2-1は「説明予期群－キーワード群」の結果を表しています。それぞれの値の意味ですが，diffは条件間の平均の差，lwrは平均における95%信頼区間の下限値，uprは上限値，p adjは調整済みp値を意味しています。p値を見るといずれの組み合わせも5%水準を上回っており，有意な差ではありません。

それでは，今度は共分散分析の多重比較を実行してみましょう。共分散分析における多重比較の方法として，本章ではmultcompというパッケージを用います（cf. Kabacoff, 2011）。multcompをダウンロードして読み込みましょう。

```
> install.packages("multcomp") # multcompパッケージのインストール
> library(multcomp) # multcompパッケージの読み込み
```

では，多重比較を実行していきます。多重比較には大きく分けると，すべての条件の差をしらみつぶしに調べる手法と，研究者が関心を持つ条件の差のみを分析する手法があります（桐木, 1990）。ここでは後者の方法の中でも，ダミー変数を用いた方法で多重比較を実行します。ダミー変数とは，実験条件のような質的な変数に便宜的な数値を割り当てたものです（例えば統制群に0，実験群に1）。本研究では，キーワードを産出する効果と説明を産出する効果（何を産出するかの効果）と，説明予期と説明産出を比較した効果（予期するだけでなく実際に産出する効果）に関心がありました。その場合，表2.3のようにそれぞれの効果を表すダミー変数を2つ作成します。

まず，rbind( )とc( )を組み合わせて，データフレームにダミー変数を格納します。次のように入力しましょう。

```
> # ダミー変数をcontrastに格納
> contrast <- rbind("dummy 1" = c(-1, 0, 1),"dummy 2" = c(0, -1, 1))
```

2章 心理学における実験研究

表2.3 ダミー変数

	キーワード産出群	説明予期群	説明産出群
ダミー変数1 (何を産出するかの効果)	−1	0	+1
ダミー変数2 (説明を予期するだけでなく産出する効果)	0	−1	+1

　c( )を使ってダミー変数の数値を指定したベクトルを作り，rbind( )を用いてダミー変数のベクトルを束ねて表2.3のようなダミー変数の行列を作ります。contrastというデータフレームにダミー変数を格納しました。中身を見てみるとデータが行列の形になったことがわかります。

```
> contrast  # ダミー変数の表示
        [,1] [,2] [,3]
dummy 1  -1   0    1
dummy 2   0  -1    1
```

　なお，rbind( )の中に入るダミー変数のベクトルを増やせば，同じ要領でダミー変数の数を増やすことができます。

　次に，glht( )を使って多重比較を実行します。glht( )は分散分析，共分散分析，回帰分析を実行できる関数ですが，ここでは多重比較の方法にしぼって紹介します。共分散分析の結果を格納したfit2を引数として，次のように入力してください（glhtはgeneral linear hypothesis test，linfctはlinear function，mcpはmultiple comparisonsの略です）。

```
> # 多重比較の結果の出力
> summary(glht(fit2, linfct = mcp(condition2=contrast)))

         Simultaneous Tests for General Linear Hypotheses

Multiple Comparisons of Means: User-defined Contrasts

Fit: aov(formula = accuracy ~ condition2 + priorknowledge)

Linear Hypotheses:
            Estimate Std. Error t value Pr(>|t|)
```

```
dummy 1 == 0    0.4751    0.1740    2.73    0.0186 *
dummy 2 == 0    0.4341    0.1626    2.67    0.0216 *
---
Signif. codes:  0 '***' 0.001 '**' 0.01 '*' 0.05 '.' 0.1 ' ' 1
(Adjusted p values reported -- single-step method)
```

出力された中で，注目すべきはdummy 1とdummy 2の箇所です。ここで，それぞれのダミー変数の効果が記載されています。例えば，dummy 1（キーワード産出 vs. 説明産出）を見るとt値は2.73，p値は0.02で，5%水準で有意だということがわかります。同じように，dummy 2（説明予期 vs. 説明産出）の効果も5%水準で有意になっていることから，「説明産出群のγ係数がキーワード産出群および説明予期群のγ係数よりも高くなる」という本研究の仮説が支持されたことが確認できました。

2-5 研究のまとめ

　Fukaya（2013）では，学習した内容を説明することが理解度評定の正確さを向上させるかを検討しました。また，どういった要因が効果を生むかを詳しく調べるため，説明産出群のほか，説明の代わりにキーワードを産出する群と，説明を予期して学習するが実際に産出はしない群を設け，比較を行いました。結果から，基本統計量を見ると説明産出群におけるγ係数の平均が最も高くなったものの，分散分析の結果，統計的に有意な群間差は認められませんでした。これには，γ係数のバラつきが大きく，説明産出の効果がクリアでないという理由が一因として考えられました。そこで，既有知識の影響を取り除くため，既有知識を共変数とした共分散分析を実施したところ，群間の差が有意となりました。さらに，ダミー変数を用いた多重比較によって，説明産出群のγ係数の平均は，キーワード産出群や説明予期群よりも高いことがわかりました。

　本章の冒頭で，「理解できた」「理解できなかった」といった主観的な評定と，実際のテスト成績が必ずしも一致しないことを問題として指摘しました。また，この一因として，人が理解度を評定する際，妥当でない手がかりを用いていることを挙げました。本来，自分が理解できたかどうかを判断するためには，パッと思いつきで評定値を決めるのではなく，学習時のことをふり返ったり内容を思い出したりしなければいけません。今回の実験はあえて実験状況として学習内容をしっかりとふり返る機会を設けました。具体的には，学習内容を説明させ，理解していないものはうまく説明できないことを実感させたということになります。

さらに，2つの統制群の比較から，断片的な情報だけで行えてしまうキーワード産出や，産出を伴わない説明予期では介入として不十分で，実際に説明をしてみることが重要であることも明らかとなりました。この結果から，説明により自身の理解状態を確認するということは，自分で学習を進める際の学習方法としても有効であると示唆されます。

2-6 この研究についてひとこと

　この研究は2008年に着想を得たのですが実際に論文化されたのは2013年でした。世に出るまでに5年もかかりましたが，その分，論文化に至る過程で色々なことを学ぶことができた研究だと感じています。学んだことの1つは，シンプルなアイディアでもそれを実験として成立させるのには試行錯誤が必要ということです。「説明を行うことで理解状態を明確化できる」ことは日常的によく経験されることだと思います。ところが，そのアイディアをいざ実験として具体化しようとすると，どのような手続きでそれを検証すればよいか，必ずしも明らかでありませんでした。幸い，実験手続きは先行研究の理解度評定法を参考にできましたが，次はどんな文章を用いるかという実験材料の選定が難航しました。というのも，これ自体1つの研究になりえることですが，どのような文章を用いるかによって説明の効果の得られやすさが異なりそうだという直観があったからです。高度に専門的だったり抽象的な文章だと，説明しても自分がわかっているのか，わかっていないのかを明瞭に判断できないかもしれません。色々な文章を実際に自分で説明してみたりして，最終的に，道具の仕組みであれば説明した際にその道具がうまく動くかどうかを頭でシミュレーションできると考え，材料を決めました。このように，研究を具体化する過程では「見たい効果が確認できるのはどのような状況なのか」について色々な可能性について思考を巡らせます。当然時間はかかるでしょうが，その後の研究を発展させていく上でも，自分で手続きを考えたり材料を作る経験はきっと役に立つでしょう。

2-7 2章で学んだこと

- PResidualsパッケージ
- γ係数の計算（GKGamma()による）
- 1要因被験者間分散分析（aov()による）

- 分数の等質性の検定（bartlett.test()による）
- 共分散分析（aov()による）
- effectsパッケージ
- 調整平均（effect()による）
- 多重比較（TukeyHSD()よる）
- multcompパッケージ
- 多重比較（glht()による）

3章　心理学における分散分析

井関龍太

❏ 3章で取り上げる心理学研究

井関龍太（2003）．テキスト処理時のオンライン推論における活性化ユニットの検討―単語ユニットか，命題ユニットか―　心理学研究, **74**, 362-371.

❏ 研究の概要

　本研究は，文章を読んでいる間に起こるオンライン推論が単語ユニットと命題ユニットのいずれの活性化ユニットで生じるのかを検討した。実験では，特定の推論を喚起する文章か統制条件の文章を提示した直後に，ターゲット文が意味をなす文かどうかについての判断を求めた。ターゲット文が推論条件の文章から予測される展開に合致する文である場合には，ターゲット文に対する反応時間は統制条件よりも推論条件で速かった。一方，ターゲット文が単語レベルでのみ推論条件の文章から予測される展開に合致する文である場合には，2つの条件の間で反応時間に差がみられなかった。これらのことから，オンライン推論は単語ユニットではなく，命題以上のユニットの活性化によって生じていることが示唆された。

3章で取り上げる統計的方法	心理学研究法に関わるキーワード
・2要因被験者内計画の分散分析 ・多重比較 ・単純主効果の検定	・実験法 ・反応時間データ ・プライミング効果

3-1　3章で学ぶこと

　本章では，反応時間を用いた実験研究を取り上げます。研究例として用いる井関（2003）は，文章を読んでいるときに起こるすばやい心的活動を捉えるために反応時間を指標とした実験を行っています。反応時間は実験研究でよく用いられる指標であり，研究テーマにかかわらず，分析の仕方を身に付けておくことは有用です。また，井関（2003）は2要因の計画となっており，交互作用の有無に主な関心があります。そこで，本章を通して，複数の要因がある場合の分散分析と交互作用，さらに，単純主効果の検定と多重比較について学ぶことができます（1要因の分散分析については，2章をご覧ください）。

3-2　研究の目的

　文章を読んでその内容を理解しようとしているとき，読み手は半ば意識しないまま先の展開を予測するなどの推論を行っていることがあります。このような種類の推論は，意識的な努力を伴うものではなく，自然に起こる連想活動にも似ています（読むというプロセスを中断させる＝オフラインにすることなく起こるのでオンライン推論とよびます）。では，オンライン推論は，単語からの連想のように，個々ばらばらな概念の断片が浮かび上がることによって起こるのでしょうか。それとも，最小限の文らしいまとまりの形で生じるのでしょうか。ここでは，前者のばらばらな断片としてのまとまり方を単語ユニット（単語としてのまとまりという意味です），後者の最小限の文としてのまとまり方を命題ユニット（1つ以上の名詞と動詞が組み合わさったものを命題といいます）とよぶことにします。これらの用語を使うと，オンライン推論が単語ユニットで生じるのか，命題ユニットで生じるのかを調べることがこの研究の目的でした。

　このような理論的関心をどうやって検証したかを説明する前に，まず実験手続きを紹介しましょう。オンライン推論の研究では，特定の推論を喚起する文章か，推論を喚起しない統制条件の文章を用意することが一般的です。表3.1に材料の例を示しました。この研究では，推論は文章の先の展開に関するものに統一してありました。表3.1の推論文章を読んだ場合，おそらく，多くの人は「この後，魚屋は魚を買うのだろう」といった予測，すなわち，推論をすると思いま

す(このことは予備調査で確かめてあります)。一方,統制文章を読んだ場合には,似たようなキーワードは散りばめられているものの,同じような内容の予測をすることはないでしょう。実験では,このような文章をコンピュータ画面に提示して実験参加者に読んでもらい,その直後にターゲット文を提示しました。実験参加者には,ターゲット文が出てきたら,意味が通る文になっているかそうでないかを判断してできるだけ速くボタンを押して回答するように教示してありました(意味が通らない文の例としては,「服を泣いた」など)。直前の文章を読むことによって特定の推論が頭に思い浮かんでいたとしたら,この推論に合致する内容のターゲット文に対してはボタン押しの時間が速くなると予想されます。ターゲットに関連する情報が先行した条件の方が,関係のない情報が先行した条件よりも反応時間が速くなることは,プライミング効果とよばれます。そこで,ボタン押しの反応時間を計測し,プライミング効果(推論条件と統制条件の差)を調べることで,ターゲット文に近い内容を思い浮かべていた,すなわち,読んでいるときに特定の推論が起こっていたことを実験的に評価することができます。

表3.1 実験材料の例(井関,2003)

推論文章:魚屋は朝一番に仕入れに出かけた。手ごろな値段のいきのいい魚がたくさん見つかった。
統制文章:魚屋をしている友人に魚をもらった。仕入れの値段をきいたが,笑って教えてくれなかった。
命題ターゲット:"魚を買った"
名詞一致ターゲット:"魚を食べた"
動詞一致ターゲット:"卵を買った"

では,オンライン推論が単語ユニットと命題ユニットのいずれで起こるのかを検証する方法に話を戻しましょう。井関(2003)の実験1では,ターゲット文を3種類用意しました。命題ターゲットは,推論文章から想定される推論の内容とそのまま合致するような短い文でした(表3.1)。一方,名詞一致ターゲットは推論の内容と名詞部分のみ,動詞一致ターゲットは動詞部分のみが一致する文でした。もし推論が「魚」とか「買う」といった個別の概念として断片的な連想のような形で起こっているとするならば,名詞一致・動詞一致ターゲットでもプライミング効果が起こるはずです。また,命題ターゲットは当然どちらの概念も含むので,プライミング効果が起こると予想されます。一方,オンライン推論は命題以上のまとまりとしてのみ起こるのであれば,名詞一致・動詞一致ターゲットではプライミング効果は起こらず,命題ターゲットでのみ起こるはずです。

条件を整理してみましょう。この実験には，文章が2種類，ターゲット文が3種類あります。すなわち，文章とターゲット文の2要因からなる計画で，2（文章：推論・統制）×3（ターゲット文：命題・名詞一致・動詞一致）の6つの条件がありました。材料は60セットあり（表3.1には1セット分を示しました），各実験参加者は1つの材料を6つの条件のうちのいずれか1つでのみ経験しました。セットごとに割り当てる条件を変えることで各実験参加者が6つすべての条件を経験するようにしたので，文章の要因もターゲットの要因も被験者内で操作しました。つまり，2要因被験者内計画です。オンライン推論が単語ユニットで起こるとすれば，3つのどのターゲット条件でもプライミング効果がみられる（文章の要因の効果がある）はずですから，交互作用はないと予想されます。一方，オンライン推論が命題ユニットで起こるのであれば，命題ターゲットでのみプライミング効果が生じるので，文章とターゲット文の間に交互作用がみられるはずです。つまり，この研究の焦点は交互作用にあるといえるでしょう。

3-2-1　データ収集の手続き

この実験の実験参加者は大学生および大学院生22名でした。材料が60セットあるので，理想をいえば，6の倍数の人数がよかったのですが，現実的な都合からこの人数に落ち着きました。

実験はコンピュータを用いて個人ごとに行いました。各試行は"Ready?"という文字列の提示から始まり，準備ができたら実験参加者がボタンを押すことになっていました。実験参加者がボタンを押すとコンピュータの画面上に文章が文節ごとに決まった時間だけ表示されるようになっていました。実験参加者には，文章を読んで内容を理解するよう求めました。文章の最後の文節が消えた後，"＊＊＊"が500ミリ秒現れてからターゲット文が提示され，意味が通る文か否かの反応を求めました。その後，"？？？"が1500ミリ秒現れてから文章内容に関する質問を提示しました（「手ごろな値段の魚が見つからなかった」という文が文章の内容に合致するかどうかなど）。この質問に対してもボタン押しで回答してもらいました。内容に関する質問を行ったのは，実験参加者が文章の内容をきちんと理解するよう動機づけるためでした。60の実験材料はすべてターゲット文が意味の通る文でした。これだけでは，意味が通るか否かという判断課題が成立しないので，別に30の文章と意味の通らないターゲット文のセットを用意しました。したがって，それぞれの実験参加者は90の文章を読んで判断課題を行いました。文章の提示順序は個人ごとにランダムにしてありました。

3-2-2 反応時間データの事前処理

　反応時間を従属変数とする実験では，同じ条件を何度も繰り返して測定することが一般的です。というのは，反応時間はちょっとしたことで変化しやすい指標だからです。例えば，実験中に部屋の外の物音が気にかかったときには反応が少し遅れることでしょう。その遅れは高々数百ミリ秒，もしかしたら数十ミリ秒程度かもしれません。しかし，実験で検出したい効果（プライミング効果など）は，数十ミリ秒程度の差であることが多いので，反応時間に作用する別の要因があると本当に調べたい効果が埋もれて検出できない可能性があります。こうした偶発的な要因の影響を減らすために，同じ条件について繰り返し測定を行い，条件ごとの平均を使って検定などを実施します。この実験では，各実験参加者は60の実験材料を経験し，6つの条件に割り当てていたので，各条件について10個の反応があります。そこで，個人ごとに10回の反応を平均して代表値を計算します。

　繰り返し測定することの理由を説明するために，一気に代表値の計算まで話を進めてしまいました。しかし，ここで少し話を戻して平均を計算する前に検討すべき事柄について確認しましょう。まず，誤答の扱いについてです。反応時間の測定に主な関心がある研究では，実験参加者がほとんどの試行で（90〜95％以上）正答できるような課題を用いることが少なくありません。しかし，簡単な課題でもたくさんこなしていると間違ってしまうことがあります。正答反応の場合は，反応に至るプロセスを比較的明確に想定することができます。例えば，意味が通るか否かを判断しようとして情報を集める際に，事前に処理していた推論の内容にもアクセスしてしまうなどです。一方，誤答反応の場合には，反応までのプロセスを明確にできないことが多くなります（気が散っていた，焦っていた，単語の意味を間違って覚えていた，たまたま文章の内容と自分の経験が似ていて思い出にふけっていたなど）。そこで，各条件の平均を計算するときには，誤答の反応時間を含めないことが一般的です。

　次に，代表値の計算前に注意しておきたい点としては，外れ値の存在があります。気が散っていた，ぼんやりしていたなどの理由で反応が遅くなったのだとしたら，そのときの反応時間は，研究者が期待する反応のプロセスを代表していないことになります。このようなデータを分析に含めると，実験の結果がかえって歪んでしまうかもしれません。そこで，十分に根拠があるならば，特定の反応を外れ値とみなして，これらの値を除いて平均を計算することが考えられます。よく用いられる方法は，各実験参加者のそれぞれの条件ごとに平均と標準偏差を計算して，平均から2または3標準偏差以上離れた値は外れ値とみなすというものです。これらは，正規分布の両端のそれぞれ4.6％または0.3％のところにある

反応なので，それぞれの条件を代表する反応ではなさそうだと判断するわけです。また，別のアプローチとして，反応時間に対数変換を行うという方法もあります。反応時間は正規分布しないことが多く，右にすそ野が長い分布になりやすいことが知られています。対数変換を行うと，こうしたすそ野の長い分布を正規分布に近づけることができます。井関（2003）は外れ値の除去と対数変換の両方の方法を用いていますが，これはちょっとやりすぎで，どちらか一方だけを使った方がよかったと今では思っています。どちらも外れ値の影響を小さくし，データを正規分布に近づけるという点で同じ意味を持つ操作だからです。一般に，除外や変換などの操作を過度に行うことは好ましくありません。手を加えるほど元のデータとは違ったものになり，正規分布などの特定の仮定への依存が強くなる恐れがあるからです。十分な根拠がある場合に必要最小限の処理のみを行う方がよいでしょう。外れ値や反応時間の変換について詳しく知りたい方は，大久保（2011）を参考にするとよいでしょう。

3-3 Rによるデータ分析

　ここまでで，外れ値の検討を行い，各実験参加者の条件ごとの代表値を計算するところまで完了しました。こうして計算したデータをresponsetimes.csvというファイルに用意してあります。なお，本章で紹介するデータは，この実験の内容に即して作成した人工データです。著者の理想を反映して18名分のデータになっています。このデータの見方を説明する前に，まず，Rでどうやって分散分析をするかについてお話ししましょう。

3-3-1　自作関数の利用

　Rには，分散分析をするための関数がたくさんあります。代表的なものはaov( )，anova( )などでしょう。他にも，oneway.test( )，Anova( )，ezANOVA( )などいろいろあります。しかし，これらの関数は，特定の条件を満たす場合に適用範囲が限られていたり，一般的に必要になると思われる機能がなかったりと，不満なところがあります。また，これらを場合に応じて使い分けようとすると，それぞれ違った使用法を覚える必要があります。そこで，心理学の実験研究で一般的に必要になりそうな範囲のデータを統一的な方法で扱える関数として，ANOVA君という関数を作成しました。本章では，このANOVA君を使って分散分析をする方法を紹介します。

3-3-2 ANOVA君の使用法

(1) ANOVA君の準備

ANOVA君のファイルは，著者のホームページからダウンロードできます。URLはhttp://riseki.php.xdomain.jp/index.php?ANOVA%E5%90%9Bですが，Google等で「ANOVA君」もしくは「anovakun」と検索して見つける方が簡単かもしれません。

ファイルをダウンロードしたら，この関数をRで使えるようにします。Rを起動して，ツールバーの「ファイル」を選び，メニューの中から「Rコードのソースを読み込み…」を選んでください。すると，ファイル選択メニューが現れるので，先ほどダウンロードしたファイルを選んでください。このとき，ウィンドウ右下のファイルの種類を「R files」から「All files」に切り替えないとANOVA君のファイルが表示されません。

あるいは，ダウンロードしたファイルをRの作業ディレクトリに移動させてから，コンソールに以下のように入力してください。

```
> source("anovakun_462.txt", encoding = "CP932")
```

いずれの手続きを行ったとしても，特にエラーメッセージが出なければ読み込みに成功しています。

(2) データ作成のルール

ANOVA君を使って分析するデータは，以下のような形式にしたがって作成する必要があります。まず，1人の実験参加者のデータは横一行に並ぶようにするのが大原則です。次に，被験者内要因の各水準に対応するデータを順に並べていきます。今回の実験データのように，被験者内要因が2つ以上ある場合は入れ子状にします。具体的には，2（文章）×3（ターゲット）の6つの条件のデータについて，要因A（文章）の2つの水準をそれぞれa1とa2，要因B（ターゲット）の水準をb1，b2，b3で表すことにすると，以下のようになります。

(a1-b1	a1-b2	a1-b3	a2-b1	a2-b2	a2-b3)
639.99	771.86	765.84	637.87	725.79	765.24
708.86	732.17	736.58	775.37	790.26	717.07
521.05	634.97	660.12	535.87	655.35	663.61
422.48	534.94	539.48	463.04	535.6	580.19

… (略) …

responsetimes.csvのデータはこの順に並んでいます。1行ずつ，それぞれ別の実験参加者のデータになっています。なお，「----」よりも上の部分は説明のために加えたもので，実際のデータにはありません。

今回のデータには被験者間要因はありませんが，被験者間要因がある場合は，データを縦につなげて，グループの違いを表す列を加えてください。例えば，以下は，被験者間要因（2水準）と被験者内要因（3水準）が1つずつある2要因混合計画の場合のデータの並べ方を示しています。要因A（被験者間要因）の水準をそれぞれa1，a2，要因B（被験者内要因）の水準をb1，b2，b3と表すことにすると，以下のようになります。

	(b1	b2	b3)
a1	89	93	79
a1	76	64	66
a1	81	78	74
	…（略）…		
a2	66	62	72
a2	59	63	58
a2	67	62	76

グループを表す値として，ここでは「a1」，「a2」を用いていますが，区別さえできれば値は何でもかまいません。先ほどと同様に，「----」よりも上の部分は説明のために加えたもので，実際のデータには不要です。a1，a1，a1，……a2の列は分析のために必要な部分です。

(3) データの読み込みと実行

ANOVA君のファイルをRに読み込み，データのファイルも準備できたので，実際に分散分析を行ってみましょう。まず，CSVファイルを読み込みます。

```
> dat <- read.csv("responsetimes.csv", header = F)
```

responsetimes.csvにはヘッダ情報（データの列名を表す行）はないので「header = F」を指定してください。ここでは，datという名前の変数にデータを読み込みました。

次に，ANOVA君を使用する際の入力について説明します。実際に使用する関数名はanovakun( )です。この関数を使用する際の必須の入力項目は以下の通りです。

```
anovakun(データ, "要因計画の型", 各要因の水準数...)
```

「データ」については，「データ作成のルール」のところで説明したような形式で作成したデータフレームを参照してください．今回は，datという変数にデータを読み込んだので，この変数名を入力します．

「"要因計画の型"」については，要因計画の型を表す文字列を入力してください．文字列の作成の仕方ですが，まず，各要因をA〜Zの大文字のアルファベット1文字で表し，実験参加者を小文字のsで表すことにします．次に被験者間要因はsの左側，被験者内要因はsの右側に配置します．この表記法を用いると，例えば，1要因の被験者内計画なら「sA」，2要因の被験者間計画は「ABs」，被験者間要因1つ，被験者内要因2つの3要因の混合計画であれば「AsBC」となります．なお，この文字列は「" "」で囲む必要があります．

最後に，各要因の水準数を順に並べてください．A〜Zの順に，要因計画に含まれる要因の数だけ数値を入力します．数値は「，」で区切ります．

今回の実験は，2×3の2要因被験者内計画なので，具体的にRのコンソールに入力するコマンドは以下のようになります．

```
anovakun(dat,"sAB", 2, 3)
```

上のように入力してEnterキーを押すと，分析結果が一挙に出力されます．次の節では，この出力について順に説明しましょう．

3-3-3 出力の検討

実際にANOVA君を実行した際にはすべての出力が連続して出てきますが，ここでは説明の都合から少しずつ区切って説明することにします．

(1) 平均と標準偏差

```
[ sAB-Type Design ]

This output was generated by anovakun 4.6.2 under R version 3.1.1.
It was executed on Sat Aug 16 00:40:31 2014.

<< DESCRIPTIVE STATISTICS >>

----------------------------------
  A    B    n    Mean     S.D.
```

```
---------------------------------
a1   b1   18   707.5556   184.8883
a1   b2   18   816.9900   211.9680
a1   b3   18   793.9378   208.9555
a2   b1   18   741.5622   196.4353
a2   b2   18   807.5950   211.9831
a2   b3   18   794.6667   193.3539
---------------------------------
```

まず，1行目にデザインが表示されているので（この場合は，sAB），指定通りになっているか確認しましょう。実行日時と実行環境の情報の後に，基本統計量として条件ごとの平均と標準偏差が出力されます。A要因が文章の要因，B要因がターゲットの要因に対応しています。また，a1＝推論，a2＝統制，b1＝命題，b2＝名詞一致，b3＝動詞一致の水準に対応しています。

（2）球面性の指標

```
<< SPHERICITY INDICES >>

== Mendoza's Multisample Sphericity Test and Epsilons ==

--------------------------------------------------------------
Effect  Lambda  approx.Chi  df    p         LB     GG     HF     CM

Global  0.0000  35.7691     14  0.0013 **  0.2000 0.5926 0.7314 0.7027
     A  1.0000  -0.0000      0              1.0000 1.0000 1.0000 1.0000
     B  0.5832   1.0151      2  0.6020 ns  0.5000 0.9421 1.0557 1.0144
   AxB  0.0009  13.1954      2  0.0014 **  0.5000 0.6404 0.6696 0.6434
--------------------------------------------------------------
                        LB = lower.bound, GG = Greenhouse-Geisser
                        HF = Huynh-Feldt-Lecoutre, CM = Chi-Muller
```

次に，球面性の仮定に関する指標が出力されます。このセクションの出力は，被験者内要因を含む計画（被験者内計画と混合要因計画）でのみ計算されます。被験者内要因を含む分散分析では，データの共分散構造に球面性という性質が成り立っている必要があります。球面性が成立していないと分散分析の結果に歪みが発生し，第1種の誤りの確率を有意水準以下に収めることができなくなるから

です。Lambdaの列は，Mendozaのλ^*という統計量を表示しています。λ^*は0に近いほど球面性が成立していないことを，1に近いほど球面性が成立していることを表します。approx.Chiはλ^*をカイ2乗値に近似したものです。隣の自由度（df）を使って検定したときのp値がpの列に表示されています。この検定は，球面性が成立するという帰無仮説を検定しているので，有意であった場合には，球面性が成り立っていないことが示唆されます。この結果からわかるのは，AとBの主効果については球面性が成り立っていますが，A×Bの交互作用については球面性が成り立たなさそうだということです。球面性が成り立たないことへの対処と，表の残りのLB，GG，HF，CMについては後で説明することにして，ここでは主な結果である分散分析表に進みましょう。

（3）分散分析表

```
<< ANOVA TABLE >>

-----------------------------------------------------------------
   Source          SS      df        MS     F-ratio   p-value
-----------------------------------------------------------------
        s    3982777.2970  17   234281.0175
-----------------------------------------------------------------
        A       1926.4313   1     1926.4313   2.6023   0.1251 ns
    s x A      12584.5770  17      740.2692
-----------------------------------------------------------------
        B     154619.6299   2    77309.8149  24.2689   0.0000 ***
    s x B     108308.8699  34     3185.5550
-----------------------------------------------------------------
    A x B       9280.8249   2     4640.4124   4.0465   0.0265 *
  s x A x B    38989.8128  34     1146.7592
-----------------------------------------------------------------
    Total    4308487.4427 107
                       +p < .10, *p < .05, **p < .01, ***p < .001
```

　分散分析の結果を表にまとめています。Sourceは分散成分のソース，SSは平方和，dfは自由度，MSは平均平方，F-ratioはF値，p-valueはp値を表しています。この結果を見ると，A要因（文章）の主効果は有意でなく，B要因（ターゲット）の主効果が有意であることがわかります。しかし，今回の研究の目的からすると，これらの主効果よりも交互作用が有意であったことが重要です。平均のパターン

を見直してみると，b1（命題ターゲット）についてはa1（推論文章）とa2（統制文章）のときで反応時間に違いがありそうです。一方，b2（名詞一致ターゲット）やb3（動詞一致ターゲット）ではこの差は大きくありません。このことをさらに確かめるために，事後検定の結果を検討しましょう。

(4) 多重比較

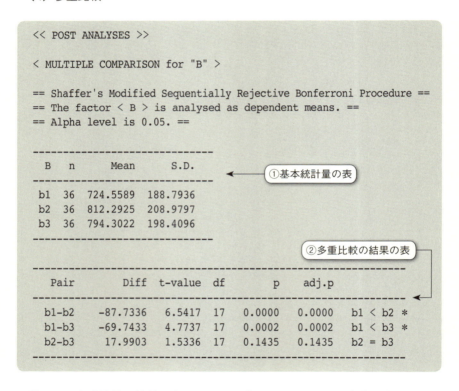

続いて，多重比較の結果です。ANOVA君では，3つ以上の水準を持つ要因の効果が有意であった場合，自動的に多重比較を行います。この実験では，B要因（ターゲット）が3水準で，主効果が有意なのでこの分析が行われました。今回の研究の主な目的からすると，この比較はそれほど重要ではありませんが，説明の例として検討してみましょう。ここには，2つの表があります。①の表は，基本統計量の箇所と同じように，平均と標準偏差を出力しています。ただし，ここではA要因に含まれるa1，a2の水準の平均をさらに平均して，B要因の3つの水準に

ついての代表値を計算しています。②の表が各水準の組み合わせごとの多重比較の結果です。総合すると，b1（命題ターゲット）に対しては他の2つのターゲットよりも反応が速く，b2（名詞一致ターゲット）とb3（動詞一致ターゲット）の間には差がなかったことがわかります。

(5)単純主効果の検定

```
< SIMPLE EFFECTS for "A x B" INTERACTION >
                                                    ①球面性の指標の表
------------------------------------------------------------------
  Effect Lambda  approx.Chi  df         p     LB     GG     HF     CM
------------------------------------------------------------------
  A at b1 1.0000    -0.0000   0            1.0000 1.0000 1.0000 1.0000
  A at b2 1.0000    -0.0000   0            1.0000 1.0000 1.0000 1.0000
  A at b3 1.0000    -0.0000   0            1.0000 1.0000 1.0000 1.0000
  B at a1 0.4440     1.5282   2   0.4658 ns 0.5000 0.9165 1.0218 0.9818
  B at a2 0.6350     0.8548   2   0.6522 ns 0.5000 0.9506 1.0670 1.0252
------------------------------------------------------------------
                    LB = lower.bound, GG = Greenhouse-Geisser
                    HF = Huynh-Feldt-Lecoutre, CM = Chi-Muller
                                              ②単純主効果の検定の表
------------------------------------------------------------------
       Source          SS   df        MS    F-ratio  p-value
------------------------------------------------------------------
       A at b1   10408.0804   1  10408.0804  30.3103   0.0000 ***
   s x A at b1    5837.5385  17    343.3846
------------------------------------------------------------------
       A at b2     794.3942   1    794.3942   0.6978   0.4151 ns
   s x A at b2   19353.6852  17   1138.4521
------------------------------------------------------------------
       A at b3       4.7815   1      4.7815   0.0031   0.9564 ns
   s x A at b3   26383.1661  17   1551.9509
------------------------------------------------------------------
       B at a1  119815.1454   2  59907.5727  29.0786   0.0000 ***
   s x B at a1   70046.5493  34   2060.1926
------------------------------------------------------------------
       B at a2   44085.3094   2  22042.6547   9.7014   0.0005 ***
   s x B at a2   77252.1334  34   2272.1216
------------------------------------------------------------------
            +p < .10, *p < .05, **p < .01, ***p < .001
```

次に，単純主効果の検定の結果が出力されます。①の表は球面性の指標に関するものです。水準ごとの球面性に関する情報を出力しています。②の表が単純主効果の検定の結果です。基本的な表の見方は分散分析表と同じです。ここで，「A at b1」はb1（命題ターゲット）水準におけるA要因（文章）の単純主効果を表しています。今回の研究を思い出してみると，各ターゲット水準（b1, b2, b3）についてのA要因（文章）の単純主効果を検討することが目的に適うはずです。出力を見ると，b1（命題ターゲット）水準ではA要因（文章）の単純主効果が有意ですが，b2（名詞一致ターゲット）とb3（動詞一致ターゲット）水準ではA要因の単純主効果は有意ではありません。p.63～64の出力で，平均を確認すると，b1水準でのA要因の効果は，a1（推論文章）水準でa2（統制文章）水準よりも反応時間が速いというものになっているので，これは当初想定していたプライミング効果に合致します。したがって，この実験の結果から，命題ターゲットでは推論によるプライミング効果がみられたが，名詞一致ターゲットと動詞一致ターゲットではプライミング効果がみられなかったといえそうです。各文章（a1，a2水準）に対するターゲット（B要因）の単純主効果については，この研究の関心には合致しないため，特に解釈していません。ソフトウェアでは自動的にすべての組み合わせの結果が出力されることがありますが，単純主効果の検定は，本来は，研究上の関心のある組み合わせについて行うものです。

実際の出力では，単純主効果が有意であった場合の多重比較の結果も出てきます。ただし，今回の研究の目的にとってはあまり重要でないので，ここでは割愛しました。出力の見方はp.66の多重比較の場合と同じなので，興味がある方は自分で解釈してみてください。

3-4 もう少しつっこんだ分析

教科書的な分散分析の手続きとしては，ここまでの紹介で十分かもしれません。しかし，より妥当な分析のためにまだいくつか配慮しておくことがあります。

3-4-1 球面性からの逸脱への対処

「球面性の指標」で紹介したように，被験者内要因を含む分析では，データに球面性が成立していないと有意確率（p値）に歪みが生じます。これを補正する手段の1つとして，分散分析の際の自由度にε（イプシロン）という統計量をかけて検定を行うことがあります。先ほど説明しなかった，LB, GG, HF, CMはいずれもこのεの推定値です。LBはεの理論的下限値であり，各要因でのεは

この値を下まわることはありません。残りの3つはデータに基づく推定値であり、LBの値に近いほどデータが球面性から離れていることを、1に近いほど球面性に近いことを示しています。それぞれ、Greenhouse-Geisser, Hunyh-Feldt, Chi-Mullerという発案者の人々の頭文字をとっています。今回のデータでは、A×Bの交互作用について球面性の検定の結果が有意だったので、Greenhouse-Geisserのεを使って分散分析の自由度を調整してみましょう。具体的には、分散分析の際のコマンドに「gg = T」と加えればこれを実行できます。

```
> anovakun(dat,"sAB", 2, 3, gg = T)
```

このようにすると、出力の分散分析表が以下のようになります。

```
<< ANOVA TABLE >>

== Adjusted by Greenhouse-Geisser's Epsilon ==

------------------------------------------------------------
   Source         SS       df         MS   F-ratio  p-value
------------------------------------------------------------
        s  3982777.2970    17   234281.0175
------------------------------------------------------------
        A     1926.4313     1     1926.4313   2.6023  0.1251 ns
    s x A    12584.5770    17      740.2692
------------------------------------------------------------
        B   154619.6299  1.88    82062.3511  24.2689  0.0000 ***
    s x B   108308.8699 32.03     3381.3835
------------------------------------------------------------
    A x B     9280.8249  1.28     7246.6461   4.0465  0.0480 *
s x A x B    38989.8128 21.77     1790.8232
------------------------------------------------------------
    Total  4308487.4427   107
                       +p < .10, *p < .05, **p < .01, ***p < .001
```

被験者内要因の自由度が元の自由度にGreenhouse-Geisserのεをかけた値になっています。自由度は小数値になりますが、このままで問題なくF分布に近似します。結果を見ると、A×Bの交互作用のp値（$p = .0480$）は調整前の結果（$p = .0265$）より少し大きくなっていますが、なお有意なままです。そこで、今回の実験の結果は、球面性の仮定からの逸脱を考慮した上でも有意であると結論でき

ます。

3-4-2 被験者内要因の多重比較

　球面性の仮定への配慮と関係して，被験者内要因の多重比較の方法についても考え直す必要があります。多重比較の方法としては，今でもTukeyのHSD法が勧められることが多いのですが（そして，井関，2003）もHSD法を使っていますが），被験者内要因の分析にはHSD法は使わない方がよいことがわかっています。HSD法はデータに球面性の仮定が成り立つことを前提とした方法だからです。ANOVA君では，デフォルトの多重比較はShafferの方法です。これは，Bonferroniの方法を改良して検出力を向上させた方法です。Shafferの方法は特定の分布を前提とせず，被験者内要因の多重比較にも適用できます。これらの多重比較の方法について詳しく知りたい方には，永田・吉田（1997）をお勧めします。

3-4-3 項目分析

　井関（2003）における分析結果の報告では，実際には，1つの要因または交互作用の効果につきF値を2つずつ報告しています。これは，言語を材料とした実験研究でよくみられる習慣で，項目分析などとよばれることがあるものです。通常の分散分析では，本章で見たように，実験材料（別々の文章）を平均して個人ごとの代表値を算出します。しかし，これら1つ1つ違った文章を同等の性質を持つとみなして単純に平均してしまってよいものでしょうか。もちろん偏りがないように慎重に材料を作成するのですが，実験のための操作の要求を満たしつつ文章としてもなるべく自然になどと考えていくと，たまたま他の文章より長いものや難しいものができてしまうこともあるかもしれません。足し算やかけ算の問題であれば同じくらいの難しさのものをたくさん作ることも比較的簡単かもしれませんが，言語を材料として扱う場合には材料の様々な特性を条件間で常に均質にするのが難しくなります。そこで，言語を材料とする研究では，材料ごとの平均をもとにした分析の結果を併記することがよく行われています。具体的には，それぞれの材料ごとに別々の実験参加者のデータを平均して代表値とします。つまり，実験参加者と実験材料を通常の分析とは逆に扱うのです。通常の実験参加者ごとの分析と実験材料ごとの分析を行って，両方の結果が一致すればより確実な結論が得られると考えます。このような方法については，郡司・坂本（1999）で解説されています。最近は，混合モデル（マルチレベルモデル）を使って材料の違いの影響を組み込んで分析するというもっと高度な方法も提案されています（Baayen, Davidson, & Bates, 2008）。

3-4-4　分析の際の平方和

今回取り上げた井関（2003）のデータは被験者内計画のものだったので，すべての条件で参加者数が同じ，釣り合い型計画（バランスデザイン）でした。しかし，条件によって参加者数が異なる計画，非釣り合い型計画（アンバランスデザイン）のデータを分析しようとすると平方和の選択が問題になります。一般に，授業や教科書で習うことの多い，手計算による方法で非釣り合い型のデータを扱うと，要因を分析に投入する順番によって結果が変わってしまうことがあります。例えば，2要因の計画で，ある要因をA要因として扱うかB要因として扱うかといった，研究上の関心とは関係のない理由で検定結果が違ってくることになります。これを防ぐため，統計ソフトウェアには，投入順序によって結果の変わらない，タイプⅡやタイプⅢの平方和を計算する機能が搭載されていることがふつうです。ただし，Rのaov( )とanova( )は手計算に相当するタイプⅠの平方和しか計算しないので注意してください（carパッケージのAnova( )とezパッケージのezANOVA( )はタイプⅡ，タイプⅢに対応しています）。タイプⅡとタイプⅢのどちらが優れているかについては結論が出ていませんが，タイプⅢを標準機能としているソフトが多いように思います。ANOVA君ではタイプⅢを標準としており，タイプⅡもオプションで選べます（指定方法については，付録を参照してください）。

3-5　研究のまとめ

実験の結果，交互作用が有意であり，命題ターゲットについてはプライミング効果がみられるが，他のターゲットではみられないことを単純主効果の検定で確認しました。そこで，この実験の結果からは，オンライン推論は，単語ユニットではなく，命題ユニットとして起こる現象であることが示唆されました。井関（2003）では，この実験の後にさらに2つの実験を行ってこの解釈を補強しています。この結果から文章を読んでいるときに起こる推論は，単語からの連想とは違った性質を持っていることが示唆されました。つまり，単語からは単語ユニットの活性化が起こるのに対して，文章からは命題以上のユニットでの活性化が起こるようなのです。文は単語からできていますが，文章の意味内容を理解するプロセスは，頭の中で単語を組み合わせるといったものではなく，言語の形式をある程度離れて働いているようです。

3-6　この研究についてひとこと

　井関（2003）の実験は，もともと他の研究のための実験材料を作成する中で思いついて始めたものでした。オンライン推論の先行研究はターゲットとして単語を使っているものが多いのですが，文の意味を扱うのだからターゲットも文にした方が効果が出やすいのではないかとは漠然と考えていました。そして，実際にターゲット文を作ってみると，どうも名詞か動詞の一方を変えただけで全然意味の違う，文章からは推論できそうにない文がいろいろと作れそうな雰囲気でした。この単語を入れ替えたターゲット文だとプライミング効果は出ないのではないかという直感と先行研究で見つけた活性化ユニットという概念が結びついて，理論的に意味のある研究になりそうだということで実験を行うことになったのでした。実験研究は，やりながら思いつく，やり始めてからわかってくるという面があると思います。

　また，ANOVA君に関しても，似たようなことを考えています。分散分析から多重比較，単純主効果の検定までプログラムが自動的に行ってしまってよいのだろうか，研究者が熟慮しながら対話的に分析を進めるべきなのではないかと思うことが今もあります。しかし，私はもともと分析が苦手でJavaScript-STAR（現js-STAR 2012；version 2.0.6j［コンピュータソフトウェア］田中　敏・中野博幸 http://www.kisnet.or.jp/nappa/software/star/）をよく使わせていただいていました。もしこうした一括処理を行ってくれるプログラムがなかったら，ハードルが高すぎて自分で分析するところまでたどりつけなかったのではないかと思います。また，このようなプログラムを使ううちに，一般にどういう分析をするものなのかを学んだり，もっとこんなふうにできないのかと疑問を抱いたりすることにつながるのではないかと期待しています。とりあえずやってみるというところのハードルを下げて，データそのものや分析方法，研究テーマについて考える時間を作る一助になればと思います。

3-7　3章で学んだこと

- 反応時間データの扱い方
- 自作関数ANOVA君
- 分散分析（anovakun()による）
- 多重比較Shafferの方法（anovakun()による）
- 単純主効果の検定（anovakun()による）

・球面性からの逸脱への対処（anovakun()による）
・アンバランスデザインデータへの対処，タイプⅡの平方和・タイプⅢの平方和（anovakun()による）

3-8 付録

最後に，ANOVA君に関する参考情報を載せておきます。以下は，2要因までのデータセットの配置イメージとanovakun( )の記述例です。利用する上での参考になればと思います。

3水準の1要因被験者間計画のデータ例

a1	0.91
a1	0.89
a2	0.78
a2	0.81
a3	0.92
a3	0.79

> anovakun(dat, "As", 3) # 3水準の1要因被験者間計画の分散分析

4水準の1要因被験者内計画のデータ例

a1	a2	a3	a4
9	7	8	8
10	8	7	9
7	12	11	10

> anovakun(dat, "sA", 4) # 4水準の1要因被験者内計画の分散分析

2×3の2要因被験者間計画のデータ例

a1	b1	498
a1	b1	712
a1	b2	689
a1	b3	593
a2	b1	641
a2	b2	709
a2	b2	811
a2	b3	683

```
> anovakun(dat, "ABs", 2, 3)  # 2×3の2要因被験者間計画の分散分析
```

3×4の2要因被験者内計画のデータ例

(a1-b1	a1-b2	a1-b3	a1-b4	a2-b1	a2-b2	a2-b3	a2-b4	a3-b1	a3-b2	a3-b3	a3-b4)
38	29	37	41	35	37	40	42	39	33	35	41
42	45	47	49	44	45	39	44	46	48	49	47
29	31	33	30	28	29	32	31	34	31	32	30

```
> anovakun(dat, "sAB", 3, 4)  # 3×4の2要因被験者内計画の分散分析
```

2×3の2要因混合計画のデータ例

	(b1	b2	b3)
a1	17	15	19
a1	14	12	16
a1	15	13	16
a2	16	15	17
a2	14	12	16

```
> anovakun(dat, "AsB", 2, 3)  # 2×3の2要因混合計画の分散分析
```

　また，3-4-1項でも少し触れましたが，ANOVA君にはいろいろなオプションがあります。オプションは，基本的に，anovakun( )を実行する際にオプション名と引数を加えることで実行できます（ANOVA君では，ほとんどのオプションの引数は「T」または「TRUE」になっています）。独立に機能するものであれば，複数のオプションを同時に指定することもできます。例えば，以下は効果量の指標として一般化イータ2乗を選び，Cousineau-Moreyの信頼区間を計算し，クリップボードへの出力を指定するコマンドです。

```
> anovakun(dat, "AsB", 2, 3, geta = T, cind = T, copy = T)
```

　以下にANOVA君の主なオプションについてまとめました。それぞれの詳細についてさらに知りたい場合はホームページを参照してください。

3章 心理学における分散分析

ANOVA君の主なオプション

ジャンル	内容	コード	説明
出力方式	クリップボードへの出力	copy = T	結果をどこかに貼り付けて(ctrl+v)利用したい場合に
	データフレーム形式での出力	tech = T	後でR上で結果にアクセスしたいときに
平方和	タイプⅡ平方和の指定	type2 = T	タイプⅡ平方和で計算したい場合に
自由度調整	Greenhouse-Geiserのεによる調整	gg = T	球面性の仮定からの逸脱を補正する
	Huynh-Feldtのεによる調整	hf = T	Greenhouse-Geiserのεが0.75以上のときにはこちらの方がよい
	Chi-Mullerのεによる調整	cm = T	Greenhouse-Geiserのεの値にかかわらず一般的に使える
	球面性検定が有意であった効果にのみGreenhouse-Geiserのεを適用	auto = T	よく用いられる方法だが，統計学的にはあまり推奨されない
多重比較	Holmの方法を指定	holm = T	水準間の論理構造を前提としない
	主効果の結果を反映させたShafferの方法を指定	fs1 = T	主効果の結果を反映することで検出力を高められる
	Welch方式の統計量と自由度を指定	welch = T	分散の等質性，球面性の仮定が満たされないときにより妥当
効果量	イータ2乗の出力	eta = T	研究内で複数の要因の効果の大きさを比べたいときに有用
	偏イータ2乗の出力	peta = T	デザインの同じ研究間で効果の大きさを比べたいときに有効
	一般化イータ2乗の出力	geta = T geta = "A"（要因Aを測定要因に指定する場合）	デザインの異なる研究間で効果の大きさを比べたいときに有用（デザインが同じときも使える）
信頼区間	Loftus-Massonの信頼区間の出力	cilmd = T（差分調整あり） cilm = T（差分調整なし）	分散分析に対応した平均の信頼区間が知りたいときに
	Cousineau-Moreyの信頼区間の出力	cind = T（差分調整あり） cin = T（差分調整なし）	球面性の仮定への依存性が低い形で信頼区間を計算したいときに
	マルチレベルモデルに基づく信頼区間の出力	ciml = T	反復測定でより精度の高い平均の信頼区間が知りたいときに（lmerTestパッケージが必要）
	Franz-Loftusのペアワイズ信頼区間の出力	cipaird = T（差分調整あり） cipair = T（差分調整なし）	反復測定計画で2つの条件間の差に興味がある場合に
	信頼区間をつけた棒グラフを出力	bgraph = c("cind","ciml") （cindとcimlを指定した場合の例）	信頼区間のオプションからいずれか2つまでを選択してグラフに描画する（ただし，ペアワイズ信頼区間は指定できない）

75

4章 心理学における観察研究

藤澤啓子

❏ 4章で取り上げる心理学研究

Fujisawa, K. K., Kutsukake, N., & Hasegawa, T. (2006). Peacemaking and consolation in Japanese preschoolers witnessing peer aggression. *Journal of Comparative Psychology*, 120, 48-57.

❏ 研究の概要

本研究の目的は，幼児間におけるけんか後の仲直り行動と攻撃をされた子に対する第三者からのなぐさめ行動の年齢的変化について検討することであった。PC-MC比較法（post-conflict matched-control comparison method）を用いて分析した結果，仲直り行動やなぐさめ行動は，3・4歳児に比べて5歳児に多くみられることがわかった。また，年齢が上がるにつれて，仲直り行動やなぐさめ行動の生起に関わる要因が複雑になることが示された。なぐさめ行動は仲直り行動の生起の前に多く起きており，攻撃をされた側の緊張状態を緩和する機能があることが示唆された。

4章で取り上げる統計的方法	心理学研究法に関わるキーワード
・データハンドリング[★1] ・ウィルコクソン符号順位検定 ・ウィルコクソン順位和検定 ・カイ2乗検定	・行動観察法 ・縦断研究

★1：データフレームにデータを追加する，複数条件に合うデータを抽出するなど，Rでの分析を行うための下準備となる操作のことをデータハンドリングとよびます。

4章 心理学における観察研究

4-1 4章で学ぶこと

　4章では，幼児がけんか後に行う仲直り行動やけんかに直接関わらなかった第三者の行動について観察した研究を取り上げます。Fujisawa, Kutsukake, & Hasegawa（2006）では，幼児が自由に遊ぶ場面で自然に発生するけんかという事態の後，子どもたちがどのような行動を行うのか，そしてそれはけんかが起きていない普段のときの行動とどのように異なるのかに着目して分析を行いました。また，3歳・4歳クラスで観察してから（Fujisawa, Kutsukake, & Hasegawa, 2005で報告），1年後の4歳・5歳クラスで同じ方法で観察を行い，年齢的な変化を検討しました。本章では，けんかの当事者でない第三者である子ども（以下では，「第三者である子ども」と表します）が行うなぐさめ行動の年齢的変化についてを中心に，Fujisawa et al.（2006）の研究を紹介していきます。

4-2 研究の目的

　幼児期の子どもたちの日常では，「思い」と「思い」のぶつかり合いからけんかが度々生じます。「このおもちゃが欲しい」という「思い」と「（今は）貸してあげたくない」という「思い」がぶつかり合い，相手をたたいてしまうという攻撃的な行動が出てしまうこともあります。たたかれた方の子は泣いてしまい，たたいてしまった子はどうしようという気持ちでもじもじしてしまう。そのようすを第三者である子どもが目にする…。Fujisawa et al.（2006）は，このような，幼児の日常によく起きるけんかという事態の「その後」に着目した研究です。
　けんかが起きた後という状況は，普段の状況と同じといえるところもあれば，全然違うといえるところもあるということは想像しやすいと思います。けんか後に当事者間で親和行動（モノをあげる，など）が起きたとします。それは，「仲直り」のための行動であると本当にいえるのでしょうか？　第三者である子どもが泣いている子の頭に触れたとして，それが泣いている子を「なぐさめる」ための行動といえるのでしょうか？　Fujisawa et al.（2006）は，これらを確かめるためには，「その行動は，けんかが起きていなかったとしても生起したかもしれない」という点を踏まえる必要があるだろうと考えました。つまり，けんかの後のようすをより詳しく理解するためには，普段のようすと比較するという視点が大切だと考

えたのです。そのため，Fujisawa et al.（2006）では，けんか後の状況と通常時の状況を比較することによって，幼児期の子どもたちの間に起きるけんかという事態の後に，子どもたちがどのような行動をしているか，そしてけんか後の行動は通常時の行動と比較してどのような点で特徴的なのかということを明らかにすることを第1の目的としました。

けんか後に仲直りをする，泣いている子をなぐさめるといった行動の背景には，様々なものがあります。例を挙げると，他者と社会関係を築き，それを維持・調整する能力やその意思を持つこと，他者が置かれている状況を理解し，それに合った適切な行動を選択し，実行しようとすることが考えられるでしょう。これらは，言語能力や社会的認知能力の発達を基盤としていると考えられます。幼児期には言語能力も社会的認知能力も急激に発達しますので，子どもたちの間の仲直り行動やなぐさめ行動も，年齢によって変化するだろうと予測しました。Fujisawa et al.（2006）では，年齢の異なる幼児クラス2クラスを長期的に観察することによって，この点を検証することを第2の目的としました。

本章では，けんかに直接関わらなかった第三者である子どもの行動とその年齢的変化に関するデータ分析について紹介していくことにします。

4-3 具体的なデータ収集の手続き

Fujisawa et al.（2006）は，東京都内の保育園の幼児2クラスの子どもたちを対象に，自由遊びの時間に生起するけんかの後の行動に着目をしました。研究対象や研究時期の内訳は表4.1のようになっています。

表4.1 研究対象や研究時期の内訳

観察時期	T1	T2
Cohort1（男児9名・女児6名）	3歳児クラス	4歳児クラス
Cohort2（男児12名・女児10名）	4歳児クラス	5歳児クラス

注1：Cohort1のクラスの女児1名には発達障害があり，結果に何らかの影響があることが考えられたため，当該女児については観察対象としませんでした。
注2：観察時期はT1，T2のいずれも，（4月始まりの）年度の後半の約半年間です。

子どもたちやクラス担任の自然な行動を観察できるようにするため，実際にデータとなる観察を開始する前までに，半年ほどの時間をかけて，「観察者がビデオカメラを持ってクラスの中にいる」という状態に慣れてもらう期間を作りました。特に必要がない限りは観察者から子どもたちに話しかけることはせず，子ど

もたちに話しかけられた場合は，できるだけニュートラルな反応をするようにし，子どもたちにとって,観察者は「いてもいなくても同じ」という状態を目指しました。

具体的なデータ収集の方法は，動物の仲直り行動を研究したde Waal & Yoshihara（1983）の，PC-MC法（post-conflict matched control method）に従いました。まず,午前中の自由遊びの時間帯に,けんかが自然に発生するのを（ひたすら）待ちます。相手を押す（身体的攻撃），相手に対してどなる（言語的攻撃）といった，明らかな攻撃行動が起きた場合に，けんかが起きたと定義しました。けんかは3人以上の間でも起こりうるのですが，2者間で起きたけんかのみを観察対象としました。そして，攻撃をされた子どもを対象に10分間の個体追跡法による観察（focal observation）をしました。この，けんか後の10分間のデータをPCデータ（post-conflict data）とよびます。

PCデータを収集後5日以内に，①PCデータの観察開始時間と同じ時間帯（前後15分以内）に観察開始できる，②観察対象児が観察開始時にけんかに巻き込まれていない（10分間以上），③攻撃をした子どもと近すぎてもいないし離れすぎてもいない距離に観察対象児がいる（1〜10メートルの範囲以内），④けんかが起きた場所と同じ場所である（教室内か運動場か）という条件が満たされた場合に，PCデータで観察したときと同じ子どもの行動を10分間再度観察しました。このデータはベースラインの行動データとなり,MCデータ（matched-control data）とよびます。PCデータだけではなく，MCデータも収集することによって，けんか後という特別な状態のときの行動と，普段の行動を比較検討することが可能になります。

PCとMCで行う個体追跡法による観察では，①攻撃行動のタイプ，②当事者の名前，③攻撃が生起した時間，④けんか後の当事者間の距離，⑤けんかの当事者間に親和行動が生起した場合，それをした側と親和行動のタイプおよび生起時間，⑥担任保育士や第三者である子どもからの介入があったかどうか（⑥についてはPCのみ），⑦第三者である子どもと観察対象児の距離，⑧第三者である子どもから観察対象児に対する親和行動が生起した場合，親和行動のタイプと生起時間についてデータ収集をしました。記録した親和行動のタイプについては，表4.2をご覧ください。本章では，第三者である子どもから観察対象児に対する親和行動について分析します。

得られたデータはconsolation.csvというファイルに入力され，その中身は表4.3のようになっています。なお，本章で紹介するデータ分析は，Fujisawa et al.（2006）と同様の結果を確認できるよう作成した仮想データに基づいたものです。consolation.csv内の変数は，次のようになっています。

表4.2　記録された親和行動

変数名	行動のタイプ
Apology	謝る（けんかの当事者間のみ）
Offer	物をあげる
Symbolic	象徴的な提供（例：順番を代わる）
Compromise	妥協する（けんかの当事者間のみ）
Invite	相手を遊びに誘う
Talk	謝罪の言葉はないが，親和的に相手に話しかける
Touch	親和的に相手の身体に触れる（例：体をなでる）
Join	相手の遊びに参加する

表4.3　consolation.csvの中身

cohort	child	by_a3	by_d3	by_n3	by_a4	by_d4	by_n4	by_a5	by_d5	by_n5
C1	C1-1	2	1	1	2	1	1	NA	NA	NA
C1	C1-2	3	1	0	2	3	0	NA	NA	NA
C1	C1-3	2	2	1	3	2	1	NA	NA	NA
...										
C2	C2-1	NA	NA	NA	0	1	1	1	0	1
C2	C2-2	NA	NA	NA	4	3	0	5	2	1
C2	C2-3	NA	NA	NA	3	2	0	2	3	0

- cohort：クラス。C1やC2は，Cohort 1, Cohort 2をそれぞれ意味します。
- child：観察対象児のID。
- by_a3：3歳児クラスでのデータで，第三者である子どもから観察対象児に対する親和行動に関して，PC-MCペアがattractive pairとなった数。
- by_d3：3歳児クラスでのデータで，第三者である子どもから観察対象児に対する親和行動に関して，PC-MCペアがdispersed pairとなった数。
- by_n3：3歳児クラスでのデータで，第三者である子どもから観察対象児に対する親和行動に関して，PC-MCペアがneutral pairとなった数。
- by_a4：4歳児クラスでのデータで，第三者である子どもから観察対象児に対する親和行動に関して，PC-MCペアがattractive pairとなった数。
- by_d4：4歳児クラスでのデータで，第三者である子どもから観察対象児に対する親和行動に関して，PC-MCペアがdispersed pairとなった数。
- by_n4：4歳児クラスでのデータで，第三者である子どもから観察対象児に対する親和行動に関して，PC-MCペアがneutral pairとなった数。
- by_a5：5歳児クラスでのデータで，第三者である子どもから観察対象児に

対する親和行動に関して，PC-MCペアがattractive pairとなった数。
・by_d5：5歳児クラスでのデータで，第三者である子どもから観察対象児に対する親和行動に関して，PC-MCペアがdispersed pairとなった数。
・by_n5：5歳児クラスでのデータで，第三者である子どもから観察対象児に対する親和行動に関して，PC-MCペアがneutral pairとなった数。

PCデータとMCデータが両方揃って1つのPC-MCペアとよびます。PCにおける第三者である子どもから観察対象児に対する親和行動の生起が，MCにおいてよりも早かった場合，そのPC-MCペアはattractive pairとよびます。MCにおける第三者である子どもから観察対象児に対する親和行動の生起が，PCよりも早くに起きた場合，そのPC-MCペアはdispersed pairとよびます。第三者である子どもから観察対象児に対する親和行動が，PCとMCで同時間に生起した場合，もしくはPCでもMCでも生起しなかった場合，そのPC-MCペアはneutral pairとよびます（de Waal & Yoshihara, 1983）。

Cohort 1は3歳児クラスと4歳児クラスでのデータがありますが，5歳児クラスのデータはありません。一方，Cohort 2は4歳児クラスと5歳児クラスでのデータがありますが，3歳児クラスのデータはありません。データがないセルについてはNAと入力します。

4-4 Rによるデータ分析

4-4-1 データファイルの読み込み

read.csv( )により，consolation.csvを読み込みます。データフレーム名はここではconsolとしています。

先頭の数行はCohort 1の子どもたちのデータですから，5歳のデータがありません。そのため，by_a5, by_d5, by_n5のデータ部分がNAになっています。

```
> consol <- read.csv("consolation.csv")
> head(consol) # 最初の数行を表示
  cohort child by_a3 by_d3 by_n3 by_a4 by_d4 by_n4 by_a5 by_d5 by_n5
1     C1  C1-1     2     1     1     2     1     1    NA    NA    NA
2     C1  C1-2     3     1     0     2     3     0    NA    NA    NA
3     C1  C1-3     2     2     1     3     2     1    NA    NA    NA
4     C1  C1-4     0     0     0     0     0     0    NA    NA    NA
5     C1  C1-5     1     1     1     2     2     1    NA    NA    NA
6     C1  C1-6     0     0     0     1     0     0    NA    NA    NA
```

4-4-2　Rを使ってデータの簡単な計算

Rを使って，なぐさめ行動率（the triadic conciliatory tendency; Call, Aureli, & de Waal, 2002; 以降では略してTCTと記述します）を計算してみましょう。TCTは，

$$TCT = (a-d)/T$$

という式で求めます。aは第三者である子どもから観察対象児へ生起した親和行動についてPC-MCデータが「attractive pair」となった数，dは「dispersed pair」となった数，Tは観察されたPC-MCペアの合計数を意味します。3歳児クラスでのTはT3，4歳児でのTはT4，5歳児クラスでのTはT5と名付けることにします。

まず，各年齢でのT（観察されたPC-MCペアの合計数）を計算してみましょう。まずは，3歳児クラスです。

```
> # データフレームconsolの3列目(by_a3)，4列目(by_d3)，5列目(by_n3)について，
> # 各行ごとに，合計(sum)を適用し，T3とよぶ
> T3 <- apply(consol[,c(3,4,5)],1,sum)
```

T3の中身を確認してみましょう。3歳児クラスでのTですから，4歳児クラス・5歳児クラスの部分についてはデータがありませんので，NAと表示されます。

```
> T3
 [1]  4  4  5  1  3  0  4  1  3  7  2  4  0  2 NA NA NA NA …
[25] NA NA NA NA NA NA NA NA NA NA NA NA
```

同様に，T4についても計算してみましょう。下記のように記述すると，計算と中身の確認を同時に行うことができます。

```
> (T4 <- apply(consol[,c(6,7,8)],1,sum))
 [1]  4  5  6  0  5  1  5  3  5  7  3  2  1  3  2  7  5  4  2  5  2  4  4  7  2 …
```

T5についても同様に計算して，中身を確認してみてください。以下のスクリプトを実行してください（出力結果は省略します）。

4章 心理学における観察研究

```
(T5 <- apply(consol[,c(9,10,11)],1,sum))
```

次は，いよいよTCTを計算してみましょう。3歳児クラスでのTCTはTCT3，4歳児クラスでのTCTはTCT4，5歳児クラスでのTCTはTCT5と名付けることにします。四則演算については，特別な書き方は必要ありません。それぞれ計算し，中身を確認してみましょう。割り算できない結果については，NaNと表示されます。また，先ほどと同様，データがないところはNAと表示されます。

```
> attach(consol)
> (TCT3 <- (by_a3-by_d3)/T3)
 [1] 0.2500000  0.5000000  0.0000000  0.0000000  0.0000000 NaN 0.2500000
 [8] 1.0000000 -0.3333333 -0.1428571  0.0000000  0.2500000 NaN 1.0000000
[15]       NA         NA         NA         NA         NA  NA        NA
[22]       NA         NA         NA         NA         NA  NA        NA
[29]       NA         NA         NA         NA         NA  NA        NA
[36]       NA
```

TCT4，TCT5についても同様に計算します。以下のスクリプトを実行してください（出力結果は省略します）。

```
(TCT4 <- (by_a4-by_d4)/T4)
(TCT5 <- (by_a5-by_d5)/T5)
```

ここまでで作成した，T3，T4，T5，TCT3，TCT4，TCT5をconsolに追加してみましょう。

```
> consol <- cbind(consol,T3,T4,T5,TCT3,TCT4,TCT5)
> head(consol)   # データが追加されているか確認
  cohort child by_a3 ... by_n5 T3 T4 T5 TCT3      TCT4 TCT5
1     C1  C1-1     2 ...    NA  4  4 NA 0.25 0.2500000   NA
2     C1  C1-2     3 ...    NA  4  5 NA 0.50 -0.2000000   NA
3     C1  C1-3     2 ...    NA  5  6 NA 0.00 0.1666667   NA
4     C1  C1-4     0 ...    NA  1  0 NA 0.00      NaN   NA
5     C1  C1-5     1 ...    NA  3  5 NA 0.00 0.0000000   NA
6     C1  C1-6     0 ...    NA  0  1 NA  NaN 1.0000000   NA
```

head( )では，データの最初の数行のみが表示されます。T5やTCT5はNAとのみ表示されるため，きちんと追加されたか心配な場合は，その列のみを表示させると，確認することができます。

```
> detach(consol)
> attach(consol)
> T5
 [1] NA NA NA NA NA NA NA NA NA NA NA NA NA NA  2  8  5  5 …
> TCT5
 [1]           NA          NA          NA    …          NA          NA
 [9]           NA          NA          NA    …    0.5000000   0.3750000
[17]   -0.2000000   0.2000000   0.0000000    …    0.2000000   0.3750000
…
```

次に，年齢ごとのなぐさめ行動率の平均を計算してみましょう。割り算ができず，NaNとなっている行（欠損値となっている）がありますから，欠損値を除いて計算するという指定（na.rm=TRUE）を付けて計算しましょう。

```
> mean(TCT3,na.rm=TRUE)
[1] 0.2311508
> mean(TCT4,na.rm=TRUE)
[1] 0.1010101
> mean(TCT5,na.rm=TRUE)
[1] 0.3294785
```

ところで，PC-MCペアが1個しかない子どもがいて，その子のデータはたまたまattractive pairが1個という場合には，TCTは1となります。また，PC-MCペアが2個の子どもがいて，その子のデータがたまたまattractive pairが1個，dispersed pairが1個という場合には，TCTは0となってしまいます。このように，データ数が少ない場合には，TCTが大きく変動してしまいます。ですから，ここからは，PC-MCペアが3個以上あった子どものデータに関して分析を進めていくことにします。

```
> # T3（PC-MCペアの数）が3個以上のものを取り出し，「at_least3_T3」という名前を付ける
> at_least3_T3 <- subset(consol,consol$T3>=3)
```

```
> at_least3_T3 # at_least3_T3の中身を確認
   cohort child by_a3 … T3 T4      TCT3       TCT4 TCT5
1      C1   C1-1     2 …  4 NA  0.2500000  0.2500000   NA
2      C1   C1-2     3 …  4 NA  0.5000000 -0.2000000   NA
3      C1   C1-3     2 …  5 NA  0.0000000  0.1666667   NA
5      C1   C1-5     1 …  3 NA  0.0000000  0.0000000   NA
7      C1   C1-7     2 …  4 NA  0.2500000  0.2000000   NA
9      C1   C1-9     1 …  3 NA -0.3333333  0.2000000   NA
10     C1  C1-10     2 …  7 NA -0.1428571 -0.2857143   NA
12     C1  C1-12     2 …  4 NA  0.2500000  1.0000000   NA
> mean(at_least3_T3$TCT3,na.rm=TRUE)
> # at_least3_T3のTCT3の平均を計算（欠損値を除く）
[1] 0.09672619
```

3歳児クラスのTCTの平均は約0.097と計算されました。PC-MCペアが2個以下の子も含めたTCTの平均と比べるとずいぶん違うことがわかります。

同様に，4歳児クラスと5歳児クラスで，PC-MCペアの数が3個以上の子どもたちのデータを対象にTCTの平均を計算してみましょう。

```
> (at_least3_T4 <- subset(consol,consol$T4>=3))
   cohort child by_a3 … T3 T4 T5      TCT3       TCT4      TCT5
1      C1   C1-1     2 …  4  4 NA  0.2500000  0.2500000        NA
2      C1   C1-2     3 …  4  5 NA  0.5000000 -0.2000000        NA
3      C1   C1-3     2 …  5  6 NA  0.0000000  0.1666667        NA
5      C1   C1-5     1 …  3  5 NA  0.0000000  0.0000000        NA
7      C1   C1-7     2 …  4  5 NA  0.2500000  0.2000000        NA
8      C1   C1-8     1 …  1  3 NA  1.0000000 -0.3333333        NA
…
> mean(at_least3_T4$TCT4,na.rm=TRUE)
[1] 0.1180556
> (at_least3_T5 <- subset(consol,consol$T5>=3))
> # at_least3_T5の中身を確認
…
> mean(at_least3_T5$TCT5,na.rm=TRUE)
[1] 0.2946032
```

4歳児クラスについて，C1（Cohort1）とC2（Cohort2）ごとにTCT4の平均を計算してみましょう。以下のスクリプトを実行します。

```
> by(at_least3_T4$TCT4,at_least3_T4$cohort,mean)
at_least3_T4$cohort: C1
[1] 0.1330952
------------------------------------------------------------
at_least3_T4$cohort: C2
[1] 0.1073129
```

4-4-3 ノンパラメトリック検定を用いて中央値の比較を行う

データの代表値には，平均，中央値，最頻値などがあります。平均を比較する検定は，1章でも登場しました（独立な2群のt検定）。4-4-3項では，中央値を比較する検定を紹介します。そして，ここで紹介する検定は，正規性の仮定を必要としないノンパラメトリック検定とよばれるものです。代表値（平均，中央値）についての検定を，表4.4に整理しました。

表4.4 代表値についての統計的仮説検定

		パラメトリック検定	ノンパラメトリック検定
正規性についての仮定		仮定する	必ずしも仮定しない
比較する代表値		平均	中央値
データのタイプ	対応のある2群	対応のあるt検定	ウィルコクソン符号順位検定 4-4-3項の(1)
	対応のない2群	対応のないt検定 （独立な2群のt検定） 1章参照	ウィルコクソン順位和検定 4-4-3項の(2)

（1）ウィルコクソン符号順位検定

それでは，年齢が上がるにつれて，なぐさめ行動率は上がるといえるかどうか，Cohort1と2のTCTの平均を比較することによって，統計的に確認してみましょう。Cohort1と2のTCTの平均は表4.5のように計算されました。

表4.5 各クラスのなぐさめ行動率の平均

観察時期	T1	T2
Cohort1	TCT3=0.097	TCT4=0.133
Cohort2	TCT4=0.107	TCT5=0.295

Cohort1のTCT3とTCT4，Cohort2のTCT4とTCT5は，それぞれ「対応のあるデータ」（各子どもの，T1とT2の異なる時期の反復測定となっている）といえます。ここでは，サンプルサイズが比較的小さい場合にも使うことができるウィル

コクソン符号順位検定(Wilcoxon signed rank test)を使って分析をします。

まず,両時点でPC-MCペアが3個以上あった子どもを取り出して比較してみましょう。

```
> # Cohort1について,両時点でPC-MCペアが3個以上ある子どもを取り出して
> # サブセットを作り,compareC1と名前を付ける
> compareC1 <- subset(consol,cohort=="C1"&consol$T3>=3&consol$T4>=3)
> compareC1[,c("TCT3","TCT4")]   # TCT3とTCT4だけを取り出して見てみる
         TCT3       TCT4
1    0.2500000  0.2500000
2    0.5000000 -0.2000000
3    0.0000000  0.1666667
5    0.0000000  0.0000000
7    0.2500000  0.2000000
9   -0.3333333  0.2000000
10  -0.1428571 -0.2857143
```

データを眺めてみると,TCT3よりTCT4が高い子どももいれば,逆のパターンの子どももいることがわかります。ウィルコクソン符号順位検定を使って統計的に比較してみましょう。Rにデフォルトで入っているwilcox.test( )を使うこともできますが,exactRankTestsパッケージにあるwilcox.exact( )を使って分析してみます。exactRankTestsパッケージをインストールしていない場合はインストールして,そのパッケージを読み込んでください。

```
> library(exactRankTests)
…
> # compareC1のTCT3とTCT4についてウィルコクソン符号順位検定をする
> wilcox.exact(compareC1$TCT3,compareC1$TCT4,paired=TRUE)

        Exact Wilcoxon signed rank test

data:   compareC1$TCT3 and compareC1$TCT4
V = 8, p-value = 1
alternative hypothesis: true mu is not equal to 0
```

p 値は1となっており,Cohort1では3歳時点と4歳時点のなぐさめ行動率には変化がないという結果になりました。

同様に，Cohort2について，4歳時点と5歳時点のなぐさめ行動率の変化をウィルコクソン符号順位検定により比較してみましょう。

```
> # Cohort2について，両時点でPC-MCペアが3個以上ある子どもを取り出して
> # サブセットを作り，compareC2と名前を付ける
> compareC2 <- subset(consol,cohort=="C2"&consol$T4>=3&consol$T5>=3)
> compareC2[,c("TCT4","TCT5")]   # TCT4とTCT5だけを取り出して見てみる
        TCT4       TCT5
16   0.1428571  0.3750000
17   0.2000000 -0.2000000
18   0.0000000  0.2000000
20   0.4000000  0.3333333
22  -0.2500000  0.2000000
…
> # compareC2のTCT4とTCT5についてウィルコクソン符号順位検定をする
> wilcox.exact(compareC2$TCT4,compareC2$TCT5,paired=TRUE)

        Exact Wilcoxon signed rank test

data:  compareC2$TCT4 and compareC2$TCT5
V = 15, p-value = 0.03101
alternative hypothesis: true mu is not equal to 0
```

p値は0.031となり，5％水準で有意な結果となりました。Cohort2では，5歳時点のなぐさめ行動率は4歳時点のなぐさめ行動率よりも有意に高くなったといえます。

(2) ウィルコクソン順位和検定

4歳児クラスでのTCTの平均は，Cohort1は0.133，Cohort2は0.107でした。同じ年齢のクラスでも，クラスを構成する子どもたちや担任の先生，その他の要因によって，なぐさめ行動率に違いがある可能性があります。この点を検証するため，4歳時点のなぐさめ行動率の平均がクラスによって有意に異なるかどうか，確認してみましょう。

比較するデータは，同じ年齢のクラス（4歳児クラス）のデータではありますが，異なるコホート（Cohort1とCohort2）のデータです。その意味で，「対応のないデータ」です。ここでは，データに正規性が仮定できない場合や，サンプルサイズが比較的小さい場合でも用いることができるウィルコクソン順位和検定

(Wilcoxon rank sum test）を使います。

　ここでも，4歳児クラスでPC-MCペアが3つ以上あった子どもを対象に分析します。TCT4の列は，Cohort1のものもCohort2のものも含まれていますから，Cohort1のTCT4とCohort2のTCT4を比較できるようにまずは準備しましょう。4歳児クラスでPC-MCペアが3個以上あった子どものデータについて，Cohort1，Cohort2ごとにデータを取り出してそれぞれC1_4，C2_4と名前を付けます。以下のスクリプトを実行してください。

```
> C1_4 <- subset(at_least3_T4,at_least3_T4$cohort=="C1")
> C2_4 <- subset(at_least3_T4,at_least3_T4$cohort=="C2")
```

exactRankTestsパッケージを読み込んでおき，ウィルコクソン符号順位検定とほぼ同じように分析できます。Cohort1とCohort2は独立した2群ですから，paired=FALSEとします。

```
> wilcox.exact(C1_4$TCT4,C2_4$TCT4,paired=FALSE)

        Exact Wilcoxon rank sum test

data:  C1_4$TCT4 and C2_4$TCT4
W = 68.5, p-value = 0.943
alternative hypothesis: true mu is not equal to 0
```

　p値は0.943となっており，4歳児クラスでのなぐさめ行動率はクラスによる有意な違いはないという結果が出ました。

　4-4-3項の（1）で行ったウィルコクソン符号順位検定によって，「なぐさめ行動率は，3歳から4歳では有意な変化はみられないが，4歳から5歳では有意に高くなる」という結果が示されました。しかし，その分析だけでは，「1年の間の変化は，年齢によるものではなく，クラスによるものかもしれない」という可能性を捨てきれません。Cohort1とCohort2は異なるクラスですから，当然ですがクラスの子どもたちや担任の保育士も違います。年齢ではなく何かクラス独特の要因がなぐさめ行動率に影響している可能性が考えられるのです。そこで，同じ年齢のクラス（4歳児クラス）で，Cohort1とCohort2のなぐさめ行動率を比較し，両者の間に統計的に有意な違いはないということを確認したというわけです。その結果を踏まえて，晴れて「なぐさめ行動率は3歳から4歳の間よりも，4歳か

ら5歳にかけて有意に高くなる」という結論を得ることができます。

---- 心理学研究法に関わる話 ----

　観察法と一言で言っても，切り口によって様々なものがあります。
　観察したい行動が生起する場面や状況について観察者が何らかの操作をするかしないかという切り口で見ると，自然観察法（natural observation）と実験観察法（experimental observation）というものがあります。自然観察法は，観察を開始する場面や状況について，研究者が何らかの操作を加えることをしない方法です。一方，実験観察法は観察したい行動が生起しやすくなるように場面や状況をあらかじめ設定した上で，観察対象者がどのように行動するかを観察します。Fujisawa et al.（2006）は，子どもたちが自由に遊ぶ場面で自然に生起する行動を観察した，自然観察法の研究例です。実験観察法は，日常場面においてあまり生起頻度の高くない行動の性質を捉えたいというような場合に有効な方法といえます（遠藤, 2000）。
　また，観察したい現象が起きる場面や観察対象者に対して，観察者がどのように関わるかという切り口で見ると，参与観察法（participant observation）と非参与観察法というものがあります。参与観察法は，観察者が観察をしたい行動が生起する場に身を置き，観察対象者と直にやり取りをしながら，観察したい現象の理解を目指す方法です。Fujisawa et al.（2006）では，観察者は，子どもたちとのやり取りはできるだけ少なくなるようにし，ビデオカメラを持ってその場をうろうろしている観察者は子どもたちにとって，「いてもいなくても同じ」という存在になるようにしました。この意味で，Fujisawa et al.（2006）の観察法は，非参与観察法とよぶことができるでしょう。
　この他にも，観察法について理解しておかなければならない点は色々ありますので，詳しくはPellegrini（1999）を参照してください。
　人間の発達的変化や年齢的変化を検証する方法として，縦断研究と横断研究というものがあります。縦断研究は，観察，あるいは確認したい変化が観察できる期間（数か月のこともあれば，数年，数十年ということもあるでしょう），同じ対象者を繰り返し観察するアプローチです（縦断研究は，8章や9章でも紹介されます）。ここでいう「観察」というのは，行動観察法による観察だけではなく，質問紙法や面接法など他の方法も含みます。一方，横断研究は，見たい変化が起きると想定している年齢層に当てはまる対象者をあらかじめ選択し，対象者間の違いを観察するアプローチです。例えば，3歳から5歳にかけてのなぐさめ行動の年齢的な変化を検証したいという研究目的があった場合，対象者が3歳時点のときの行動を観察し，2年後に対象者が5歳になったときに再度行動を観察し，3歳時点から5歳時点にかけての個人内での変化を見るというアプローチが縦断研究です。一方，研究時点での3歳児と5歳児を観察し，個人間での比較を行うというアプローチが横断研究です。Fujisawa et al.（2006）は，3歳児クラス・4歳児クラスを観察してから1年

後に再度同じ子どもたち（それぞれ4歳児クラス・5歳児クラスになった子どもたち）を観察し，3歳時点から4歳時点の変化と4歳時点から5歳時点の変化についてそれぞれ検討した縦断研究といえます。

発達研究をするのに，縦断研究と横断研究とどちらがよいのでしょうか。どちらにも長所・短所がありますから，一概にはいえません。縦断研究のよさは，何といっても，「子どもたちに起きる変化を目の当たりにできる」ことにあるでしょう。クラスの友だちがけんかの後に泣いていても，どこ吹く風といった感じで気にもかけず自らの遊びに集中していた子どもが，1年経って，同じような場面に遭遇すると，自分の遊びの手を止め，泣いている子のそばに行き「どうしたの？」と声をかけたり，状況を察してか「こっちにも同じのがあるよ！」と別のおもちゃをとってきてあげたりできるようになる…そのような姿を，自分の目で見ることができる醍醐味があります。とても感動します（自分の目で感じた子どもたちの変化のようすを統計的に確認することももちろん大切で，研究にとって欠かせないことです）。しかし，このような縦断研究のよさを味わうためには，時間がかかるということを覚悟する必要があります。Fujisawa et al.（2006）では，3歳から4歳の変化と，4歳から5歳の変化を追うために，データ収集だけで約2年間の時間をかけました。もし，同じような観察を横断研究によって行うとするなら，研究時点で3歳児クラス・4歳児クラス・5歳児クラスにいる子どもたちをそれぞれ観察することになります。たくさんのクラスを同時期に観察することはとても大変なことですが，研究対象の年齢の子どもたちを一度に観察し，年齢差について一気に分析するという，縦断研究がかなわない横断研究のよさを経験できるでしょう。しかし，得られた分析結果を解釈する際には，観察した子どもたちが1年前はどうだったのか，1年後はどうなるのかといったことまで言及することは難しいという点を考慮しておく必要があります。

観察したい現象に対してどのようにアプローチしていくのが研究の目的に一番合うのか，またその方法論が実行可能であるかどうかという点もあわせて，観察の方法を選択するのがよいでしょう。

4-4-4　カイ2乗検定

けんか後という状況（PC）において，けんかに直接関わらなかった第三者である子どもが観察対象児（攻撃された側の子ども）に対して行った親和行動は，けんか後という特別な状況だから起きたのでしょうか。あるいは，いつも起きている行動だけれど，PCデータを収集するときにもみられたというだけなのでしょうか。第三者である子どもから観察対象児へ行われた親和行動のタイプの分布が，PCと通常時（MC）で違いがありそうか，カイ2乗検定で確認してみましょう。

表4.6のように第三者である子どもから観察対象児へ行われた親和行動のタ

イプを入力し，affi_bystander.csvとしてCSVファイルとして保存しておきましょう。わかりやすくするために，第三者である子どもから観察対象児に対して生起した親和行動のタイプのみを入力したイメージになっています。
・PC.MC_ID：PC-MCペアについてのID
・PC_by_affi_type：PCにおいて第三者である子どもから観察対象児へ行われた親和行動のタイプ
・MC_by_affi_type：MCにおいて第三者である子どもから観察対象児へ行われた親和行動のタイプ

PC_by_affi_type, MC_by_affi_typeのとり得る値は，表4.2の記録された親和行動にリストアップされたもの（Apology, Offer, Symbolic, Compromise, Invite, Talk, Touch, Join）となります。

表4.6 affi_bystander.csvの中身

PC.MC_ID	PC_by_affi_type	MC_by_affi_type
1	talk	talk
2	talk	talk
3	NA	NA
4	talk	talk
5	NA	invite
6	offer	offer
7	NA	NA
8	NA	invite
9	talk	talk
10	talk	invite

データをRに読み込みます。

```
> bystander <- read.csv("affi_bystander.csv") # データの読み込み
> head(bystander) # 最初の数行を表示
  PC.MC_ID PC_by_affi_type MC_by_affi_type
1        1            talk            talk
2        2            talk            talk
3        3            <NA>            <NA>
4        4            talk            talk
5        5            <NA>          invite
6        6           offer           offer
> attach(bystander)
```

4章 心理学における観察研究

分析の目的に合うように，データの集計を行います．

```
> (PC <- table(bystander[,2])) # PCの集計をする

  invite     join    offer symbolic     talk    touch
      40       28       13       19      127       80
> (MC <- table(bystander[,3])) # MCの集計をする

  invite     join    offer symbolic     talk    touch
      33       48       10        9      202       30
> (tablePCMC <- rbind(PC,MC)) # PCとMCのクロス集計表を作成する
   invite join offer symbolic talk touch
PC     40   28    13       19  127    80
MC     33   48    10        9  202    30
```

クロス集計表を見てみると，touch（親和的に相手の身体に触れる）はMCよりもPCに多く起きているようです．また，talk（親和的に相手に話しかける）はPCよりもMCに多く起きているようです．親和行動のタイプによって，けんか後（PC）と通常時（MC）とで生起頻度が異なると統計的にいえるかどうかを，カイ2乗検定によって分析してみましょう．

```
> (comparePCMC <- chisq.test(tablePCMC))  # カイ2乗検定を実行

        Pearson's Chi-squared test

data:  tablePCMC
X-squared = 48.8183, df = 5, p-value = 2.417e-09
```

p値はとても小さく（p-value=2.417e−09というのは，2.417×10^{-9}を意味します）有意な結果が確認されました．しかし，この分析では，全体としてPCとMCとで生起した親和行動の頻度に違いがあるという点については確認されましたが，どの親和行動がPCとMCとで生起頻度に違いがあるかという点までは言及することができません．この点まで確認したい場合は残差分析が必要になります．

```
> comparePCMC$stdres  # 調整済み標準化残差を求める
        invite      join    offer symbolic      talk    touch
PC    1.226635 -2.082333  0.82885 2.145996 -4.921459 5.694918
```

```
MC -1.226635  2.082333 -0.82885 -2.145996  4.921459 -5.694918
> # 標準正規分布において，調整済み標準化残差の絶対値以下になる上側確率を
> # 求める両側検定なので2倍してp_stdresという名前を付ける
> (p_stdres <- 2*pnorm(abs(comparePCMC$stdres), lower.tail=FALSE))
     invite       join    offer  symbolic         talk        touch
PC  0.21996  0.0373121  0.4071893  0.03187333  8.590118e-07  1.23431e-08
MC  0.21996  0.0373121  0.4071893  0.03187333  8.590118e-07  1.23431e-08
```

なお，小数点以下の桁数が多くて見づらい場合は，round( )を用いることで小数点以下の桁数を指定することもできます。

```
> round(p_stdres,2)
    invite join offer symbolic talk touch
PC   0.22  0.04  0.41    0.03   0    0
MC   0.22  0.04  0.41    0.03   0    0
```

この結果から，行動のタイプによって生起頻度がPCとMCで有意に異なるもの（join, symbolic, talk, touch）とそうでないもの（invite, offer）があるということが読み取れます。

4-5 研究のまとめ

なぐさめ行動率の年齢的変化について，Rの分析結果（ウィルコクソン符号順位検定，ウィルコクソン順位和検定）を整理すると，表4.7のようになります。ウィルコクソン符号順位検定の結果，Cohort1では，3歳から4歳にかけて，なぐさめ行動率は有意な上昇はみられないことが示されました（$V=8, ns$）。一方，Cohort2では，4歳から5歳にかけて，なぐさめ行動率が有意に上昇することが示されました（$V=15, p<.05$）。また，4歳時点におけるなぐさめ行動率のクラスによる違いをウィルコクソン順位和検定によって分析した結果，Cohort1とCohort2の4歳時点でのなぐさめ行動率には有意な差がないということが示されました（$W=68.5, ns$）。これらのことから，なぐさめ行動は，年ごとに徐々に増加していくというよりは，幼児期の後半に加速的に多くみられるようになることが示唆されました。

表4.7 なぐさめ行動率の年齢的変化

	3歳	4歳	5歳	ウィルコクソン符号順位検定
Cohort 1	0.097	0.133	---	$V=8$, ns
Cohort 2	---	0.107	0.295	$V=15$, $p<.05$
ウィルコクソン順位和検定		$W=68.5$, ns		

　また，カイ2乗検定の結果から，けんかに関わらなかった第三者である子どもが，攻撃された子どもに対して行う親和行動には，けんか後（PC）特有のものと，通常時（MC）でも同様にみられるもの，けんか後にはあまりみられないものとがあることがわかりました（表4.8参照）。このことから，幼児は親和行動を何の考えもなく行っているのではなく，自分と社会交渉の相手が今どのような状況にあるか（例：相手は，自分が関係しなかったけんかの後で，泣いている）を判断し，相手の状況や気持ちに合うような行動を選択しているということが考えられました。

表4.8 第三者である子どもが被攻撃児に対して行った親和行動の頻度に関する場面による比較

	invite	join	offer	symbolic	talk	touch
PC	40	28	13	19	127	80
MC	33	48	10	9	202	30
p	n.s.	<.05	n.s.	<.05	<.001	<.001

注：p値は，残差分析の結果に基づく。

4-6 この研究についてひとこと

　Fujisawa et al.（2006）は，約2年間かけて保育園の子どもたちの様々なやり取りを分析した研究の一部を報告したものです。「具体的なデータ収集の手続き」のところに書きましたが，この研究では，けんか後のデータ（PCデータ）と通常時のデータ（MCデータ）が揃って初めて，1つのデータとなるものです。PCデータがとれたと思っても，観察対象の子どものお休みが続き，結局は条件を満たすMCデータをとることができず，「お流れ」になったデータがとてもたくさんありました。また，「あのPCデータのMCデータをとらなければ」という思い一心で，大雪の降った日に，なんとか保育園にたどりついたら，クラスはお休みの子がとても多く，「これはとても通常時の状況とはいえないな」と判断して，

かなりがっかりしつつも，データをとるのをあきらめた日があったことも，今となってはよい思い出です。

「保育園」という，幼い子どもたちが1日の大半の時間を過ごし，クラスの友だちと怒ったり泣いたり笑ったりしながら，成長していく場は，子どもの発達について驚かされ不思議に感じさせてもらうことの連続です。保育園で観察研究をするには，保育園や子どもたち，保護者の方々との信頼関係なしには実施することができませんが，生き生きした子どもたちの成長のようすが伝わるような研究が1つでも多くなされればと願っています。

4-7　4章で学んだこと

- Rでのデータハンドリング
- exactRankTestsパッケージ
- ウィルコクソン符号順位検定（wilcox.exact(,paired=TRUE)による）
- ウィルコクソン順位和検定（wilcox.exact(,paired=FALSE)による）
- カイ2乗検定（chisq.test()による）と残差分析
- 観察法について
- 縦断研究と横断研究

5章　教育測定に関する実証研究

安永和央

❏ 5章で取り上げる心理学研究

安永和央・齋藤　信・石井秀宗（2012）．構造的性質を操作した国語テストにおける回答の検討―中学生を対象にしたテストの実証研究―　日本テスト学会誌, 8, 117-132.

❏ 研究の概要

　本研究の目的は，高校入試問題に基づいて作成された国語テストを用いて，設問などの構造的性質を操作し（設問の内容は変えずにその設定方法を変え），これらが受検者の回答に及ぼす影響について検討することであった。本章では，「読解プロセス」と「回答欄の字数制限」に関する設問について検討した。「読解プロセス」については，A条件：設問の答えとなる具体例がない本文，B条件：設問の答えとなる具体例がある本文，の2つを設定した。これにより，設問が要求する読解プロセスが受検者の回答に及ぼす影響について検討した。「回答欄の字数制限」については，A条件：「四十五字以上五十五字以内で書きなさい」という設問，B条件：「五十五字以内で書きなさい」という設問，C条件：字数制限を行わない設問，の3つを設定した。これにより，回答欄の字数制限が受検者の回答に及ぼす影響について検討した。これらを中学3年生493名に実施した。項目分析の結果，「読解プロセス」は，設問の答えとなる具体例がある本文の方が得点率と識別力の値が高かった。「回答欄の字数制限」は，「四十五字以上五十五字以内」条件よりも「字数制限なし」条件の方の得点率が高くなる可能性があり，「五十五字以内」条件より「字数制限なし」条件の方の識別力の値が高くなる可能性が示唆された。以上から，構造的性質の違いが受検者の回答に影響を及ぼすことが示された。

5章で取り上げる統計的方法	心理学研究法に関わるキーワード
・古典的テスト理論（項目難易度と項目識別力） ・度数分布表 ・得点率の差の推定 ・I-T相関の差の推定	・調査法と実験法を組み合わせた研究法

5-1　5章で学ぶこと

　テストは同じ問題を題材として選んでも，作り方が変われば多少なりとも結果に影響を及ぼすことが予想されます。このことに関して，安永・齋藤・石井（2012）は，国語の記述式問題を対象に，テストによる調査法とその設問設定を操作した実験法を組み合わせた研究法を用いて実証的に検討しました。

　本章では，読解プロセス（「情報へのアクセス・取り出し」，「統合・解釈」）と回答欄の字数制限（「字数制限あり」，「字数制限なし」）に関わる設問のデータ分析に焦点を当てて検討します。これらの設問設定の違いが項目難易度，項目識別力，受検者の回答内容にどのような影響を及ぼすのかについて検討します。項目難易度としては得点率，項目識別力としてはI-T相関を算出して検討します。また，受検者の回答内容については，評価基準である解答類型を用いて検討します。

　なお，本文中では，「回答」と「解答」という用語を文脈により使い分けていますが，設問に対し受検者が主体となる場合は「回答」，評定者が主体となる場合は「解答」として用いています。

5-2　研究の目的

　わが国の学校教育において，テストは様々な場面で重要な役割を担っています（7章も参照してください）。例えば，中等教育における中間・期末テストから，高等学校や大学における入進学者選抜に関する学力模試や入学試験，そして大規模な全国学力・学習状況調査まで，その範囲は多岐にわたります（柳井・石井，2008）。この様なテストの多様性に反し，わが国ではテスト作成に関する実証的な知見が蓄積されていません。したがって，多くのテスト作成が，教科の専門家の知識や経験に頼らざるを得ないというのが実状です。しかし，このような知識や経験のみに頼って作成された設問では，受検者に対して必ずしも適切な評価が可能であるという保証はありません。その理由として，テストを構成する性質について考えてみます。

　テストは，大きく分けて2つの性質により構成されると考えられます。1つめは，内容的性質です。これは内容的妥当性（6章を参照してください）と言い換えることもでき，テストで「何を問うか」ということに関わってきます。例え

ば，どの領域（教科）について測定するのか，ということから，その領域内のどの範囲について測定するのか，選定した項目内容でその範囲を測定できるのか，ということがこの内容的性質に当たります。2つめは，構造的性質です。これはテストにおいて「どのように問うか」ということに関わってきます。具体的には，テストフォーマット（本文を含めたテスト全体の構成），設問形式（記述式問題，多枝選択式問題等），設問設定・設問の問い方（受検者に回答を求める際の問いの立て方）等がこの構造的性質に当たります。前者の内容的性質を検討する際には，当然ながら，教科の専門家の知識や経験を欠かすことはできません。しかしながら，後者の構造的性質については，教科の専門家の知識や経験のみに頼って判断することは難しいと考えられます。なぜなら，同じ内容の設問であっても，その設定の仕方により受検者の回答は変化し（cf. Ebel & Frisbie, 1991），この変化はテストを実施することにより明らかになるからです。したがって，テストの構造的性質に関しては，教科の専門家の知識や経験のみに頼って判断するのではなく，実際にテストを実施し，設問そのものを評価して得られた知見も必要であると思われます。

　こうしたことを踏まえて，安永ら（2012）では，設問などの構造的性質を評価することを目的に，中学生を対象とした国語のテストを実施しました。対象とした設問は，先行研究で課題として挙げられたものや，わが国の国語テストで多数設定されている代表的なものから選びました。具体的には，「読解プロセス」，「回答欄の字数制限」，「空所の表記法」，「一文抜き出し問題」に関わる4つの設問を選定し，それぞれ異なる条件を設けて検討しています。本章では，これらの中から「読解プロセス」と「回答欄の字数制限」に関わる設問を取り上げて紹介します。その他の設問に関しては，安永ら（2012）を参照してください。

5-3 具体的なデータ収集の手続き

　テストは2011年7月に，愛知県の公立中学校（2校：4クラス138名，7クラス233名）と三重県の公立中学校（1校：5クラス122名）に所属する中学3年生493名（男子252名，女子241名）を対象に実施されました。回答時間は，問題冊子の配布と記名に要する時間を含め1単位時間の50分でした。

　実施したテストは，高校入試問題を基に作成された国語テストです。問題本文は，「和の思想（長谷川櫂）」から出題され，内容は，日本の「間」について西洋と対比させながら説明している文章です。設問は，記述式問題8問，多枝選択式問題7問，合計15問から構成されています。各設問の概要を表5.1に示します。

表5.1　各設問の概要

設問	概要	形式
1a	傍線部分①の「空間的な間」に関して具体例を挙げて説明する	記述式
1b	傍線部分⑤の「心理的な間」に関して具体例を挙げて説明する	記述式
2a	本文中の空所Aに入る適切な語句（「間」のつく語句）を選択枝[★1]から選ぶ	選択式
2b	本文中の空所Bに入る適切な語句（「間」のつく語句）を選択枝から選ぶ	選択式
3	傍線部分②の「ない」と用法・はたらきが同じものを選択枝から選ぶ	選択式
4	傍線部分③の「これ」が指している内容を記述する	記述式
5	傍線部分④の日本の家の特徴について西洋の家と比較し，本文の言葉を使って記述する	記述式
6a	本文中の空所aに当てはまる接続詞を選択枝から選ぶ	選択式
6b	本文中の空所bに当てはまる接続詞を選択枝から選ぶ	選択式
6c	本文中の空所cに当てはまる接続詞を選択枝から選ぶ	選択式
7a	本文の内容に関する会話文中の空所㋐に当てはまる語句を記述する	記述式
7b	本文の内容に関する会話文中の空所㋑に当てはまる語句を記述する	記述式
7c	本文の内容に関する会話文中の空所㋒に当てはまる語句を記述する	記述式
8	傍線部分⑥の「和が成り立つ」と言える理由を本文中から一文抜き出す	記述式
9	本部の内容に合うものを選択枝から選ぶ	選択式

　本研究では，設問1bの「読解プロセス」，設問5の「回答欄の字数制限」，設問7aの「空所の表記法」，設問8の「一文抜き出し問題」に関わる4つの設問について検討しました。検討対象とした4つの設問は，要因が交絡しないように組み合わせて，A，B，C，D，E，F，G，Hの8種類の問題冊子を作成しました。問題冊子はクラス単位ではなく，ランダムに個々の生徒に割り当てられました。また，本章では扱いませんが，問題冊子間で受検者の国語の能力（共通項目合計得点の平均）に差がないことも確認されています（詳しくは，安永，2012を参照してください）。先に述べたように，本章ではこれらの中から設問1bの「読解プロセス」と設問5の「回答欄の字数制限」の2つを取り上げます。設問1bは，「傍線部分⑤の『心理的な間』に関して，具体的な例を1つ書く自由記述式問題」です。設問5は，「日本の家の特徴について西洋の家と比較して回答する自由記述式問題」です。設問1bでは正答となる具体例の有無を操作しました[★2]。具体的には，A条件：傍線部⑤の段落に設問の答えとなる具体例がない本文（「情報へのアクセス・取り出し[★3]」を要求する設問），B条件：傍線部⑤の段落に設問の答えとなる具体例がある本文（「統合・解釈[★3]」を要求する設問）の2つを設定しました。これにより，設問が要求する読解プロセスが受検者の回答に及ぼす影響について検討します。設問5では，3つの条件を設けて回答欄の文字数を

操作しました。具体的には，A条件：「四十五字以上五十五字以内で書きなさい」という設問，B条件：「五十五字以内で書きなさい」という設問，C条件：字数制限を行わない設問を設定しました（図5.1）。これにより，回答欄の字数制限が受検者の回答に及ぼす影響について検討します。

- ★1：本章では，日本テスト学会（2007）におけるテスト用語の表記に基づき，「選択し」は「肢」ではなく「枝」を用いて「選択枝」とします。
- ★2：設問1bにおける具体例の加筆については，日本文藝家協会により著者物使用許諾を得た上で実施しています。
- ★3：「情報へのアクセス・取り出し」とは，本文を正確に理解した上で，テキストの中の情報を見つけ選び出すこと，「統合・解釈」とは，本文の中の異なる部分の関係を理解し，推論により本文の意味を理解すること，と定義されています（国立教育政策研究所, 2010）。

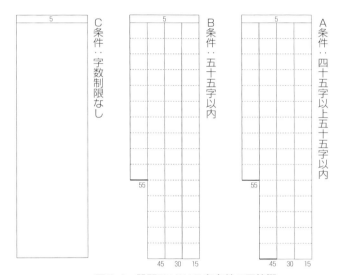

図5.1　設問5における各条件の回答欄

評定は，第1筆者が解答類型にしたがって行い，判断の迷う箇所については心理学を専門とする第2著者と合議の上，評定を行いました。解答類型とは，回答に対してあらかじめ定められた評価基準のことであり，この基準に基づいて受検者の回答（記述式の場合は回答内容）を分類するものです。例えば，類型1：「正答」の内容（得点は1点），類型2：「準正答」の内容（得点は0.5点），類型9：「上記以外の回答」で誤答（得点は0点），類型0：「回答の記述なし」で無回答（得点は0点）のように設定されます。設問1bと設問5の解答類型を表5.2と

表5.2 設問1bの解答類型

設問	内容	類型	得点
1b	「心理的な間」について自分で具体例を挙げているもの 【例】同じ年の人と目上の人に対する言葉遣いの違い	1 [正答]	1
	「心理的な間」について本文中から具体例を挙げているもの 【例：B条件のみ】申し訳ないという遠慮の気持ち	2 [正答]	1
	「心理的な間」について，本文中から具体性に欠ける文章を選んでいるもの 【例】「たとえ相手が夫婦や家族や友人であっても長短様々な心理的な距離，間をとって暮らしている。」の箇所に関することを記述している 【例：B条件のみ】親しき仲にも礼儀あり	3 [準正答]	0.5
	上記以外の回答	9 [誤答]	0
	回答の記述なし	0 [無回答]	0

表5.3 設問5の解答類型

設問	内容	類型	得点
5	下記の①と②の内容に着目して文を書いているもの 【例】壁や扉で仕切られている西洋の家と違い，日本の家は入れたりはずしたりできる建具で仕切られているから	1 [正答]	1
	下記の①の内容のみに着目した文を書いているもの	2 [準正答]	0.5
	下記の②の内容のみに着目した文を書いているもの	3 [準正答]	0.5
	上記以外の回答	9 [誤答]	0
	回答の記述なし	0 [無回答]	0
	【正答に求められる内容】 ①西洋の家の特徴（「壁」や「扉」で仕切る）と異なるということが述べられている ②日本の家の特徴として，襖などの建具を季節や住人の必要に応じて「入れたりはずしたりできる」「移動できる」という内容の言葉が入っている		

表5.3に示します。

このように，すべての設問において解答類型が設定されています。設問1bと設問5の類型数は，1，2，3，9，0と偶然同じ数になっていますが，この数は設定される評価基準の数で決まるため，設問ごとに異なります。ただし，類型

9:「上記以外の回答（誤答）」と類型0:「回答の記述なし（無回答）」については，すべての設問で共通しています。本研究では，類型の数字にrをつけたもの（r1, r2, …, r0）を評定値，得点の数字を項目得点としています。

5-4 Rによるデータ分析

初めに，合計得点の算出，合計得点による群分けを行い，その後古典的テスト理論における項目分析（詳しくは，野口・大隅，2014を参照してください）を用いて，項目難易度（項目得点率）や解答類型分類率，項目識別力（I-T相関）を算出します。さらに，得点率の差とI-T相関の差に関して統計的推定も行います。

項目得点率とは，値が1に近いほど易しく，0に近いほど難しいことを示し，本研究では難易度指標となります。算出方法は，各設問の解答類型に従い，回答が正答であれば1点，準正答であれば0.5点，誤答または無回答であれば0点として各受検者の得点を求め，その得点を平均します。

解答類型分類率とは，受検者の回答を評定基準である解答類型にしたがって振り分けた割合を示す指標です。これにより，各類型の回答を記述した受検者の割合を把握することが可能となります。

項目得点率は難易度指標として用いられ（項目難易度），値が1に近いほど易しく，0に近いほど難しい項目であることを示します。算出方法は，各設問の解答類型に従い，回答が正答であれば1点，準正答であれば回答内容に基づき0.5点，誤答または無回答であれば0点として各受検者の得点を求め，その得点を平均します。

解答類型分類率は，受検者の回答を評定基準である解答類型に従って振り分けた割合を示す指標です。これにより，各類型の回答を記述した受検者の割合を把握することが可能となります。

識別力は，当該項目に対して，ある特性（本研究では国語の能力）の高い人と低い人を区別する指標として用いられます。古典的テスト理論では，－1～＋1の値をとり，値が＋1に近いほど，合計得点が高くなるにつれ当該項目の得点率が高くなり，合計得点が低くなるにつれ当該項目の得点率が低くなることを示す指標です。また，値が0に近いほど，合計得点の高低は当該項目の得点率と関連しないことを示します。本研究では，項目識別力の指標として，I-T相関を用います。I-T相関とは，Item score（項目得点）とTotal score（合計得点）の相関であるItem-Total correlationを指します。I-T相関は，設問の得点と合計得点との相関係数を用いるものと，全設問から当該設問を除いた合計得点との相関係数

を用いる2種類があります。後者はI-R相関（Item-Remainder correlation）とよばれることもあります。本研究では，検討対象としている4つの設問が操作されており，それぞれの条件が全受検者に共通ではないため，それらを除いた11問を合計得点として用います。

5-4-1　データファイルの読み込み

得られたデータは，saiten.csvというファイルに入力されています。その中身を表5.4に示します。

まず，read.csv( )により，saiten.csvを読み込みます。次に，head(saiten)を実行し，saitenの初めの6行を表示します。これによりデータがきちんと読み込まれているかを確認します。

表5.4　saiten.csvの中身

id	e1	e5	d1a	d1b	d2a	d2b	d3	d4	d5	d6a	d6b	d6c	d7a	d7b	d7c	d8	d9	s1a	s1b	s2a	s2b	s3	s4	s5	s6a	s6b	s6c	s7a	s7b	s7c	s8	s9
1	B	C	r2	r9	r1	r5	r2	r1	r2	r3	r1	r4	r9	r2	r2	r1	r2	1	0	0	1	1	0.5	0	1	0	1	1	0	1	1	0
2	B	C	r2	r2	r2	r5	r2	r1	r1	r7	r1	r4	r1	r9	r1	r3	r1	1	1	1	0	1	1	0	1	1	0	1	1	0	1	1
3	B	C	r3	r9	r4	r3	r2	r9	r0	r6	r4	r3	r9	r1	r1	r9	r4	0.5	0	0	1	0	1	1	0	0	0	1	1	0	0	1
4	B	C	r2	r3	r2	r5	r2	r1	r1	r6	r7	r4	r0	r2	r0	r0	r3	1	0.5	1	0	1	1	1	0	1	0	0	0	0	0	0
5	B	C	r3	r2	r2	r5	r2	r9	r2	r6	r1	r4	r9	r9	r9	r9	r1	0.5	1	1	0	1	0	0.5	1	1	1	0	0	0	0	1
6	B	C	r2	r3	r2	r5	r2	r1	r1	r6	r1	r7	r1	r1	r2	r1	r4	1	0.5	1	0	1	1	1	0	1	1	1	0	1	1	0
7	B	C	r3	r2	r2	r6	r2	r1	r1	r6	r1	r4	r1	r1	r1	r2	r4	0.5	1	0	1	0	1	1	0	1	1	0	0	0	0	1
8	B	C	r2	r2	r2	r4	r2	r1	r1	r6	r1	r9	r1	r1	r1	r1	r1	0.5	0.5	1	1	1	1	1	0	1	0	1	0	0	0	1	1

```
> saiten <- read.csv("saiten.csv")   # データファイルの読み込み
> head(saiten)    # 最初の6行を表示
  id e1 e5 d1a d1b d2a d2b d3 d4 d5 d6a d6b d6c d7a d7b d7c d8 d9 s1a s1b
1  1  B  C  r2  r9  r1  r5 r2 r1 r2  r3  r1  r4  r9  r2  r2 r1 r2 1.0 0.0
2  2  B  C  r2  r2  r2  r5 r2 r1 r1  r7  r1  r4  r1  r9  r1 r3 r1 1.0 1.0
3  3  B  C  r3  r9  r4  r3 r2 r9 r0  r6  r4  r3  r9  r1  r1 r9 r4 0.5 0.0
4  4  B  C  r2  r3  r2  r5 r2 r1 r1  r6  r7  r4  r0  r2  r0 r0 r3 1.0 0.5
5  5  B  C  r3  r2  r2  r5 r2 r9 r2  r6  r1  r4  r9  r9  r9 r9 r1 0.5 1.0
6  6  B  C  r2  r3  r2  r5 r2 r1 r1  r6  r1  r7  r1  r1  r2 r1 r4 1.0 0.5
  s2a s2b s3 s4  s5 s6a s6b s6c s7a s7b s7c s8 s9
1   0   0  1  1 0.5   0   1   0   1   1   0  1  1
2   1   0  1  1 1.0   0   1   1   1   0   1  1  1
3   0   0  1  0 0.0   1   0   0   0   1   1  0  0
4   1   0  1  1 1.0   1   0   1   0   0   0  0  0
5   1   0  1  0 0.5   1   1   1   0   0   0  0  1
6   1   0  1  1 1.0   1   1   0   1   1   1  1  0
```

各変数の内容は以下の通りです。

・id：受検者を区別するための番号。

5章 教育測定に関する実証研究

- e1：設問1bの条件（A：A条件「本文中に具体例あり」，B：B条件「本文中に具体例なし」を示す）。
- e5：設問5の条件（A：A条件「四十五字以上五十五字以内」，B：B条件「五十五字以内」，C：C条件「字数制限なし」を示す）。
- d1aからd9：設問1aから設問9までの解答類型による評定値（r0：類型0，r1：類型1，r2：類型2，…，r9：類型9を示す）。
- s1aからs9：設問1aから設問9までの項目得点（0，0.5，1点を示す）。

5-4-2　合計得点の算出，合計得点に基づいた群分けおよびファイルの保存

　初めに，s1aからs9までの合計得点を算出します。先にも述べた通り，検討対象としているs1b，s5，s7a，s8の4つの設問は，それぞれの条件が全受検者に共通ではないため合計得点から除外します。本研究では，受検者の群分けやI-T相関を算出する際に合計得点を用います。合計得点は，s1b，s5，s7a，s8を除いたs1aからs9までの変数を足し合わせたものをsaiten$goukeiという名前の変数に格納することで作成します。合計の算出にはwith( )を用いて，Rエディタに下記のスクリプトを入力します。

```
# 合計得点の算出
saiten$goukei <- with(saiten,s1a+s2a+s2b+s3+s4+s6a+s6b+s6c+s7b+s7c+s9)
```

　with( )では引数として，データフレーム名，各変数の足し算を用います。引数とは，( )内にカンマで区切って記述されているもののことです。with( )では，この関数内に限り引数としたデータフレーム内の変数を使用することを指定します。通常，データフレームsaiten内の変数s1a，s2a，…，s9を用いる場合，「データフレーム名$変数名」として，saiten$s1a，saiten$s2a，…，saiten$s9のように指定しなければなりません。しかし，with( )では初めにsaitenを指定することで，変数名s1a，s2a，…，s9のみで各変数を用いることができます。この計算結果をsaiten$goukeiに格納します。saiten$goukeiとすることで，データフレームsaiten内にgoukeiという変数がある場合にはそれが上書きされ，変数がない場合には新たにgoukei変数が作成されます。

　次に，算出した合計得点から受検者を3群に分けます。3群の分け方は，古典的テスト理論で用いられる方法に基づいて，低群27%，中群46%，高群27%の割合となるように行います。パーセンタイルの値を求めるためにquantile( )を用いて下記のスクリプトを書きます。

```
quantile(saiten$goukei,prob=c(0.27,0.73))   # パーセンタイルの値の算出
```

quantile( )の引数として変数名とprob=c( )を入力します。変数名には，データフレームsaiten内の変数goukeiを表すsaiten$goukeiを入力し，prob=c( )により何パーセンタイルの値を求めるのかを指定します。このスクリプトを実行すると以下のように結果が出力されます。

```
> quantile(saiten$goukei,prob=c(0.27,0.73))
27% 73%
4.0 7.5
```

結果を見ると，27パーセンタイルの値が4.0点，73パーセンタイルの値が7.5点とわかります。したがって，4.5点未満を低群（約27%），4.5点以上7.5点未満を中群（約46%），7.5点以上を高群（約27%）に分割します。「未満」とは，当該数値を含まずその値より小さい値のことを指し，「以上」とは，当該数値を含みその値より大きい値のことを指します。今回の場合，4.5点未満は4.5点を含まず，4.0点から下の点を意味します。一方，4.5点以上は4.5点を含み，これより上の点を意味します。

先に述べた得点に基づいて3群に分けます。群分けにはcut( )を用いて，Rエディタに下記のスクリプトを入力します。

```
# 合計得点に基づいた3群分け
saiten$gunwake <- cut(saiten$goukei, right=FALSE, breaks=c(-Inf,4.5,
7.5,Inf), labels=c("L","M","H"), ordered_result=TRUE)
```

cut( )には，変数名，right=FALSE，breaks=分割点ベクトル，labels=カテゴリ名ベクトル，ordered_result=TRUEを入力します。right=FALSEは，区間を「○○以上■■未満」となるように設定します。right=FALSEの指定をしない，または，right=TRUEでは，区間が「○○より大きく■■以下」と設定されます。4.5～7.5点の区間を例に挙げると，前者の設定では，「4.5点を含み7.5点は含まれない（7点まで）」，後者の設定では，「4.5点を含まず（5点），7.5点を含む」となります。今回は，前者の設定を用います。breaks=で分割点の数値ベクトルを指定します。Rではc( )を用いてベクトルを作ることができます。文字ベ

クトルの場合は，文字型のデータを""（引用符）で囲み，c("文字1", "文字2", …, "文字n")とし，数値ベクトルの場合はc(数値1, 数値2, …, 数値n)とすることでそれぞれのベクトルを作ることができます。先に述べたquantile( )の結果から，4.5点未満（低群），4.5点以上7.5点未満（中群），7.5点以上（高群）という区間を設定したいので，[最小値, 4.5, 7.5, 最大値]の4点を分割点として指定します。最小値と最大値は度数分布を算出することでわかりますが，マイナス無限大を表す−Infとプラス無限大を表すInfを用いて最小値と最大値を表すこともできます。分割点のベクトルは数値ベクトルなのでc(-Inf, 4.5, 7.5, Inf)とします。次に，labels=で水準を表す文字ベクトルを指定し，先ほどの区間に名前を付けます。今回は，L（低群），M（中群），H（高群）と名前を付け，文字ベクトルなので""（引用符）で囲みc("L", "M", "H")とします。最後のordered_result=TRUEは，群分け変換後のデータを名義尺度ではなく順序尺度にすることを指定します。この設定により，群分けの順序がL＜M＜Hとなります。

```
> # 合計得点に基づいた3群分け
> saiten$gunwake <- cut(saiten$goukei, right=FALSE, breaks=c(-Inf,4.5,
+ 7.5, Inf), labels=c("L","M","H"), ordered_result=TRUE)
> # gunwake変数を表示
> head(saiten$gunwake, 20)
 [1] M H M M M H H H H M M H H H M M H L M
Levels: L < M < H
```

実行結果をhead( )で表示してみると，指定通りL，M，Hに3群分けされていることがわかります。このように新たに変数を作成した場合，新しいデータフレームをファイルとして保存しておけば，分析のたびに元のファイルを読み込んでデータの前処理をしなくて済みます。ファイルを保存するためには，Rエディタにwrite.csv(saiten, "saiten.csv", row.names=FALSE)を入力します。write.csv( )の引数には，データフレーム名，"保存するファイル名"，row.names=FALSEを用います。ここでは，これまでのsaitenに上書き保存します。新たなファイルに保存する場合は"新たなファイル名.csv"とします。row.names=FALSEは，自動で出力される行番号（例えば，5-4-1項におけるhead(saiten)の出力結果の一番左列）を削除して保存することを指定します。

5-4-3 条件ごとの得点率（平均）と群別得点率の算出

条件ごとの人数，項目得点率およびその標準偏差を求めます。人数は，table（条

件の変数名）を入力して求めます．条件ごとの項目得点率とその標準偏差の算出にはtapply( )を用いて，下記のようにスクリプトを入力します．

```
tapply(saiten$s1b,saiten$e1,mean) # 条件ごとの項目得点率
```

tapply( )の引数には，変数名，条件の変数名，関数を入力します．例では関数がmeanとなっていますが，これをsdに変えれば標準偏差を求めることができます．table( )とtapply( )を実行すると以下のように出力されます．

```
> table(saiten$e1) # 度数分布を求める
  A   B
247 246
> tapply(saiten$s1b,saiten$e1,mean) # 条件ごとの項目得点率
        A         B
0.1740891 0.5670732
> tapply(saiten$s1b,saiten$e1,sd) # 条件ごとの標準偏差
        A         B
0.2629891 0.4386589
```

結果は設問1bのものです．table( )の結果を見ると，設問1bにおいてはA条件247名，B条件246名であることがわかります．table( )の引数をsaiten$e5に変えれば設問5における条件ごとの人数を求めることができます．設問1bにおける条件ごとの得点率とその標準偏差は，A条件が.174 (.263)，B条件が.567 (.439)です．設問5における条件ごとの得点率と標準偏差もtapply(saiten$s5,saiten$e5,mean)とtapply(saiten$s5,saiten$e5,sd)を実行することで求めることができます．これらの結果をまとめたものを表5.5に示します．

次に，条件ごとに必要な変数を抽出して新しいデータフレームを作成します．条件ごとに必要な変数を抽出するためには，下記のsubset( )を用いたスクリプトを書きます．

```
# 条件ごとに必要な変数の抽出
A1 <- subset(saiten, e1=="A",c(d1b,s1b,goukei,gunwake))
```

subset( )の引数には，データフレーム名，条件式，抽出したい変数を用います．このスクリプトは，saitenというデータフレームの中で，e1がAと等しい（e1=="A"）行だけを取り出す，すなわち，A条件のみを取り出すことを意味し

ます。c(d1b, s1b, goukei, gunwake)は，d1b, s1b, goukei, gunwakeという変数，すなわち，「設問1bの評定値」，「設問1bの得点」，「合計得点」，「群分け」の変数を抽出することを意味します。subset( )を各条件（例えば，設問1bのA条件は「A1」）に格納して以下のようにスクリプトを実行します。

```
> # 条件ごとに必要な変数の抽出
> A1 <- subset(saiten, e1=="A",c(d1b,s1b,goukei,gunwake))
> # 最初の6行表示
> head(A1)
    d1b s1b goukei gunwake
120  r3 0.5    6.0       M
121  r9 0.0    6.0       M
122  r3 0.5    8.0       H
123  r3 0.5    7.0       M
124  r9 0.0    4.5       M
125  r3 0.5    7.0       M
```

実行結果をhead( )により数行表示すると，条件ごとに必要な変数が抽出されていることが確認できます。残りについても下記のスクリプトを実行することで，条件ごとに必要な変数を抽出できます。

```
# 条件ごとに必要な変数の抽出
B1 <- subset(saiten, e1=="B", c(d1b, s1b, goukei, gunwake)) # 設問1bのB条件
A5 <- subset(saiten, e5=="A", c(d5, s5, goukei, gunwake))   # 設問5のA条件
B5 <- subset(saiten, e5=="B", c(d5, s5, goukei, gunwake))   # 設問5のB条件
C5 <- subset(saiten, e5=="C", c(d5, s5, goukei, gunwake))   # 設問5のC条件
```

さらに，各条件における群ごとの人数，得点率，標準偏差を算出します。これらは，先ほどと同様にtable( )とtapply( )を用いて算出します。

```
> table(A5$gunwake)  # 設問5におけるA条件の群ごとの度数分布
 L  M  H
47 99 42
> tapply(A5$s5,A5$gunwake,mean)  # 設問5におけるA条件の群ごとの得点率
        L         M         H
0.2127660 0.3787879 0.5952381
> tapply(A5$s5,A5$gunwake,sd)    # 設問5におけるA条件の群ごとの標準偏差
        L         M         H
```

```
0.3417455 0.3280346 0.3533480
```

ここでは，設問5におけるA条件の実行結果を例に見ていきます。各群の人数はtable( )より，低群47名，中群99名，高群42名です。各群の得点率とその標準偏差は，低群.213 (.342)，中群.379 (.328)，高群.595 (.353)です。table( )やtapply( )における引数を各条件のものに変えれば，設問1bと設問5の残りの結果を求めることができます（WebサイトのRスクリプトを参照してください）。なお，list( )を用いて，tapply(saiten$s5,list(saiten$e5,saiten$gunwake),mean) を利用することもできます。引数として，変数，list( )，関数を入力し，list( )の引数に条件変数（saiten$e5）と群分け変数（saiten$gunwake）を入力することで，実行結果を一括して出力できます。設問1bと設問5の結果をまとめたものを表5.5に示します。

まず，設問1bを検討します。A条件の得点率は20％に満たない値となり，B条件では約55％になることがわかります。群ごとの得点率は，B群では低群，中群，高群になるにつれて値が高くなることが観測されます。一方，A条件では，3群の値がほとんど変わらず，むしろ高群より中群の方が高い値となり，識別力の観点からは望ましくない結果になりました。各群の得点率を条件間で比較すると，すべての群でB条件の方が高い値を示しました。

次に，設問5を検討します。A条件の得点率は約40％の値になり，B条件とC条件では約50％になることが観測されます。群ごとの得点率は，A条件，C条件においては低群，中群，高群になるにつれて高くなりますが，B条件においては，

表5.5 条件ごとの群別得点率および全体の得点率

設問	条件	各群の得点率			得点率
		低群	中群	高群	
1b	A（N=247）	.140(.240) N=75	.204(.290) N=108	.164(.237) N=64	.174 (.263)
	B（N=246）	.348(.418) N=59	.551(.446) N=109	.756(.358) N=78	.567 (.439)
5	A（N=188）	.213(.342) N=47	.379(.328) N=99	.595(.353) N=42	.386 (.360)
	B（N=122）	.372(.376) N=39	.394(.389) N=47	.694(.344) N=36	.475 (.395)
	C（N=183）	.240(.342) N=48	.486(.405) N=71	.758(.345) N=64	.516 (.419)

（　）内の数字はSD

低群と中群の得点率が同程度となっています。各群の得点率をA条件，B条件，C条件で比較すると中群，高群の得点率はC条件が一番高い値を示しました。一方，低群の得点率はB条件が最も高い値であることがわかります。

5-4-4　条件ごとの解答類型分類率の算出

受検者がどのような内容の回答を記述しているかを把握するため，解答類型分類率を算出します。解答類型分類率の求め方は，table( )とprop.table( )を用いて下記のスクリプトを入力します。

```
tA1 <- table(A1$d1b) # 解答類型により分類された度数分布表
prop.table(tA1) # 度数分布表を割合（解答類型分類率）に変換
```

初めに，table( )で度数分布表をtA1に格納します。その後，割合を算出するprop.table( )の引数にtA1を入力します。これを実行すると以下の結果が出力されます。

```
> tA1 <- table(A1$d1b) # 解答類型により分類された度数分布表
> prop.table(tA1) # 度数分布表を割合（解答類型分類率）に変換

        r0        r1        r2        r3        r9
0.1052632 0.0242915 0.0000000 0.2995951 0.5708502
```

ここでは，設問1bにおけるA条件の実行結果を例に見ていきます。解答類型分類率は類型0が，10.5%，類型1が2.4%，類型2が0%，類型3が30%，類型9が57.1%であることがわかります。引数を各条件の変数に変えることにより，その他の解答類型分類率についても求められます。すべての実行結果をまとめたものを表5.6に示します。

まず，設問1bを表5.2の解答類型に基づいて検討します。A条件では，本文中に正答となる具体例の記述がないため，本文中から具体例を抜き出した回答である類型2に分類される受検者の割合が0となっています。また，誤答である類型9に分類される受検者が約60%と最も多いことが観測されます。一方，本文中に正答となる具体例があるB条件では，類型2に分類される受検者が最も多いことがわかります。条件間の比較では，類型9と具体性に欠ける内容の記述である類型3に分類される受検者はA条件の方が多いことが読み取れます。また，両条

表5.6 設問1bと設問5における条件ごとの解答類型分類率

設問	条件	解答類型分類率				
		0[a]	1	2	3	9[b]
1b	A	.105	.024	.000	.300	.571
	B	.114	.020	.439	.216	.211
5	A	.213	.170	.367	.064	.186
	B	.230	.287	.328	.049	.107
	C	.235	.366	.224	.077	.098

a) 無回答
b) 誤答

件とも自分で具体例を挙げる類型1の内容を記述する受検者は少ないことがわかります。

次に，設問5を表5.3の解答類型に基づいて検討します。A条件では，西洋の特徴と異なる内容のみ回答する類型2に分類される受検者が最も多く，西洋の特徴と異なる内容と日本の特徴の両方について記述した類型1と誤答である類型9に分類される受検者が，同程度であることが見受けられます。B条件でも類型2に分類される割合が多く，類型1に分類される割合も多いことがわかります。C条件では，類型1に分類される割合が最も多いことが観測されます。条件間の比較では，類型1に分類される割合が最も多いのはC条件であり，類型2に分類されるのはA条件とB条件が多いことが読み取れます。また，すべての条件で，日本の特徴のみを記述している類型3に分類される割合は少ないこともわかります。無回答を示す類型0に分類される割合もすべての条件で同程度です。

さらに，より詳細な検討をするため，条件ごとに各群の解答類型分類率を求めます。先ほどのtable( )とprop.table( )により，群と解答類型の度数のクロス集計表とその割合のクロス集計表を作成します。下記のようにスクリプトを書きます。

```
tcA5 <- table(A5$d5,A5$gunwake) # 設問5のA条件の群と類型のクロス集計表
prop.table(tcA5,2) # 割合のクロス集計表
```

table( )の引数に変数名1，変数名2を入力することで度数のクロス集計表が作成できます。これをtcA5に格納し，prop.table( )の引数に入力することで，割合のクロス集計表を作成することができます。2つめの引数の「2」は，列和に対する割合を算出します。これを「1」にすると行和の割合となります。このスクリプトを実行すると以下のように結果が出力されます。

5章 教育測定に関する実証研究

```
> tcA5 <- table(A5$d5,A5$gunwake) # 設問5のA条件の群と類型のクロス集計表
> prop.table(tcA5,2) # 割合のクロス集計表

            L          M          H
  r0 0.34042553 0.23232323 0.02380952
  r1 0.10638298 0.12121212 0.35714286
  r2 0.17021277 0.44444444 0.40476190
  r3 0.04255319 0.07070707 0.07142857
  r9 0.34042553 0.13131313 0.14285714
```

　この結果は，設問5のA条件のものです。実行結果から，A条件の低群（L），中群（M），高群（H）における解答類型分類率が読み取れます。これらを先ほどのように表にまとめることも可能ですが，条件の数だけこの表が算出されるので数字が多数羅列されることになり，一目見ただけでは結果を解釈するのが難しそうです。そこで，この結果を視覚的に把握できるようにするために棒グラフを作成します。

　先ほど算出した割合のクロス集計表をp.tcA5に格納します。その後，barplot( )を用いて下記のようにスクリプトを入力します。

```
p.tcA5 <- prop.table(tcA5,2) # 割合のクロス集計表を格納
barplot(p.tcA5, main="A", xlim=c(0,20),ylim=c(0,1),
        beside=TRUE, legend=TRUE) # 棒グラフの作成
```

　barplot( )の引数には，行列名，main=" "，xlim=c( )，ylim=c( )，beside=，legend=を用います。行列には，先ほど格納したp.tcA5を入力します。main=" "は図の上部中央に指定した"タイトル"を表示します。また，sub=" "を入力すると図の下部中央に"タイトル"が示されます。xlab=" "を入力するとX軸，ylab=" "を入力するとY軸に"ラベル"が示されます。xlim=( )は，x軸の表示範囲，ylim=はy軸の表示範囲をベクトルにより指定します。beside=は，行列形式のデータを読み込んだ際，棒グラフを並列表示（TRUE）にするか，積み上げ表示（FALSE）にするかを指定します。今回は類型別（水準別）に並列表示させるbeside=TRUEを選択します。legend=TRUEは，凡例を表示することを指定します。これらのスクリプトを実行すると，図が出力されます。このスクリプトを設問1bと設問5におけるすべての条件に実行した結果を図5.2，図5.3に示します（WebサイトのRスクリプトを参照してください）。なお，par(mfrow=c( ))を用いて複数

の図を同時にまとめて表示することもできます。詳しくは，1章や村井（2013）を参照してください。

このように図で示すことにより，結果を視覚的に把握することができます。この結果も表5.2と表5.3の解答類型に基づいて検討します。まず，設問1bについて検討します。A条件では誤答である類型9に分類される受検者が多数いましたが，その割合は低群，中群，高群で概ね同程度であることがわかります。また，具体性に欠ける内容の記述である類型3に関してもすべての群で同程度であることがわかります。無回答である類型0は低群で最も高いことも見てとれます。一方，B条件では低群，中群，高群の順に本文中の具体例を記述する類型2の割合が高くなることが観測されます。A条件とは異なり，類型9の割合が高群で最も低いことが見てとれます。また，類型3に関しては3群とも同程度の割合で回答

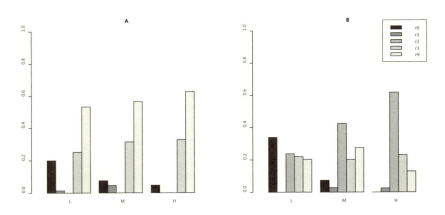

図5.2 設問1bにおける群ごとの解答類型分類率

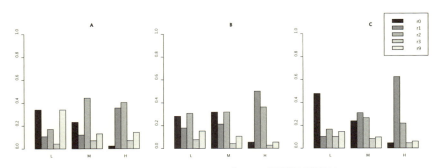

図5.3 設問5における群ごとの解答類型分類率

しており，無回答は低群が最も高いことがわかります。群別に条件間の比較をすると，類型3に分類される割合は中群と高群ではA条件が多いが，低群ではA条件もB条件も同程度であることがわかります。一方，類型9に分類される割合はすべての群でA条件の方が多いことがわかります。

次に，設問5について検討します。A条件では，西洋の特徴と異なる内容と日本の特徴の両方を記述した類型1が，低群と中群に比べ高群で最も高いことがわかります。西洋の特徴と異なる内容のみを回答する類型2に分類される割合は中群と高群で高く，無回答である類型0に分類される割合は低群が最も高いことも観測されます。B条件では，類型1が高群で最も高いことがわかります。また，類型2に分類される割合は低群，中群，高群で同程度であり，無回答率は低群と中群で同程度であることが観測されます。C条件では，類型1が高群で最も高く，無回答率は他の条件と同様に低群が最も高いことがわかります。群別に条件間の比較をすると，C条件の高群はA条件とB条件の高群に比べ類型1に分類される割合が高いことが読み取れます。これに対し，A条件とB条件の高群はC条件の高群に比べて類型2に分類される割合が高いことがわかります。また，C条件の低群ではA条件とB条件の低群に比べ，無回答率が高いことが観測されます。

5-4-5 識別力（I-T相関）の算出

識別力指標として，条件ごとのI-T相関を求めます。本研究では，当該設問（設問1bと設問5）と，すべての受検者に条件が共通ではない4つの設問を除いた合計得点との相関係数がI-T相関となります。I-T相関の値の算出および統計的推測を行うためにcor.test( )を用いて，下記のようにスクリプトを書きます。

```
cor.test(A5$s5,A5$goukei) # 設問5におけるA条件のI-T相関の検定
```

cor.test( )の引数として，変数名1と変数名2を入力します。このスクリプトを実行した結果は，以下のように出力されます。

```
> cor.test(A5$s5,A5$goukei) # 設問5におけるA条件のI-T相関の検定

        Pearson's product-moment correlation

data:  A5$s5 and A5$goukei
t = 6.27, df = 186, p-value = 2.46e-09       ← t値，自由度，p値
alternative hypothesis: true correlation is not equal to 0   ← 対立仮説
```

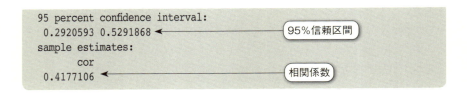

　ここでは，設問5におけるA条件を例に見ていきます。「Pearson's product-moment correlation」に実行結果が表示されます。2行目にt値，自由度（df），p値，3行目に対立仮説，5行目に95%信頼区間，8行目に相関係数が表示されます。結果を見ていくと，I-T相関は .418，t値は6.27，自由度は186，p値は2.46e−09となっています。2.46e−09は，2.46×10^{-9}，すなわち0.00000000246を表し，統計的に有意な結果を示しています。また，95%信頼区間は[.292, .529]と読み取れます（95%信頼区間については，6章も参照してください）。標本から計算されたこの区間は，母集団における相関係数の値を含む区間である確率が95%であるということを表します。また，95%信頼区間とp値の間には，95%信頼区間内に帰無仮説で設定した母数の値が含まれなければ統計的に有意になり，含まれると有意にならない，という対応関係があります（この例では，帰無仮説で設定した母数の値，すなわち，母集団の相関係数の値は0となります）。今回の結果においても95%信頼区間が0を含んでおらず，統計的検定の結果は有意になっています。その他の条件についても同様のスクリプトでI-T相関の結果を求めることができます。すべての結果をまとめたものを表5.7に示します。

　識別力に関する基準は確立されていませんが，Crocker & Algina（1986）によると目安としては，.20台は改訂が必要な項目，.30台はテスト利用に耐えうる項目，.40以上は十分に識別力がある項目とされています。この観点から考えると，設問1bではA条件が改訂の必要な項目になります。95%信頼区間を考慮すると，

表5.7　条件ごとのI-T相関および信頼区間

設問	条件	識別力	
		I-T相関	95%信頼区間
1b	A (N=247)	.088	[−.037, .211]
	B (N=246)	.387	[.275, .488]
5	A (N=188)	.418	[.292, .529]
	B (N=122)	.316	[.147, .468]
	C (N=183)	.498	[.380, .600]

B条件の下限値も改訂が必要な項目になり得ます。設問5では，I-T相関の値はすべての条件で改訂の必要はなさそうですが，95%信頼区間を考慮すると，A条件とB条件の下限値が改訂の必要な項目に該当する可能性があります。一方，C条件はテスト利用に耐えうる項目であるといえます。

5-4-6　得点率の差およびI-T相関の差の推定

最後に，条件ごとの得点率の差およびI-T相関の差について統計的推定を用いて検討します。ここでは，自作関数の使い方と結果の見方の説明をします。比率の差，相関の差の統計的推測に関する理論的な説明に関しては，石井（2014）に詳しく述べられていますので，こちらを参照してください。ここで紹介する自作関数も石井（2014）の信頼区間の推定方法を参考に作成しました。まず，得点率の差を検討するために，以下のスクリプトを実行します。

なお，自作関数のスクリプトは，メモ帳などのテキストファイルに拡張子をRとして（例えば，「pdif.R」）作業ディレクトリ内に保存し，source("pdif.R")を用いて読み込むこともできます。

```
# 得点率の差とその信頼区間を求める
# ------------------------------------------------------------------
p.dif <- function(pA,nA,pB,nB,qcrit=0.025){
p.difference <- pB-pA  # 得点率の差を求める
seAB <- sqrt(((pA*(1-pA))/nA)+((pB*(1-pB))/nB))  # 標準誤差を求める
q <- qnorm(qcrit,lower.tail=FALSE)  # 95%CIを求める
CIAB.L <- p.difference-q*seAB
CIAB.U <- p.difference+q*seAB
out <- cbind(p.difference, CIAB.L, CIAB.U)
return(out)
}
# ------------------------------------------------------------------
# 上記のスクリプトを実行した後に，下記のp.dif( )の引数pAにA条件の得点率，
# nAにA条件の人数，pBにB条件の得点率，nBにB条件の人数を格納する
p.dif(pA,nA,pB,nB)
```

その後，p.dif( )の引数に，pAにA条件の得点率，nAにA条件の人数，pBにB条件の得点率，nBにB条件の人数を入力します。実行すると以下のように結果が出力されます。

```
> # 設問1bにおけるA条件とB条件の得点率の差とその信頼区間
> p.dif(0.174,247,0.567,246)
     p.difference    CIAB.L     CIAB.U
[1,]         0.393 0.3150957  0.4709043
```

結果は設問1bにおけるA条件とB条件のものです。p.differenceに得点率の差の値，CIAB.Lに95％信頼区間の下限値，CIAB.Uに上限値が示されます。したがって，得点率の差の値は.393であり，95％信頼区間は [.315, .471] ということがわかります。その他の条件の差についても，得点率と人数を入力することで求められます（WebサイトのRスクリプトを参照してください）。これらの結果については，表5.8にまとめて示します。

次に，I-T相関の差の推定を行います。2群の相関係数を比べる際，群ごとの無相関検定の結果から検討するのではなく，得点率の場合と同様に，2群の相関係数の差について検討しなければなりません。I-T相関の差についても，初めに以下のスクリプトを実行します。こちらも得点率の差を検討するスクリプトと同様に，拡張子をRにしたテキストファイル（例えば，「rdif.R」）に保存し，source("rdif.R")を用いて読み込むこともできます。

```
# I-T相関の差とその信頼区間を求める
# ----------------------------------------------------------------
r.dif <- function(rA,nA,rB,nB,qcrit=0.025){
r.difference <- rB-rA   # I-T相関の差を求める
zA=1/2*log((1+rA)/(1-rA))  # rAをフィッシャーのz変換
zB=1/2*log((1+rB)/(1-rB))  # rBをフィッシャーのz変換
seAB <- sqrt((1/(nA-3))+(1/(nB-3)))    # 標準誤差を求める
q <- qnorm(qcrit,lower.tail=FALSE)  # 95%CIを求める
zAB.L <- zB-zA-q*seAB
zAB.U <- zB-zA+q*seAB
CIAB.L <- ((exp(2*zAB.L))-1)/((exp(2*zAB.L))+1)
CIAB.U <- ((exp(2*zAB.U))-1)/((exp(2*zAB.U))+1)
out <- cbind(r.difference, CIAB.L, CIAB.U)
return(out)
}
# ----------------------------------------------------------------
# 上記のスクリプトを実行した後に，下記のr.dif(  )の引数rAにA条件のI-T相関の値，
# nAにA条件の人数，rBにB条件のI-T相関の値，nBにB条件の人数を格納する
r.dif(rA, nA, rB, nB)
```

5章 教育測定に関する実証研究

　その後，r.dif( )の引数に，rAにA条件のI-T相関の値，nAにA条件の人数，rBにB条件のI-T相関の値，nBにB条件の人数を入力します。実行すると以下のように結果が出力されます。

```
> # 設問5におけるA条件とB条件のI-T相関の差とその信頼区間
> r.dif(0.418,188,0.316,122, 0.008)
     r.difference     CIAB.L    CIAB.U
[1,]        -0.102 -0.380926  0.163523
```

　結果は，設問5におけるA条件とB条件のものです。今回は，r.dif( )の引数の最後に0.008という数字が入っています。設問5は3条件あるため，A条件とB条件，B条件とC条件，A条件とC条件，と3回推定を行う必要があります。したがって，Bonferroniの方法を用いて95%同時信頼区間を求めます[★4]。r.differenceにI-T相関の差の値，CIAB.Lに95%信頼区間の下限値，CIAB.Uに上限値が示されます。分析の結果，I-T相関の差の値は-.102であり，95%信頼区間は[-.381, .164]ということがわかります。その他の条件の差についても，I-T相関の値と人数を入力することで求められます。これらの結果については，表5.8にまとめて示します。

> ★4：比較する対ごとに検定を繰り返した場合，第1種の誤りの確率αが0.05（5%）を超えてしまいます。Bonferroniの方法は，第1種の誤りの確率αを全体で0.05におさえる方法で，「α/比較する対の数」により求めることができます。本研究では対の数が3つなので0.05/3=0.0167となりますが，ここでは1つの対につき0.016で検討しています。自作関数のスクリプトはデフォルトで0.025（上側確率）となっていますので，2群の比較のみの場合は数字を入力する必要はありません。3群以上を比較する場合はp.dif( )やr.dif( )の最後の引数にBonferroniの方法で求めたα（今回の場合は上側確率0.016/2=0.008）を入力します。

　第1に，設問1bを検討します。まず，得点率は約40%の差がみられ，B条件の方がA条件より高い得点率になることが推測されます。次に，I-T相関の値は

表5.8　得点率の差およびI-T相関の差の推定

設問	条件	得点率		I-T相関	
		差の値	95%信頼区間	差の値	95%信頼区間
1b	B－A	.393	[.315, .471]	.299	[.141, .460]
5	B－A	.089	[-.049, .227]	-.102	[-.381, .164]
	C－B	.041	[-.100, .182]	.182	[-.065, .465]
	A－C	-.130	[-.253, -.007]	-.080	[-.340, .150]

約.30の差がみられ，B条件の方がA条件より高いI-T相関の値になることが示唆されます。

　第2に，設問5を検討します。まず，得点率はB条件とA条件において，9％の差がみられ，95％信頼区間から考察すると，A条件が5％高い値になりうることも否定できませんが，B条件が約23％高い可能性もあります。C条件とB条件では，約4％の差がみられ，B条件が10％高い可能性からC条件が18％高い可能性までの差が生じ得ます。A条件とC条件では，13％の差がみられ，差が非常に小さい可能性もありますが，C条件が約25％高い値になりうることも示唆されます。次に，I-T相関の値はB条件とA条件において，約.10の差がみられ，A条件が約.38高い値になりうることもありますが，B条件が約.16高い値になりうることも示唆されます。C条件とB条件では，約.18の差がみられ，B条件がわずかに高い可能性もありますが，C条件が約.47高い可能性もあります。A条件とC条件では，.08の差がみられ，A条件が.15高い値になることもあれば，C条件が.34高い値になる可能性もあります。

心理学研究法に関わる話

　心理学研究では，検定結果に加えて効果量や信頼区間も報告することが推奨されています（6章や10章を参照してください）。統計的検定では，「有意差あり・なし」の2値的な判断により効果の有無が決定されます。しかし，統計的検定は，その性質からサンプルサイズが大きくなれば，実質的な効果がわずかであっても「有意差あり」という判断を下します。これに対し，基本的に効果量そのものはサンプルサイズの影響を受けず，信頼区間はサンプルサイズが増えるほど区間が狭くなり精度が高くなります。また，5-4-5項で述べたように，信頼区間は統計的検定の情報を包含しているため，信頼区間の方が多くの情報を提供すると考えられます。しかしその一方で，より多くの情報を持つ信頼区間が報告されても，結局は0を含むかどうかという2値的判断にとどまり，意義ある解釈がされていないという指摘もされています（Cumming, 2014）。

　近年では，わが国の一部の心理学系の学術論文でも効果量や信頼区間の報告数が増えています。また，今後ますますこれらを報告することが求められると予想されます。効果量や信頼区間を報告する際は，これらの必要性や有用性について十分に理解した上で用いることが望まれます。効果量や信頼区間に関するより詳細な説明は，大久保・岡田（2012），南風原（2014）や石井（2014）を参照してください。大久保・岡田（2012）では，統計改革の歴史的な背景から，統計的検定の問題点，効果量，信頼区間について詳細に述べられています。南風原（2014）では，分散分析に焦点を当て，分散分析が統計的仮説検定に依拠する理由とその限界について述べた後，効果量とその信頼区間をあわせて用いること

の有用性について詳しく書かれています．また，石井（2014）では，様々な分析における信頼区間の求め方から，その解釈の仕方まで具体的な分析例を挙げて丁寧に説明されています．

5-5 研究のまとめ

　本研究では，国語のテストを用いて，「読解プロセス」と「回答欄の字数制限」が受検者の回答に及ぼす影響について検討しました．第1に，「読解プロセス」について検討しました．本研究では，正答となる具体例が本文にない条件とある条件を設定しました．正答となる具体例が本文にない条件では，得点率が低い値になることがわかりました．一方，具体例が本文にある条件では，50％程度の得点率になることがわかりました．具体例がない条件では，識別力も低い値になることがわかりました．回答内容に関しては，具体例が本文にない場合には誤答の内容を記述する割合が多く，具体例が本文にある場合にはそれを抜き出す割合が多いことが観測されました．また，両条件ともに自分で具体例を記述する割合は少ないこともわかりました．つまり，本文中に正答となる具体例がある場合，受検者はその具体例を見つけて抜き出すこと（情報へのアクセス・取り出し）はできますが，正答となる具体例がない場合，受検者は本文を理解し自分で具体例を作成しなければならず（統合・解釈），回答することが困難になると推察されます．以上の結果から，以下のことが考えられます．テスト作成においては，同類の項目である平行項目を作成することがあります．その際には，設問文やその構成などの表面的な側面を類似させるのみではなく，読解プロセスにまで踏み込んで作成することが求められます．つまり，平行項目の片方が「情報へのアクセス・取り出し」を求める設問であれば，平行項目のもう片方も「情報へのアクセス・取り出し」を要求する設問を作成する必要があると考えられます．また，具体例を挙げさせる設問を作成する際，本文の選択においては，回答となる一文があるものを選定すると，得点率が50％程度の難易度になり，回答となる一文がないものを選定した場合は難易度が高く，かつ，受検者の合計得点の違いを反映する程度が低い（識別力が低い）設問になりうるということがわかりました．これは，例えば中間・期末テストなど，それまでに学習した範囲内から本文の出題箇所を選定するときに参考となる知見であると思われます．

　第2に，「回答欄の字数制限」について検討しました．本研究では，回答欄の字数に「四十五字以上五十五字以内」，「五十五字以内」，「字数制限なし」という

条件を設定しました。「五十五字以内」条件と「字数制限なし」条件の得点率は同程度ですが、「四十五字以上五十五字以内」条件よりも「字数制限なし」条件の方の得点率が高くなりうることがわかりました。したがって、回答欄の設定としては、「字数制限なし」より「四十五字以上五十五字以内」の方が、難易度は高くなる可能性があります。識別力は「四十五字以上五十五字以内」条件と「字数制限なし」条件は同程度ですが、「五十五字以内」条件より「字数制限なし」条件の方が高くなる可能性が示唆されました。したがって、回答欄は「五十五字以内」より「字数制限なし」の方が合計得点の高い人と低い人をよりよく区別する設問になる可能性があります。回答の内容は、「四十五字以上五十五字以内」条件と「五十五字以内」条件では、西洋の特徴と異なる内容のみの回答が多くみられ、「字数制限なし」条件では、西洋の特徴と異なる内容と日本の特徴に関する内容の両方に着目した回答が多く観測されました。以上から、字数制限がある場合、西洋の特徴と異なる内容を記述することで制限字数に達してしまい、日本の特徴に関する内容を記述できなくなってしまうということが推察されます。測定意図が、本文や設問をどの程度理解しているか、ということである場合、字数制限を設けないことが有効になりうると考えられます。ただし、字数制限を設けない場合には低群の受検者の無回答が多くなる、ということにも注意を払う必要があります。

　本研究の結果から、わずかな構造的性質の操作によって受検者の回答に変化が生じることが示されました。このことは、テストの構造的性質について実証的に検討することの意義を示しています。しかし、本研究の知見は構造的性質に関して、1つの題材（問題本文）に基づいた結果です。したがって、今回得られた知見を一般化するためには、より多くの題材を用いたさらなる検証が必要となります。その際には、やみくもに設問を操作するのではなく、教育現場に還元できるものに焦点を当てることが望まれます。また、題材を選定する際には、原典の著作権にも十分配慮することが求められます。

5-6　この研究についてひとこと

　大学院生時代、あるテストの採点をしていたとき、「なぜこのような問い方をするのだろう」、「こういう（別の）問い方をした方が設問の意図は伝わりやすいのではないか」と漠然と考えていました。後日、このことについて当時の指導教員に話したところ、「その疑問を検討してみては？」と助言していただいたことがテストの研究を始めるきっかけとなりました。

しかし，テストの研究を始めようと思っても，研究協力校（実施場所）が見つからない，というのが現実的な問題でした。「テストのためのテスト」を実施することは，教育現場の先生や生徒の皆さんの負担になります。そのため，なかなか研究協力校が見つからなかったのは当然のことかもしれません。それでも研究協力校を探し続けていくうちに，様々な縁により私の研究の話を聞いてくださる先生方と出会うことができました。それ以降，現在に至るまで，多くの先生や生徒の皆さんが研究に協力してくださっています。もし，このように私の研究を理解してくださる先生方と出会うことができなければ，テストの研究を実践することは不可能でした。私の研究は，現場の先生や生徒の皆さんの協力のおかげで成り立っているのです。

私の研究は，見方によっては，設問はこのように作られるべきである，ということを主張するためのものと捉えられるかもしれません。しかし，そうではありません。設問作成において最も重要となるのは，テスト作成者の測定意図です。私の研究で得られた知見は，テスト作成者が測りたいものを測れるようになることをサポートするためのものです。現在はまだそのための知見が少ないですが，将来的にはテスト作成者が測定意図と具体的な項目得点率や識別力の値とを照らし合わせながら，自らの望む設問設定を複数の選択枝の中から選択できる状況を提供したいと考えています。

現代のわが国の教育を考える際，教育からテストを切り離して考えることはできません。テストにより正しい測定が行われなければ，教育における課題は見えてきません。また，正しい測定が行えても，教育現場で活かされなければ意味をなしません。今後，さらに教育現場と研究者が一体となり，日本のテスト研究が発展していくことを望みます。

5-7　5章で学んだこと

- 群分け（cut()による）
- ファイルの保存（write.csv()による）
- 条件ごとの変数の抽出（subset()による）
- 得点率と標準偏差の算出（tapply()による）
- 度数分布表とクロス集計表の算出（table()とprop.table()による）
- prettyRパッケージ
- 棒グラフの作成（barplot()による）

- I-T相関の算出（cor.test()による）
- 得点率とI-T相関の差の推定（自作関数p.dif()とr.dif()による）

6章 心理尺度および心理検査の作成と信頼性・妥当性

宇佐美 慧

❏ 6章で取り上げる心理学研究

宇佐美慧・名越斉子・肥田野直・菊池けい子・斉藤佐和子・服部由紀子・松田祥子（2011）．社会適応スキル検査の作成の試み―検査の信頼性・妥当性・臨床的有用性の検討― 教育心理学研究, 59, 278-294.

❏ 研究の概要

発達障害のある子どもを含め，幅広い年齢段階の子どもに対する多面的な社会適応スキルの評価を可能にする検査の開発が望まれている。本研究では，このような経緯から旭出式社会適応スキル検査の作成を行った。予備調査では主に定型発達群からのサンプルをもとに項目の修正・改良を行い，「言語スキル」，「日常生活スキル」，「社会生活スキル」，「対人関係スキル」の4つの下位スキルに基づく32下位領域からなる計192項目を作成した。本調査では，定型発達群2027名および特別な教育的ニーズのある群560名からのサンプルから回答データを収集して項目分析（困難度の評価）を行い，また信頼性（内的整合性）・妥当性（基準連関妥当性・因子的妥当性・内容的妥当性）について検証した。

まず，4つの下位スキル得点の α 係数を算出し，実用上十分な内的整合性があることを確認した。また，この点に対応して，因子分析により，検査項目の1因子性の観点から本検査の因子的妥当性が示唆された。そして，学年段階と検査得点間に高い正の相関がみられたこと，また定型発達群と教育的ニーズのある群間での検査得点に統計的に有意な差があったこと，これらの観点から基準連関妥当性が満たされることが示唆された。さらに，本検査項目が社会適応スキルを多面的に評価できているかどうか，発達・臨床の専門家の視点も踏まえて検証し，内容的妥当性に関しても実際上十分満たされていることを確認した。

6章で取り上げる統計的方法
・記述統計（散布図，相関係数，α 係数）
・因子分析

心理学研究法に関わるキーワード
・心理尺度（心理検査・テスト）
・測定の信頼性・妥当性の諸概念

6-1 6章で学ぶこと

　統計的な方法は心理学に限らず，様々な研究分野で利用されています。例えば物理学では物の速さ，質量，大きさといった物理量に関するデータに，また経済学では世帯年収や経常利益などの経済的な指標に関するデータに統計的方法が利用されることが多いです。このように，研究分野の違いに応じて扱うデータの種類は様々であり，同時にそれらの数値的な性質は異なります。心理学研究でも，物理学や経済学で扱うようなデータを処理するケースはもちろんありますが，多くの場合，人の「能力（例えば，語学力・コミュニケーション力）」，「性格（例えば，外向性・攻撃性）」，「興味（例えば，職業興味・動機づけ）」といった構成概念についての測定データに関心があることが多いでしょう。

　構成概念は直接私たちの目で観察することはできないので，その意味内容を定義し，その定義に基づいた測定を心理尺度[1]を利用して行います。このように数値化して測定された心理量を扱うことが多いのが心理学研究の特徴であり，また同時にその測定の質をあらわす概念である，信頼性や妥当性を調べることが重要になります。

　★1：心理尺度ではなく，心理検査やテストとよぶ場合，例えば「学力」や本章で扱う「スキル」のように，構成概念そのものに価値的なニュアンスが含まれることが多いです。そのため，得点が絶対的な水準に到達しているかどうかについての評価や，他者の得点と比較する作業が行われることが多くあります。本章では心理検査の作成事例について紹介していますが，検査そのものを指す場合を除き，これら全体を指す表現として，本章では心理尺度という表現を一貫して用いることにします。

　6章では，信頼性や妥当性の諸概念について解説しながら，それらを評価するための方法やその考え方について説明します。そして，宇佐美・名越・肥田野・菊池・斉藤・服部・松田（2011）の論文をもとに，社会適応スキル検査とよばれる心理検査の作成と，その検査による測定の信頼性と妥当性について検証を行った一事例を紹介します。

6-2 研究の目的

　文部科学省（2003）の全国実態調査では，LD（Learning Disabilities：学習障

害)・ADHD(Attention Deficit Hyperactivity Disorder;注意欠陥・多動性障害)・高機能自閉症等の発達障害により学習や生活の面で特別な教育的ニーズのある児童生徒は，小・中学校の通常の学級に約6％の割合で含まれることが報告されています。また，現在でも同程度かそれ以上の水準と見積もられています。2007年度から特別支援教育が始まり，発達障害のある子どもたちが支援の対象になることが正式に認められました。また，小・中学校や高等学校の新学習指導要領（文部科学省，2008a，2008b，2009）でも，障害のある子どもたちの実態に即した支援を計画的・組織的かつ家庭や他機関と連携しながら進めるという趣旨が盛り込まれました。このような背景から，学校在籍段階から社会自立を見据えた教育の必要性に関する認識は高まっており，その際には子どもたちの社会適応性の側面を含めた，的確な実態把握を行うことが不可欠です。

また一方で，教員の負担は増加の一途を辿っており，子どもたちの実態を把握する上での十分な時間的・精神的余裕がすべての教員にあるとはいえないのが現実的な状況です。この問題を解消するために，子どもたちの実態を簡便にかつ適切に把握するための多くの有用な検査が開発されてきました。しかし，幅広い年齢層の子どもを対象とした，現実的に社会適応に必要な能力を網羅的に扱った検査は限られていました。

このような背景から，本研究では社会適応スキルという構成概念を「日常生活において機能するために人々が学習した，概念的，社会的および実用的なスキルの集合体」と定義し，社会適応スキルを安定的かつ多面的に測定することを意図した，社会適応スキル検査の作成を試みます。研究の流れは以下の通りです。まず，検査項目を作成して，予備調査を通してそれらの項目の修正・改良を行います。その後，通常学級に通う定型発達のこども（以下，定型発達群）および教育的ニーズのある子ども（以下，教育的ニーズ群）の両方からの回答データを集め，それをもとに，検査の測定の質を，信頼性（内的整合性）および妥当性（基準連関妥当性・因子的妥当性・内容的妥当性）の観点から調べます[★2]。

★2：宇佐美ら（2011）の研究およびその後の名越・宇佐美（2011）の研究では，評定者間安定性（本章最後の「心理学研究法に関わる話」のコラムを参照）の観点からも測定の信頼性について調べ，また結果のフィードバックの方法も検討しています。詳細についてはこれらの文献を参照してください。

6-3 具体的な項目作成・データ収集の手続き

6-3-1 項目作成

本検査と類似した目的のもとで開発された検査としてVineland Adaptive Behavior Scales（Sparrow，Cicchetti, & Bella, 1985, 2005）やS-M社会生活能力検査（旭出学園教育研究所・日本心理適性研究所, 1980）があります。これらの既存の検査を参照するとともに，本検査の利用目的との違いや，検査の適用の対象となる子どもの違いなどを考慮して項目作成を行いました。例えば，今回の検査の作成では，13歳以上の子どもたちや知的障害を有さない発達障害のある子どもへの適用も意図していますので，社会適応スキルが比較的高い水準にある子どもの個人差も正確に評価できるよう，検査項目を新たに作成する必要があります。さらに，知的障害や発達障害にある子どもや家族支援における教育・相談の場において，対人関係に困難を抱える発達障害児者が特に多くなっていることが見受けられるため，対人関係のスキルを正確に測定できる評価項目を多く作成することが重要だと考えられます。

このように，既存の検査項目内容と，今回の検査の目的の両方を加味して社会適応スキルを測定するための項目を199個作成しました。それらの項目を，測定するスキルの内容的な性質の違いから，言語スキル，日常生活スキル，社会生活スキル，対人関係スキルの計4つの下位スキルに分けました。

まず，言語スキルは，言語の基本的な運用スキルや読み書きスキルを評価する目的で設定され，「指示を理解する」，「口頭で質問する」，「読む」（このような，各下位スキル内にある項目のまとまりを表す単位を下位領域とよぶことにします）などに関する計57項目が作成されました。日常生活スキルは，日常の生活に必要なスキルの評価を意図しており，「身だしなみ」，「衣類の手入れ」などに関する計39項目が作成されました。社会生活スキルは，家の外や地域での生活に必要なスキルで，「お金の理解と管理」，「情報の収集」などに関する計51項目が作成されました。最後に対人関係スキルは，集団参加や適応的な対人関係を維持する上で必要なスキルとして設定され，「礼儀」，「協力的な関係」などに関する計52項目が作成されました（後述の予備調査後における，各下位スキルと下位領域の概要については表6.1に示してあります）。そして，筆者らと研究協力者からなるワーキンググループ会議で検討を重ね，予備調査用の検査を作成しました。

6-3-2 予備調査

予備調査を実施して，これらの項目の質問文の内容や実施方法の適切性の検

討を行いました．具体的には，本検査の適用対象となる子どもの年齢範囲も考慮して，2005年1月〜2006年3月に定型発達群13名（就学前〜成人），適応良好な教育的ニーズ群13名（就学前〜成人），適応不良な教育的ニーズ群9名（小学校高学年〜成人）の計3群からの回答データを収集しました．定型発達群のデータに基づく基礎統計量の集計結果から，本検査の項目配列が定型発達児者の発達の順序に概ね一致していることを確認するとともに，必要に応じて項目の順序の入れ替えや削除を行いました[3]。これらを中心とした改良を経て，社会適応スキル検査項目を完成させました．表6.1に示した通り，4下位スキル，32下位領域，総項目数192で構成される検査となりました．

[3]：宇佐美ら（2011）では，この点に加えて，2006-2007年に定型発達群からのデータを中心とした項目分析を行った上で最終的な項目の選択を行っています．

表6.1 各下位スキルにおける下位領域の概要

スキル	下位領域	スキル	下位領域
A 言語スキル	A1 指示を理解する	C 社会生活スキル	C1 家の中で安全に暮らす
	A2 聞く		C2 電話・ファックス・メールの使用
	A3 口頭で質問する		C3 外での安全への対応
	A4 経験したことを話す		C4 お金の理解と管理
	A5 拒否や要求を表す		C5 時間の理解と管理
	A6 自分について話す		C6 困難な状況での対応
	A7 質問に答える		C7 情報の収集
	A8 読む		C8 学校での集団参加のスキル
	A9 書く		C9 環境の変化への適応
B 日常生活スキル	B1 身だしなみ	D 対人関係スキル	D1 他人への関心と共感
	B2 健康管理		D2 会話・コミュニケーション
	B3 家の掃除や片付け		D3 交友関係
	B4 食事の準備と片付け		D4 協力的な関係
	B5 衣類の手入れ		D5 きまりを守る
			D6 集団遊びのルールを守る
			D7 礼儀
			D8 他人への気遣い
			D9 感情や行動のコントロール

6-3-3 本調査

本調査は2008年6月〜2009年8月に行われました．対象者は，関東ならびに関西の幼稚園から高校までの年齢段階にある定型発達群2027名および教育的ニーズ群560名でした[4]。

★4：年齢段階別，性別，障害種別，知的水準別の子どもの内訳は宇佐美ら（2011）を参照してください。

6-4　Rによるデータ分析

以下では，データの読み取りを行って基本統計量を調べた後，信頼性（内的整合性）および妥当性（基準連関妥当性・因子的妥当性・内容的妥当性）の観点から検査の測定の質を調べます。信頼性や妥当性の概念については，以降の検証内容に沿って適宜簡単に説明していきますが，最後の「心理学研究法に関わる話」のコラムで補足します。

6-4-1　データファイルの読み込み

定型発達群2027名分の回答データはTestdata.csvというファイルに入力され，その中身は表6.2のようになっています（表6.2には，最初の10件分のデータのみが表示されています）★5。read.csv( )を使ってデータを読み込み，head( )により確認して見てみると，以下のようになります。

★5：ただし，以下で分析するのは，実データではなく，人工データです。また，項目数が192と多いことから，例示を簡単にするため，各項目の回答データではなく，下位領域得点（各下位領域に含まれる項目の和得点）から分析します。

表6.2　Testdata.csvの中身

Grade	A1	A2	A3	A4	A5	A6	A7	A8	A9	B1	B2	B3	B4	B5	C1	C2	C3	C4	C5	C6	C7	C8	C9	D1	D2	D3	D4	D5	D6	D7	D8	D9
1	2	0	0	2	2	1	3	3	0	0	0	0	0	7	1	0	0	1	1	1	0	0	0	0	0	4	1	0	2	0
1	1	2	1	2	2	2	3	2	0	2	2	2	2	1	0	0	0	3	0	1	1	5	4	0	2	0	0
1	2	0	0	2	0	3	3	2	0	5	4	4	3	1	0	1	0	4	2	3	0	0	0	0	0	4	1	0	1
1	1	1	0	0	2	0	0	0	0	0	3	0	2	1	1	2	0	1	0	1	0	3	1	0	3	0	0	2	0	0	3	2
1	2	0	3	2	1	2	0	2	3	3	0	0	1	0	2	1	1	3	2	1	1	1	1	3	2	0	3	1
1	0	0	0	0	0	3	0	5	0	0	0	0	1	0	2	0	0	0	0	0	0	0	1	2	0	2	3	5
1	1	1	1	1	2	4	3	6	0	1	2	3	2	6	3	4	5	4	4	0	6	1	3	2	4	0	5	3
1	1	5	4	2	0	4	1	2	2	0	2	6	5	0	2	2	4	3	3	2	3	0	3	4	2	1	2	1	0	2	1
1	5	0	2	4	5	6	7	7	5	5	5	6	8	3	2	4	3	2	3	0	4	6	8	5	7	1	6	4	8	5
1	1	0	1	0	0	1	0	2	3	1	0	0	1	0	3	0	1	1	1	4	1	0	0	0	1	2

```
> Testdata <- read.csv("Testdata.csv")
> head(Testdata)
  Grade A1 A2 A3 A4 A5 A6 A7 A8 A9 B1 B2 B3 B4 B5 C1 C2 C3 C4 C5 C6 …
1     1  1  2  0  0  2  2  1  3  3  0  0  0  0  0  7  1  0  0  1  1 …
2     1  1  1  2  1  2  2  2  3  2  0  2  2  2  2  1  0  0  0  3  0 …
3     1  1  2  0  0  2  0  3  3  2  0  5  4  4  3  1  0  1  0  4  2 …
4     1  1  1  1  0  0  2  0  0  0  0  0  3  0  2  1  1  2  0  1  0 …
```

```
5    1 2 0 3 2 2 1 2 0 0 0 2 4 3 3 0 0 0 1 0 3 2 1 …
6    1 0 0 0 0 0 0 0 3 0 5 0 0 0 0 0 0 0 1 1 0 2 0 …
```

ここで，各変数の概要は，以下の通りです。

- Grade：子どもの学年。1〜3は幼稚園年少・年中・年長を，4〜9は小学校1〜6年を，10〜12は中学校1〜3年を，13〜15は高校1〜3年をそれぞれ表します。
- A1からA9：言語スキルにおける各下位領域得点。
- B1からB5：日常生活スキルにおける各下位領域得点。
- C1からC9：社会生活スキルにおける各下位領域得点。
- D1からD9：対人関係スキルにおける各下位領域得点。

表6.1で見たように，各下位スキルである，言語スキル（A），日常生活スキル（B），社会生活スキル（C），対人関係スキル（D）の下位領域の数は順に9, 5, 9, 9です。Testdataにおいて，各下位領域内の項目数は6であり，また各項目では，尋ねられているスキルを獲得しているかどうかに関して3件法（0：できない，1：できるときもある，2：できる）で尋ねていますので，各下位領域得点の範囲は0-12点です[6]。得点が高いほど，当該スキルが高いことを意味します。

★6：実際の社会生活適応スキル検査では，下位領域に応じて項目数は異なり，また2件法（できない，できる）で尋ねている項目も多くあります。

6-4-2 下位領域得点の基本統計量

まず，データフレームTestdata内の各下位領域得点について，基本統計量を計算してみましょう。psychパッケージを呼び込み，describe( )を使うと以下のような結果が得られます（ここでは，最初の5つの行（Grade, A1, A2, A3, A4）のみ表示しています）。

```
> library(psych)
> describe(Testdata)
      var    n mean   sd median trimmed  mad min max range  skew kurtosis   se
Grade   1 2027 7.13 4.01      7    7.00 4.45   1  15    14  0.19    -1.13 0.09
A1      2 2027 6.01 2.80      6    6.01 2.97   0  12    12 -0.01    -0.61 0.06
A2      3 2027 5.96 3.22      6    5.94 2.97   0  12    12  0.05    -0.75 0.07
A3      4 2027 6.02 3.21      6    6.02 2.97   0  12    12 -0.01    -0.75 0.07
```

```
A4      5 2027 5.95 3.24      6   5.93 2.97  0  12    12 0.04   -0.76 0.07
...
```

いずれの指標も参考になりますが，ここでは特に平均（mean）や標準偏差（sd）に注目します。これらは，各項目で尋ねているスキルを達成する難しさの程度（困難度）や，その達成度合いの個人差の大きさを評価する上で役立ちます。上ではA1〜A4の下位領域の結果のみ示されていますが，全体として各下位領域得点の平均は6点前後，標準偏差は3点前後です。平均の結果から，極端に困難度が低い（もしくは高い）下位領域，つまり天井効果（もしくは床効果）がみられる下位領域はないと考えられます。また，標準偏差の結果から，スキルの個人差がほとんど反映されていない下位領域もみられないと考えられます。

6-4-3　下位スキル得点および全検査得点の基本統計量

次に，各下位領域得点の和である下位スキル得点，および全検査得点（合計点）に関する同様の基本統計量も調べてみましょう。まずattach( )によりTestdata内のデータを変数（下位領域）名から呼び込めるようにします。そして，各下位スキル得点（TotalA, TotalB, TotalC, TotalD）および全検査得点（Total）を計算します。また，下位スキル得点と全検査得点をcbind( )でまとめて1つのデータ行列（Totaldata）を作ります。そして，Totaldataに対してdescribe( )を使って基本統計量を計算します。スクリプトは以下のようになります。

```
attach(Testdata)
TotalA <- A1+A2+A3+A4+A5+A6+A7+A8+A9
TotalB <- B1+B2+B3+B4+B5
TotalC <- C1+C2+C3+C4+C5+C6+C7+C8+C9
TotalD <- D1+D2+D3+D4+D5+D6+D7+D8+D9
Total <- TotalA+TotalB+TotalC+TotalD
Totaldata <- cbind(TotalA,TotalB,TotalC,TotalD,Total)
# データベクトルである各下位スキル得点および全検査得点のデータを統合し，5列からなるデータ行列に
describe(Totaldata)
```

このスクリプトを読み込んだ結果が，以下のようになります。

```
        var    n  mean   sd median trimmed  mad min max range skew kurtosis   se
TotalA    1 2027 53.53 23.89     54   53.55 25.20   0 108   108 0.00    -0.64 0.53
```

TotalB	2	2027	29.83	13.41	30	29.80	14.83	0	60	60	0.02	-0.64	0.30
TotalC	3	2027	53.49	23.76	53	53.46	26.69	0	108	108	0.01	-0.66	0.53
TotalD	4	2027	53.71	23.89	54	53.74	26.69	0	108	108	0.00	-0.66	0.53
Total	5	2027	190.56	82.91	192	190.52	88.96	0	384	384	0.01	-0.65	1.84

特に平均や標準偏差に注目すると，下位領域の場合の結果に対応して，天井効果や床効果などはみられないことがわかり（言語スキル，社会生活スキル，対人関係スキルの総項目数が6×9=54であるため満点は108点であり，また日常生活スキルの総項目数が6×5=30ですので満点が60点です）また得点に個人差が反映されていることがわかります。

6-4-4 信頼性（内的整合性）の検証

信頼性は，検査得点などの測定値の一貫性を表す概念です（南風原，2002）。そして信頼性の中でも特に内的整合性とは，尺度（検査）内の項目全体が同一の構成概念（社会適応スキル）の測定を実現している程度を表します。例えば，仮に検査項目内に「50mを10秒以内で走ることができる」といった，社会適応スキルとは直接無関係と考えられるような項目が多く含まれている場合，検査項目間の回答データの相関が相対的に小さくなると予想されるため，内的整合性が低くなると考えられます。1章で見たように，内的整合性の指標として，クロンバックのα係数がよく利用されます（α係数については，1章も参照してください）。α係数は，

$$\{項目数/(項目数-1)\} \times \{項目得点間の共分散の和/合計点の分散\}$$

で計算される指標値です。一般に項目数が増えれば，α係数は高くなります。このことは，項目数が増えると，その合計得点の平均の推定値が安定してくることからもイメージできます。また，上の式から，α係数が高くなる他の条件として，項目間の相関係数（共分散）が大きくなるということもわかります。

psychパッケージのalpha( )を利用して，各下位スキルおよび全検査について，以下のようにα係数を計算します[7]。

---

[7]：本来クロンバックのα係数は下位領域単位ではなく項目単位で計算されるものですが，ここでは簡便に各下位領域得点を項目と見立てた場合の結果を示しています。この点は宇佐美ら（2011）でも共通しています。このとき，項目数を本来より少なく考えているので，一般に内的整合性を過小評価する可能性が高いですが，以下で見るようにそれ

でもα係数は十分高い値を示しています。

```
alpha(Testdata[,2:10])   # 2-10列目に言語スキルのデータ
alpha(Testdata[,11:15])  # 11-15列目に日常生活スキルのデータ
alpha(Testdata[,16:24])  # 16-24列目に社会生活スキルのデータ
alpha(Testdata[,25:33])  # 25-33列目に対人関係スキルのデータ
alpha(Testdata[,2:33])   # 2-33列目に全検査のデータ
```

上記のスクリプトを実行し，出力のraw_alphaに示されている信頼性の推定値を各下位スキルおよび全検査別にまとめたのが表6.3です。いずれも高い値であり，検査は実用上十分な内的整合性を示していることがわかります。

表6.3 信頼性の推定値

下位スキル	α係数
言語スキル(A)	0.95
日常生活スキル(B)	0.90
社会生活スキル(C)	0.94
対人関係スキル(D)	0.95
全検査	0.98

6-4-5　妥当性の検証1（基準連関妥当性）

　妥当性の問題は，心理尺度に基づく測定結果が，測定を意図した構成概念をどれほど適切に反映しているかということです。仮に測定の信頼性が十分であっても，意図した構成概念ではなく，まったく別の構成概念を実は反映していたとすれば妥当性は低いといえます。このように，信頼性が十分でも妥当性が満たされるとは限りません。また，仮に測定の信頼性が不十分であれば，測定結果が不安定になるため，各回の測定で検査結果が何を反映しているか曖昧になります。つまり，信頼性が不十分な場合，妥当性を担保することは難しくなります。これらより，測定の信頼性は妥当性が満たされるための十分条件ではなく，必要条件であるとわかります（南風原, 2002）。

　宇佐美（2013）でも述べているように，妥当性は信頼性に比べずっと抽象的な概念であり，またその意味も多面的です。ここではまず基準連関妥当性とよばれる側面から検査の妥当性を調べます。基準連関妥当性は，関連のある外的基準と心理尺度の得点とを比較することによって判定される妥当性であり，主に相関係

6章　心理尺度および心理検査の作成と信頼性・妥当性

表6.4　Testdataneeds.csvの中身

```
Grade A1 A2 A3 A4 A5 A6 A7 A8 A9 B1 B2 B3 B4 B5 C1 C2 C3 C4 C5 C6 C7 C8 C9 D1 D2 D3 D4 D5 D6 D7 D8 D9
    1  3  2  4  0  0  0  4  4  3  3  0  3  4  1  3  2  0  0  0  3  0  0  2  4  0  2  4  1  2  0  0  4
    1  1  2  0  0  0  0  0  0  1  1  0  0  0  0  0  0  0  0  1  0  2  0  0  0  1  0  0  0  0  0  0  0
    1  1  0  0  3  5  4  5  2  0  0  1  0  0  5  0  4  0  2  0  1  0  0  1  1  1  2  3  0  0  0  6
    1  2  0  0  0  1  0  2  5  0  0  3  1  4  1  3  5  3  0  0  3  0  0  3  4  0  0  4  1  4  2  2  4
    1  1  2  1  2  3  0  0  5  0  0  3  3  1  0  3  0  0  0  1  2  0  1  0  0  0  1  4  0  1  2
    1  0  0  0  0  0  0  0  0  0  0  0  0  0  0  0  0  1  0  0  0  0  0  0  0  0  0  0  0  0  0  0  0
    1  1  0  0  1  2  0  1  2  0  0  0  0  0  0  0  0  0  0  1  4  0  0  0  0  0  4  2  0  0  2  0  0  1
    1  1  0  2  3  2  1  0  0  2  0  2  0  0  0  0  0  0  0  0  0  0  0  0  1  1  4  0  7  2  1  1  4
    1  1  2  1  4  1  0  0  2  0  2  2  0  2  0  1  2  0  0  0  3  1  2  0  1  0  1  3  1  0  3  0  2  3  3
    1  1  0  0  0  4  0  0  1  0  1  0  0  0  0  0  0  0  0  1  0  0  0  0  1  0  0  0  1  0  0  2
```

数をもとにした検討が行われます。例えば，社会適応スキル検査得点が社会適応スキルの高さを真に反映しているとすれば，教育的ニーズ群と定型発達群の間では得点に差がみられると予想されます。言い換えれば，外的基準である群の違い（教育的ニーズ群か定型発達群か）と検査得点の間に相関があるはずです。また，一般に社会適応スキルは生活年齢の上昇とともに高くなると考えられますので，学年段階を外的基準と見れば，それと検査得点との相関も高くなることが期待されます。以下では，この2点から検査の基準連関妥当性を検証していきましょう。

　教育的ニーズ群と定型発達群の得点差についてまず調べましょう。これまで定型発達群である2027名のデータTestdataのみを見てきましたが，ここで教育的ニーズ群の560名のデータ（人工データ）についても見てみましょう。このデータはTestdataneeds.csvファイルに入力され，その中身は表6.4のようになっています（表6.4には，最初の10件分のデータのみが表示されています）。データ内の変数の概要についてはTestdataの場合と同様です。read.csv( )によりデータを読み込み，describe( )により，各下位領域得点の基本統計量について調べると以下のようになりました（ここでは最初の5行のみ示しています）。

```
> describe(Testdataneeds)
      var   n mean   sd median trimmed  mad min max range  skew kurtosis   se
Grade   1 560 8.26 4.45      9    8.35 5.93   1  15    14 -0.20    -1.23 0.19
A1      2 560 3.13 2.36      3    2.94 2.97   0  11    11  0.66    -0.21 0.10
A2      3 560 2.40 2.50      2    2.07 2.97   0  10    10  0.86    -0.09 0.11
A3      4 560 2.77 2.66      2    2.46 2.97   0  12    12  0.73    -0.28 0.11
A4      5 560 3.77 2.96      3    3.53 2.97   0  12    12  0.48    -0.52 0.13
...
```

　A1～A4では平均が3点前後であり，標準偏差は2～3点程度です。先に見た定型発達群における6点前後の平均と比べると，教育的ニーズ群では値が低く

達成していないスキルが相対的に多いことがわかります。ここではA1〜A4のみを示していますが、下位領域全体を通じてこのような傾向がみられます[★8]。また、各下位スキル得点や全検査得点を計算して基本統計量の結果を見てみましょう。まず、そのためのスクリプトは以下のようになります。

★8：ここでは教育的ニーズ群の障害種や知的発達レベルの違いを区別していませんが、宇佐美ら（2011）では、特に知的発達レベルの違いが得点の高低と関わることを示しています。

```
detach(Testdata)  # Testdataからの変数の呼び出しをやめる
attach(Testdataneeds)
TotalAneeds <- A1+A2+A3+A4+A5+A6+A7+A8+A9
TotalBneeds <- B1+B2+B3+B4+B5
TotalCneeds <- C1+C2+C3+C4+C5+C6+C7+C8+C9
TotalDneeds <- D1+D2+D3+D4+D5+D6+D7+D8+D9
Totalneeds <- TotalAneeds+TotalBneeds+TotalCneeds+TotalDneeds
Totaldataneeds <- cbind(TotalAneeds,TotalBneeds,TotalCneeds,TotalD
needs,Totalneeds)
```

そして、基本統計量の結果をdescribe( )で見てみると以下のようになりました。

```
> describe(Totaldataneeds)
             var   n   mean    sd  median trimmed   mad  min max range skew kurtosis   se
TotalAneeds    1 560  27.46 19.41    24.5   25.99 21.50    0  93    93 0.60    -0.29 0.82
TotalBneeds    2 560  14.30 11.09    12.0   13.20 11.86    0  49    49 0.74    -0.12 0.47
TotalCneeds    3 560  26.81 19.98    24.0   25.01 22.24    0  82    82 0.68    -0.27 0.84
TotalDneeds    4 560  28.18 19.96    26.0   26.61 22.24    0  90    90 0.59    -0.36 0.84
Totalneeds     5 560  96.75 68.62    85.0   90.96 75.61    0 299   299 0.64    -0.30 2.90
```

下位領域得点の場合と同様に、定型発達群に比べて教育的ニーズ群の下位スキル得点および全検査得点の平均が低いことがわかります。

さて、基準連関妥当性を含め妥当性の検証の多くは、相関係数を軸として行われます。相関係数をもとに検査得点と群の違いの関係を見てみましょう。具体的には、教育的ニーズ群を0、定型発達群を1としたダミー変数（あるいは2値変数ともいう）を作り、それと検査得点の相関を見てみましょう。まず、ダミー変数を作るために、nrow( )によりTotaldataおよびTotaldataneeds内の行の長さに相当する、子どもの数（サンプル数）を計算しましょう。

```
ROW <- nrow(Totaldata)
ROWneeds <- nrow(Totaldataneeds)
```

上により各群のサンプル数の情報をROW,ROWneedsに格納しました。これらの値は，それぞれ2027，560となります（確認してみてください）。これをもとに，ダミー変数GROUPを以下のように作ります。

```
GROUP <- c(rep(1,ROW),rep(0,ROWneeds))
```

ここで，rep( )は，ある1つの値（もしくは数値列・文字列）を複数個生成するための関数であり，これにより1（定型発達群）が2027個，その次に0（教育的ニーズ群）が560個並ぶダミー変数GROUPが作成されました。

そして，定型発達群と教育的ニーズ群のデータを結合して群全体の検査得点のデータを作り，それとGROUPとの相関係数を計算します。例えば，言語スキル得点とGROUPとの相関は以下のようなスクリプトになります。

```
DataAALL <- c(Totaldata[,1], Totaldataneeds[,1])   # 1列目が言語スキル得点
cor.test(DataAALL, GROUP)
```

ここで，cor( )が相関係数を計算する標準的な関数ですが，その相関係数の検定を行う場合にはcor.test( )が役立ちます。これを実行した結果が以下のようになります。

```
> cor.test(DataAALL, GROUP)

    Pearson's product-moment correlation

data:  DataAALL and GROUP
t = 23.7518, df = 2585, p-value < 2.2e-16
alternative hypothesis: true correlation is not equal to 0
95 percent confidence interval:
 0.3910951 0.4543799
sample estimates:
      cor
0.4232536
```

一番下の結果を見ると，言語スキル得点とGROUPの間の相関は0.423であり，GROUPが1（つまり定型発達群）であると，言語スキル得点が高くなる傾向を意味しています。また上の方でp値が「2.2e-16」となっていますが，これは2.2$\times 10^{-16}$を意味する非常に小さい値ですから，統計的に有意な相関であるとわかります。また，母相関係数の95%信頼区間も示されており，0.391から0.454の区間であるとわかります。これは，今のように標本から計算された区間が，母相関係数を含む区間である確率が95%であることを意味します。また，下限値（0.391）が0より大きいことは，統計的に有意な相関がみられたことと対応しています（信頼区間の値は統計的検定におけるp値の結果についての情報も含んでいるのです）。これらと同様の傾向が，他の下位スキル得点および全検査得点でもみられます[★9]。

> ★9：このような相関係数の検定と，群間の得点の平均値差を調べるt検定の結果は数学的には同値であり，同じt値，p値を示します。

　他のスキル得点についても同様に相関係数とその信頼区間を調べてまとめた結果が表6.5です（これを実行するためには，上のスクリプトの列番号1を2, 3, 4, 5とそれぞれ変えれば，他の下位スキル得点および全検査得点についての結果になります）。いずれも統計的に有意な相関関係がみられており，教育的なニーズのある子どもを予測する上で社会適応スキル検査得点の高低が関連しているという点で，検査の基準連関妥当性が満たされることが示唆されます。

表6.5　群を表すダミー変数と下位スキル得点・全検査得点の間の相関係数とその信頼区間

	相関係数	信頼区間
言語スキル	0.423	[0.391, 0.454]
日常生活スキル	0.443	[0.412, 0.474]
社会生活スキル	0.431	[0.399, 0.462]
対人関係スキル	0.414	[0.382, 0.446]
全検査	0.435	[0.403, 0.466]

　次に，学年段階と検査得点の関係を調べましょう。まずこの関係をplot( )による散布図から見てみましょう。例えば言語スキル得点と学年段階の間の散布図は，以下のスクリプトにより作成できます。

```
Grade <- Testdata[,1] # Testdata.csvからGradeの情報を取り出す
plot(Grade,Totaldata[,1]) # 言語スキル得点とGradeの散布図
```

これを実行すると図6.1が示され，学年段階と言語スキル得点の間に直線的な相関関係があり，学年を経るにつれて得点が上昇する傾向がみられます。

そして，学年を表すGradeと，各下位スキル得点および全検査得点の間の相関係数を求めてその値を検定するために，以下のようなスクリプトを書きます。

```
cor.test(Grade,Totaldata[,1])  # 言語スキル得点との相関
cor.test(Grade,Totaldata[,2])  # 日常生活スキル得点との相関
cor.test(Grade,Totaldata[,3])  # 社会生活スキル得点との相関
cor.test(Grade,Totaldata[,4])  # 対人関係スキル得点との相関
cor.test(Grade,Totaldata[,5])  # 全検査得点との相関
```

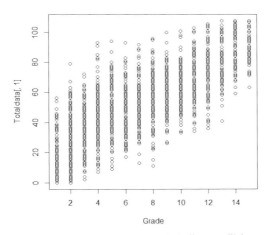

図6.1　言語スキル得点と学年段階の間の散布図

表6.6　学年段階と下位スキル得点・全検査得点の間の相関係数とその信頼区間（定型発達群）

	相関係数	信頼区間
言語スキル	0.776	[0.758, 0.793]
日常生活スキル	0.751	[0.731, 0.769]
社会生活スキル	0.780	[0.762, 0.797]
対人関係スキル	0.784	[0.767, 0.800]
全検査	0.795	[0.778, 0.810]

このスクリプトを実行して，各下位スキル得点・全検査得点とGradeの間の相関係数およびその信頼区間をまとめた結果が表6.6です。先ほどの散布図に対

応して，いずれも統計的に有意であり，かつ絶対値からしても強い相関関係が示されています。このように，検査得点の高さが学年（または概ね，生活年齢）の高さも反映しているという意味で，検査の基準連関妥当性があることが示唆されます[★10]。

> ★10：ここでは定型発達群のデータのみに注目して分析しましたが，教育的ニーズ群のデータから解析しても同様の結果を得ることができます。

6-4-6 妥当性の検証2（因子的妥当性）

因子的妥当性は，回答データに因子分析法を適用して項目間の相関情報を要約する因子を抽出し，尺度が測定している内容の構造を明らかにしていくことで示される妥当性であり，後述する内容的妥当性の一部と捉えられることがあります。いま，社会適応スキルを測定するために4つの下位スキルを設定し，さらに各下位スキルの中に複数の下位領域を設定していました。各下位領域得点は，いずれも社会適応スキルの個人差を測定しているはずです。そのため，各下位領域得点間の正の相関が予想されるため，項目間の相関情報は1つの因子で概ね要約できると考えられます。つまり，回答データには1因子のモデルが当てはまると考えられます[★11]。

> ★11：各下位領域は総じて社会適応スキルを測定することを意図していますが，下位領域はその内容的な違いから4つの下位スキル内に分類されていました。あくまで内容的な違いからの分類であるため，ここではこれらのスキルを反映する4つの因子からすべての下位領域得点間の相関関係が説明されることを必ずしも意図しておらず，1因子であることを想定します。しかし，その一方で，各下位スキルは，共通して社会適応スキルを測定していても，それらの内容的な違いからすれば，異なる側面の社会適応スキルを反映していることも考えられます。
>
> このように，項目全体としては1因子的であると考えられる一方で，各項目が反映する測定内容に違いがあることを統計的に調べる因子分析的方法として，高次因子分析モデルがあります。これは宇佐美ら（2011）でも行われているように，各下位領域得点間の相関関係を4つの下位スキル因子（4因子）で説明されることを想定し，さらに各下位スキル因子間の相関関係が上位の社会適応スキル因子（1因子）によって説明されることを同時に表現した因子分析モデルです。高次因子分析モデルは，確認的因子分析とよばれる方法に分類されます。確認的因子分析については，9章を参照してください。

因子分析を実行するには，factanal( )を利用します。この関数は最尤法により因子分析を行います。関数内には様々な種類の引数がありますが，ここでは抽出する因子数と回転の方法に限定して説明します。例えば，Testdataファイルの2～33列目にある下位領域（A1～D9）得点データTestdata[,2:33] に対して因子数

2の斜交回転（プロマックス回転）に基づく解を得るためのスクリプトは，

```
FA <- factanal(Testdata[,2:33],factors=2,rotation="promax")
print(FA, cutoff = 0) # cutoffにより因子負荷の絶対値が0以上の要素を表示
```

となります。factanal( )においては，引数のfactorsにより因子数を推定し，またrotationによって直交回転（バリマックス解）か斜交回転（プロマックス解）か（また，もしくは回転前の解か）を指定できます。rotationを特に指定しない場合，直交回転となります。そして，print( )を使って出力結果を得ますが，このとき，cutoffという引数に0を指定します。これは，出力の因子負荷の絶対値が0以上，つまり実質すべての要素を表示することを意味します。設定しない場合，cutoff = 0.1となるため，絶対値が0.1未満の結果は出力されません。

　上のスクリプトにおいてfactors=1,2,3として，1因子，2因子，3因子のモデルをそれぞれ下位領域得点データTestdata[,2:33] に当てはめてみます。実行の出力結果が多いことから，表6.7には，各因子数のモデルにおいて得られた回転後の因子負荷と，各因子による因子寄与，因子間相関をまとめた結果を示しています（表中の数値とスクリプトによる出力の結果の対応を確認してみてください）。

　表の上側には因子負荷が，下側には因子寄与や因子間相関についての情報が示されています。1因子モデルにおける因子負荷を見ると，いずれの下位領域でも0.8前後の高い値が示されています。さらに，因子寄与率は61%であり，1因子のみでも下位領域得点間の相関関係が十分に説明できることがわかります。一方，2因子モデルの場合，1番目の因子は全体として負荷の高い下位領域が多いですが，そうでない下位領域は2番目の因子に高い負荷を示しています。また2番目の因子の寄与は1番目に比べてずっと低く，また因子間相関を見るとこれらの因子は互いに高い相関（= -0.844）を示しています。さらに，2番目の因子に高い負荷を示す下位領域（A1 = 指示を理解する，B1 = 身だしなみ，B5 = 衣類の手入れ）を見てみると，それらが示す社会的スキルに関する内容上の共通点を解釈することが難しく，そのため2番目の因子が実質何を反映しているのかは不明瞭です。これらより，2因子モデルは冗長であり，先に見た1因子モデルで十分であると考えられます。

　また，3因子の解を見ても，2因子の場合と同様の傾向がみられ，1因子モデルを選択することの適切性が示唆されます。なお，特に1因子モデルが成立することと，上の内的整合性の検証で全検査得点の α 係数が0.98と高かったことは直接対応しており，いずれも各下位領域得点が一貫して社会適応スキルの個人差を

表 6.7　因子分析の結果（定型発達群）

因子負荷 下位領域	1因子モデル 因子1	2因子モデル 因子1	2因子モデル 因子2	3因子モデル 因子1	3因子モデル 因子2	3因子モデル 因子3
A1	0.934	0.181	0.840	0.176	0.639	0.272
A2	0.808	0.756	0.065	0.788	0.041	−0.016
A3	0.816	0.185	0.704	0.200	0.767	−0.070
A4	0.814	0.652	0.184	0.678	0.131	0.031
A5	0.811	0.660	0.172	0.687	0.120	0.030
A6	0.803	0.643	0.180	0.667	0.103	0.063
A7	0.808	0.729	0.094	0.758	0.050	0.013
A8	0.802	0.692	0.127	0.720	0.075	0.026
A9	0.802	0.729	0.087	0.759	0.049	0.005
B1	0.810	0.184	0.698	0.139	0.022	0.878
B2	0.798	0.737	0.074	0.767	0.022	0.020
B3	0.797	0.689	0.124	0.718	0.090	0.003
B4	0.800	0.727	0.087	0.756	0.023	0.037
B5	0.824	0.196	0.700	0.212	0.757	−0.063
C1	0.811	0.742	0.082	0.774	0.060	−0.016
C2	0.806	0.673	0.153	0.698	0.079	0.056
C3	0.799	0.702	0.114	0.730	0.068	0.017
C4	0.792	0.672	0.138	0.698	0.083	0.032
C5	0.801	0.709	0.107	0.738	0.048	0.032
C6	0.794	0.693	0.118	0.722	0.083	0.004
C7	0.806	0.704	0.118	0.732	0.063	0.029
C8	0.802	0.711	0.105	0.740	0.053	0.024
C9	0.810	0.788	0.035	0.821	0.000	−0.005
D1	0.805	0.700	0.121	0.728	0.062	0.035
D2	0.807	0.824	−0.007	0.860	−0.018	−0.039
D3	0.806	0.706	0.116	0.735	0.064	0.025
D4	0.810	0.736	0.089	0.766	0.051	0.004
D5	0.803	0.668	0.154	0.696	0.106	0.023
D6	0.795	0.684	0.128	0.711	0.072	0.032
D7	0.811	0.722	0.104	0.754	0.093	−0.028
D8	0.795	0.722	0.087	0.753	0.053	0.000
D9	0.919	0.884	0.050	0.922	0.018	−0.014
因子寄与	21.152	14.573	2.549	15.777	1.711	0.875
因子寄与率	0.661	0.455	0.080	0.493	0.053	0.027
累積寄与率	0.661	0.455	0.535	0.493	0.547	0.574
因子間相関		1 −0.844	−0.844 1	1 −0.649 −0.718	−0.649 1 0.827	−0.718 0.827 1

反映していることを意味しています★12。

★12：ここでは定型発達群のデータのみに注目して分析しましたが，教育的ニーズ群のデータから解析しても同様の結果を得ることができます。

6-4-7　妥当性の検証3（内容的妥当性）

　内容的妥当性とは，尺度内の項目が，それを用いて結論しようとしている測定内容のいかによい見本となっているかを示す概念です（池田，1973）。内容的妥当性は，主に相関係数に基づく判断を行う基準連関妥当性とは異なり，一般にそれが満たされている程度を質的に判断していきます。本研究では，「日常生活において機能するために人々が学習した，概念的，社会的および実用的なスキルの集合体」を意味する社会適応スキルを測定するため，4つの下位スキルを設定して，既存の検査を参照しながら検査項目を作成しています。総項目数は192個にもなることから，社会適応スキルを多面的に測定するための様々な項目が選ばれていることが期待されます。

　しかし，社会適応スキルを測定する項目内容は厳密には無限に考えられるでしょうし，そこから偏りなく選ばれているかどうかは，慎重に判断していくべきです。本研究では発達・臨床の専門家の視点から，今回の項目が真に社会適応スキルを多面的に評価できるものになっているか協議し，また予備調査を通して項目内容の修正や削除といった改良を加えています。このような点で，今回の社会適応スキル検査項目の内容的妥当性は一定以上満たされていると考えることができます。

心理学研究法に関わる話

(1) 信頼性の概念についての補足

　信頼性は，検査得点など測定値の一貫性を表す概念であり，内的整合性とは，尺度（検査）内の項目全体が同一の構成概念の測定を実現している程度を表しました。ここで，信頼性を評価する際の別の視点として，異なる時期に回答した複数回の回答結果の安定性としての，時間的安定性を考えることがあります。例えば，1度目に社会適応スキル検査の得点が高い（または，低い）児童が2度目も高い（または，低い）という一貫性が全体としてどの程度みられているのかという問題です。異なる時期に受けた（検査）項目をあたかも別の項目と見れば，それらの結果の間の安定性は，同一の構成概念の測定を実現している程度を意味します。そのため，時間的安定性と内的整合性はともに，それぞれの別の視点から，回答結果の相関関係をもとにした回答傾向の一貫性を評価していると捉えることができま

す。
　また，さらに信頼性の別の側面として，評定者間安定性があります。社会適応スキル検査を含むいくつかの発達・知能検査では，子どもをよく知る親や学校の先生など，複数の評定者がいる場合があります。このようなときに評定者間で評価点がどれだけ一貫しているかどうかが評定者間安定性の問題です。ここでも，別々の評定者に基づく評価点を別々の項目に基づく評価点と見れば，これも回答傾向の一貫性に関わるものです。

(2) 妥当性の概念の複雑性

　妥当性の問題は，測定を意図した構成概念を心理尺度に基づく結果がどれほど適切に反映しているかということでした。今回，社会適応スキルを「日常生活において機能するために人々が学習した，概念的，社会的および実用的なスキルの集合体」と定義しており，それを踏まえた項目作成をしました。妥当性を満たすための重要なポイントの1つは，項目を作成する段階で，作成者が測定を意図する構成概念は何なのかを十分に明確化することです。そして，そのことがどのような項目を含む心理尺度を作成するのかについての適切な判断を促し，さらには妥当性を多面的に評価する際のより明確な判断基準も与えるのです。
　また，妥当性は信頼性に比べてずっと抽象的で多面的な概念です。そもそも妥当性をどのように定義づけるのかに関しては現在でも議論の尽きないところであり，妥当性の概念は時代とともに変化を遂げています。村山（2012）で説明されているように，現在では，妥当性は構成概念妥当性という単一の統合的概念で捉えられるものという見方が主流です。本章では，このような流れはありますが，妥当性の概念が複雑で多面的であることを考慮して，妥当性の諸側面を分類し区別して説明する方が学習の上では望ましいという考えから，基準連関妥当性・因子的妥当性・内容的妥当性と分けて説明しました。
　どの立場に立つとしても，妥当性の概念は非常に多面的でありかつ質的な検証も必要なものであるため，一般に単一の研究ですべてを明らかにすることには限界があるという点を踏まえることは重要です。本章で行った妥当性の検証は，妥当性の全体からすればまだ限られた側面です。例えば，基準連関妥当性は，特定の変数（群の違い，学年段階）に基づく限られた検証であり，性別や他の検査結果などとの相関も調べることが重要です。また，基準連関妥当性が相関をもとに推測される性質のものであり，また本調査データが厳密なランダムサンプリングのもとで収集されたデータではないことを踏まえると，本調査とは異なるサンプルからもデータを集め，相関の推定結果に大きな変化がないかどうかを調べることによって，今回の基準連関妥当性の推測がより確かなものとなるはずです。このように，実際の研究では，単一の研究で妥当性の検証を終えることには限界があり，むしろ長い研究蓄積や実践を経て確かな妥当性の証拠を徐々に集めていくものと考えるべきでしょう。

(3) フィードバックについて

　社会適応スキル検査を含む心理検査や，他にも学力テストの場合，測定を意図する構成

概念には価値的なニュアンスを含むことが多いです。そして，得点が絶対的な水準に到達しているかどうかについての評価や，他者の得点と比較する作業が行われることが多くあります。このような価値的な判断を含む以上，回答結果をもとに，回答者の現状について可能な限り正確でありながらもわかりやすく，かつ必要に応じて改善の参考となるようなフィードバックを与えることが重要です。

たとえば，発達検査・知能検査ではよく，検査得点をもとに回答者が何歳水準相当の発達年齢であるかを調べることが行われます。しかし，仮に検査の信頼性や測定の精度が不十分である場合，それにもかかわらず回答者の発達年齢について「2歳4か月相当」のように，月齢まで細かく示してフィードバックすることは，必ずしも結果は正確ではなく，また回答者にも誤解を与えかねません。したがって，当該検査の信頼性の高さを十分配慮して，大まかすぎず，また細かすぎない程度の目安でフィードバックの方法を検討することは必要です。他にも，宇佐美ら（2011）で実際に検討されているように，検査結果の概要が視覚的にわかりやすくなるような工夫も重要です。

6-5 研究のまとめ

本研究では，4下位スキル32下位領域，総項目数192からなる社会適応スキル検査を作成しました。定型発達群のデータをもとに内的整合性の観点から検査の信頼性を検証した結果，いずれの下位スキル（および全検査）も実用上十分な信頼性を示しました。この点に対応して，因子分析により，検査項目の1因子性の観点から検査の一定以上の因子的妥当性が示唆されました。そして，検査得点の高さは回答者が教育的ニーズ群か定型発達群であるかの予測にも関わり，さらに学年段階とも強い相関関係を示しました。これらは，検査の基準連関妥当性を示す1つの証拠といえます。また，検査の作成においては，既存の検査項目を参考にしながら，発達・臨床の専門家との協議のもとで，社会適応スキルの測定を多面的に行うための項目を多数（192個）作成し，また予備調査を踏まえた項目の修正・削除といった改良を行いました。これらの結果，検査の内容的妥当性が実用上は十分に担保されていると考えられます。

6-6 この研究についてひとこと

本研究を通して作成された社会適応スキル検査は，フィードバックの方法について幾つかの改良を経た後，ASA旭出式社会適応スキル検査として，2012年10月末に日本文化科学社より刊行されました。本章の人工データの例と同じサイズ

の，国内の大規模なサンプルをもとに標準化された検査です。それには，子どもの発達の平均像や個人差をなるべく正確に測定するというだけでなく，特に教育的ニーズ群において障害種や知的発達レベルの違いに応じて回答結果にどのような違いがあるのかを調べる上で重要な点でした。本検査では実用上十分な内的整合性が示されましたが，複雑かつ多面的な概念である妥当性に関してのさらなる検証や，また本検査が教育や支援の現場のニーズに十分に応えるに足るかどうかは，今後の重要な検討課題として残されています。宇佐美ら（2011）ではADHDの子どもへの適用例を通して，本検査の臨床的有用性についても考察しました。このような具体的な利用事例の蓄積と，検査の利用者の方々との更なる議論を通して，検査の質が今後さらに改善されるよう努力していく必要があるでしょう。

6-7　6章で学んだこと

- 宇佐美ら（2011）の社会適応スキル検査
- 信頼性・妥当性の概念
- 散布図　（plot()による）
- 相関係数の計算と検定（cor.test()による）
- 因子分析（factanal()による）

7章 心理学における調査研究（1）

鈴木雅之

❏ 7章で取り上げる心理学研究

鈴木雅之（2014）．受験競争観と学習動機，受験不安，学習態度の関連　教育心理学研究, 62, 226-239.

❏ 研究の概要

鈴木（2014）では，大学入試場面における競争の機能を高校生がどのように捉えているか，すなわちどのような受験競争観を有しているかについて検討を行った。また，どのような受験競争観を有するかによって，学習動機と受験不安，学習態度が異なるかを検討した。まず予備調査の結果から，受験競争観には，競争によって心身が消耗し，学習意欲が低下するという「消耗型競争観」と，競争があることで自己調整能力や学習意欲が向上するという「成長型競争観」があることが示唆された。また，高校2年生576名を対象に本調査を行った結果，消耗型競争観を強く持つ学習者ほど外的な学習動機を持って学習をする傾向や受験不安が高かった。その一方で，成長型競争観を強く持つ学習者ほど学習の価値を内在化し，受験を乗り越えることだけを目的とした学習には陥らない傾向にあることが示された。これにより，大学入試における競争が学習者に与える影響は，学習者が競争の機能をどう捉えるかによって異なることが示唆された。

7章で取り上げる統計的方法	心理学研究法に関わるキーワード
・マルチレベル分析 ・尤度比検定	・質問紙調査 ・階層性のあるデータ（マルチレベルデータ） ・観測値の独立性

7-1 7章で学ぶこと

7章では、高校生を対象に行った質問紙研究を取り上げます。研究例として取り上げる鈴木（2014）では、4校17学級に所属する高校2年生を対象に質問紙調査を行っています。ここで重要なのは、鈴木（2014）では学級単位で調査が行われているため、得られたデータが階層的な構造を持っていることです。つまり、調査対象者である個々の生徒は、学級という上位の単位に包含されています。各生徒が所属する学級が調査対象になっていなければ、その学級の生徒のデータが得られることもないため、生徒よりも学級が上位の単位となります。このように、より上位の単位に組み込まれた形になっているデータは、階層性のあるデータ（マルチレベルデータ）とよばれます。データに階層性がある場合、例えば2つの変数間の関係を調べる上で通常の回帰分析を適用するのは好ましくありません。そこで本章では、階層性のあるデータに対する分析方法としてマルチレベル分析を紹介します[1]。

[1]：マルチレベルモデルは、階層線形モデル（hierarchical linear model）や、線形混合モデル（linear mixed model）などの名称でよばれることもあります。また、縦断研究のように、個人ごとに複数の測定がなされ、個人という階層に複数の測定値が組み込まれている場合には、成長曲線モデル（growth curve model）と特によばれます。

7-2 研究の目的

かつて「受験地獄」（Dore, 1976）という言葉が用いられたように、日本の大学入試を取り巻く競争は極めて激しいものと考えられてきました。実際に、受験競争緩和が1つの焦点となって、入試制度改革に関する議論が進められてきた歴史があります（中央教育審議会, 1996）。

経済、スポーツ、芸術、そして教育など、我々の生活のいたるところに競争はあります。そのため、「競争は人の動機づけやパフォーマンスにどのような影響を与えるのか」という問題に関する研究が、これまで数多く行われてきました（久冨, 1993; Murayama & Elliot, 2012; 太田, 2001など）。しかし、競争の影響については一貫した結果が得られてきませんでした。これは、競争の影響には大きな個人差があるためと考えられます（cf. Murayama & Elliot, 2012）。そのため、大

学入試を取り巻く競争に関しても，肯定的に機能するか否定的に機能するかは人によって異なると考えられます。

これらのことを踏まえて鈴木（2014）では，「大学入試場面における競争の機能に対する認識」である受験競争観に着目して研究を行いました。例えば，「競争があると不安になる」と思う学習者は実際に受験不安を抱え，学習意欲が低下すると考えられます。一方で，「競争をすることで，自分の学力を客観的に把握することができる」と思う学習者は，競争によってむしろ学習意欲を高め，効果的に学習を進めていくと考えられます。このように，学習者が有する受験競争観によって，学習者の学習動機や受験不安，学習行動は異なることが予測されました。そこで鈴木（2014）では，受験競争観が学習動機と受験不安，学習態度とどのような関連を持つかについて，高校生を対象とした調査研究によって検討を行いました。

7-3 データ収集の手続きとデータの概要

本調査の対象者は，千葉県内の私立高校（3学級：77名），静岡県内の公立高校（3学級：108名），滋賀県内の公立高校（8学級：283名），宮崎県内の公立高校（3学級：108名）に属する高校2年生576名（男性318名，女性228名，無回答による性別不明者30名）でした。また，本調査は2013年2〜3月に実施されました。本調査では，受験競争観と学習動機，受験不安，学習態度，有能感について測定を行いました。ただし，本章ではこのうち，受験競争観と学習動機についてのみ取り上げます。

受験競争観尺度は21項目からなる尺度であり，予備調査を行った結果，競争によって学習意欲の低下や友人関係の悪化が起こるという「消耗型競争観」と，学習意欲や自己調整能力が向上するという「成長型競争観」の2因子解が採用されています。表7.1に，具体的な項目内容を示しました。なお，ここでは本調査について紹介しますので，予備調査で行った尺度作成の手続きについては，鈴木（2014）を参照してください。

また，研究で用いた学習動機尺度は，自己決定理論に基づく尺度になります。自己決定理論では，相対的な自律性の程度によって，複数の動機づけが一次元上の連続体として位置づけられています。具体的には，自律性の高い方から順に，内的調整，同一化的調整，取り入れ的調整，外的調整の4つに動機づけが細分化されています。まず内的調整とは，興味や楽しさに基づく動機づけであり，従来の内発的動機づけに相当します。次に同一化的調整とは，活動を行う価値を認め

ている状態を表す動機づけになります。取り入れ的調整は，自我拡張や他者比較による自己価値の維持などに基づく動機づけです。そして外的調整とは，報酬の獲得や罰の回避などの外的な要求に基づく動機づけであり，従来の外発的動機づけに相当します。表7.2に，具体的な項目内容を示しました。

表7.1 受験競争観尺度（鈴木, 2014）

	消耗型競争観
c1	競争を通して，人間関係が悪くなる
c2	競争があることで，周囲に気配りができなくなる
c3	競争をすることで，友人と衝突してしまう
c4	競争をすることで，神経が疲れる
c5	競争があることで，焦りが生じイライラする
c6	競争があることで，不安を抱き落ち着かなくなる
c7	競争があることで，学習内容に対する興味がそがれてしまう
c8	競争があることで，学習のあるべき姿から離れてしまう
c9	競争があることで，学習することではなく，競争すること自体が目的になる
	成長型競争観
c10	競争をすることで，相手とお互いを高めあうことができる
c11	競争があることで，友人と一緒に努力を重ねることができる
c12	競争があることで，友人と協力をしながら学習を進めることができる
c13	競争を通して，競争相手と友情を築いたり，深めたりすることができる
c14	競争を通して，自律する力を身につけることができる
c15	競争を通して，社会で生き抜く力をつけることができる
c16	競争を通して，状況に適応する力をつけることができる
c17	競争を通して，忍耐力をつけることができる
c18	競争をすることで，自分の学力を客観的に知ることができる
c19	競争があることで，学習意欲が高まる
c20	競争があることで，学習目標が明確になる
c21	競争をすることで，自分の学力を高めることができる

表7.2 自律的学習動機尺度（西村・河村・櫻井, 2011）

	内的調整
m1	問題を解くことが面白いから
m2	難しいことに挑戦することが楽しいから
m3	勉強すること自体が面白いから
m4	新しい解き方や，やり方を見つけることが面白いから
m5	自分が勉強したいと思うから

同一化的調整
m6　将来の成功につながるから
m7　自分の夢を実現したいから
m8　自分の希望する大学に進みたいから
m9　自分のためになるから
m10　勉強するということは大切なことだから
取り入れ的調整
m11　友だちに負けたくないから
m12　友だちよりよい成績をとりたいから
m13　周りの人にかしこいと思われたいから
m14　友だちにバカにされたくないから
m15　勉強ができないとみじめな気持ちになるから
外的調整
m16　やらないとまわりの人がうるさいから
m17　まわりの人から，やりなさいと言われるから
m18　成績が下がると，怒られるから
m19　勉強するということは，規則のようなものだから
m20　みんなが当たり前のように勉強しているから

---- 心理学研究法に関わる話 -----

　本調査では学級単位で調査が行われているため，本調査で得られたデータは階層性のあるデータになります。

　階層性のあるデータとは，例えば図7.1のように，調査対象となった生徒が「学級」という上位の単位に組み込まれた形になっているデータのことを指します。各生徒が所属する学級が調査対象になっていなければ，その学級の生徒のデータが得られることはないため，調査対象者である個々の生徒は，学級という上位の単位に包含されているといえます。

図7.1　階層性のあるデータの例

　このような階層性がある場合には，大きく2つのことに留意しなければなりません。1つめは，検定に関する問題です。階層性を持つデータでは，「観測値（データ）の独立性」の仮定が満たされません。つまり，同じ環境で学習し，互いに交流をする機会が多いために，

同じ学級内の生徒は互いに似たような学習動機を有していたり、学習方法が似通っていたりするなど、同じ階層内のデータは類似する可能性があります。特に、日本の高校では選抜試験が行われるため、同じ高校に属する生徒どうしは、他校に属する生徒集団よりも似通っている可能性があります。観測値の独立性の仮定が満たされない場合、例えば2つの変数の関係について検討する際に通常の回帰分析を行うと、第1種の誤りの確率が高くなってしまいます（Kreft & De Leeuw, 1998）。

また、階層構造を持つデータについては、集団の異質性を考慮する必要があります。例えば図7.2は、受験競争観と学習動機の関係を模式的に示した散布図です。学級の違いを無視して全体を見ると、受験競争観と学習動機の間に明確な関連はなさそうです。しかし、学級Aでは受験競争観と学習動機の間には負の相関があり、学級Cでは正の相関があります。したがって、学級の違いを考慮せずに分析を行って得られる結果は、各学級の現実を反映しない可能性があります。

以上のことから、階層性のあるデータに対しては、階層性を考慮した分析をする必要があります。そこで次に、階層性のあるデータに対する分析手法として、マルチレベル分析の紹介をします。

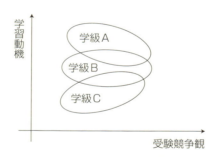

図7.2　3つの学級と全体の散布図

7-4 マルチレベル分析

7-4-1　1つの変数のマルチレベルモデル

マルチレベル分析は、互いにリンクした2つのレベルのモデルによって、関心のある変数を表現したモデル（マルチレベルモデル）に基づいて行われます。例えば、学習動機尺度の下位尺度の1つである内的調整得点は、マルチレベルモデルでは①式と②式によって表現されます。

＜レベル1（生徒レベル）＞
内的調整得点＝各学級の切片＋生徒間変動 -------------------------------------- ①

＜レベル2（学級レベル）＞
各学級の切片＝切片の全体平均＋学級間変動 -------------------------------- ②

　①式では，個人の内的調整得点が，その個人が所属する学級の平均（各学級の切片）と各学級内での個人差（生徒間変動）によって表現されています。また，各学級の切片は②式によって，調査対象者全体の平均（切片の全体平均）と学級間差（学級間変動）によって表現されています。ここで，②式を①式に代入することで，③式を導くことができます。

＜②式を①式に代入して表現したモデル＞
内的調整得点＝切片の全体平均＋学級間変動＋生徒間変動 -------------------- ③

　③式から，マルチレベルモデルでは個人の内的調整得点を，「全体の平均（切片の全体平均）」と「学級間差（切片の学級間変動）」，「各学級内での個人差（生徒間変動）」によって表現しているということがわかります。言い換えると，ある変数の得点の散らばりの大きさ（全体の分散）を，学級間での散らばりの大きさ（学級間分散）と，各学級内での生徒間での散らばりの大きさ（生徒間分散）の2つに分割することで，観測値が独立でない問題に対処しているということです。
　このとき，学級間での得点の散らばりの方が，学級内での生徒間の得点の散らばりよりも大きいほど，観測値の独立性の仮定は満たされないことになります。このことを指標化したものが，級内相関係数（intra-class correlation coefficient）になります。級内相関係数は，集団内の類似度の指標で，観測値の独立性が保証されていない程度を表す指標ともいえます。例えば，内的調整の級内相関係数は，①式と②式のもとで得られる2つのレベルの分散を用いて，④式によって求めることができます

級内相関＝集団間変動の大きさ／（集団間変動の大きさ＋個人間変動の大きさ）-- ④

　今回の例では，集団間変動の大きさとは学級間変動の大きさ（学級間分散），個人間変動の大きさは各学級内での生徒間変動の大きさ（生徒間分散）になりま

す[★2]。したがって級内相関とは，全体の分散（この例では，学級間分散と生徒間分散の和）における集団間分散の割合になります。④式から，集団間分散が大きいほど級内相関の値は大きくなることがわかるので，内的調整得点が学級によって異なる程度が大きいほど，級内相関係数は大きな値をとります。あるいは，同じ学級に所属する生徒の内的調整得点が類似しているほど，級内相関係数は大きな値をとるともいえます。級内相関係数の値の解釈は，どのような種類の変数を扱うかによって変わりますが，Hox（2010）は一般的な基準として，級内相関＝.05, .10, .15 をそれぞれ効果量小・中・大としています（効果量については，10章も参照してください）。

★2：集団間分散は級間分散，個人間分散は級内分散ともよばれます。

7-4-2 2つの変数の関係を表すマルチレベルモデル

以上のモデルは，1つの変数の得点をマルチレベルモデルによって表現したものでした。次に，2つの変数の関係について検討するためのマルチレベルモデルについて説明をします。ここでは，切片のみが学級によって異なり，傾きは学級間で等しいことを仮定したモデル（ランダム切片モデル）と，切片と傾きの双方が学級間で異なることを仮定したモデル（ランダム傾きモデル）について説明をします。

(1) ランダム切片モデル

例えば内的調整を従属変数，消耗型競争観を独立変数とすると，ランダム切片モデルでは2つの変数の関係は⑤式と⑥式によって表現されます。

＜レベル1（生徒レベル）＞
内的調整得点＝各学級の切片＋傾き×消耗型競争観＋生徒間変動 ------------- ⑤

＜レベル2（学級レベル）＞
各学級の切片＝切片の全体平均＋切片の学級間変動 ----------------------------- ⑥

レベル1のモデルは通常の回帰モデル（8章を参照）と似ていますが，「<u>各学級の切片</u>」となっているように，切片が学級によって異なる値をとることが表現されている点で，通常の回帰モデルとは異なっています。切片の値が学級ごとに異なる値をとることは，レベル2の⑥式によって表現されています。

(2) ランダム傾きモデル

次にランダム傾きモデルでは，消耗型競争観と内的調整の関係は⑦〜⑨式によって表現されます。

＜レベル1（生徒レベル）＞
内的調整得点＝各学級の切片＋各学級の傾き×消耗型競争観＋生徒間変動 ⋯⋯ ⑦

＜レベル2（学級レベル）＞
各学級の切片＝切片の全体平均＋切片の学級間変動 ⋯⋯⋯⋯⋯⋯⋯⋯⋯⋯⋯⋯ ⑧
各学級の傾き＝傾きの全体平均＋傾きの学級間変動 ⋯⋯⋯⋯⋯⋯⋯⋯⋯⋯⋯⋯ ⑨

ランダム切片モデルとの違いは，⑦式において「各学級の傾き」となっている点です。傾きの値が学級によって異なることは，レベル2の⑨式によって表現されています。このようにランダム傾きモデルでは，切片に加えて傾きも学級間で異なることが表現されます。

以上のように，マルチレベルモデルによる分析（マルチレベル分析）では，全体の平均的な切片・傾きと，切片・傾きの学級間変動の大きさ（切片と傾きの学級間分散）をモデル化し，それらの推定をします。ここで，切片の学級間分散が大きいことは，従属変数の得点に学級間差があることを意味します。また，傾きの学級間分散が大きいことは，独立変数と従属変数の関連に学級間差があることを意味します。切片や傾きの学級間分散が大きい場合，通常の回帰分析（8章を参照してください）を用いることは好ましくありません。なぜなら，通常の回帰分析では切片と傾きが学級間で変動することをモデルで表現していないためです。したがって，切片や傾きの学級間分散が大きい場合には，マルチレベル分析を用いる方が適切といえます。

それでは次節では，マルチレベル分析をR上で実行する方法について説明します。

7-5 Rによるデータ分析

7-5-1 データファイルの読み込み

得られたデータは，competition.csvというファイルに入力されています。その中身を表7.3に示します。また，データフレーム名をcompetitionとし，read.csv( )を用いて competition.csvを読み込みます。次に，head( )によって，データ

フレームの中身を確認します[*3]。

★3：ただし，以下で分析するのは，実データではなく人工データになります。

表7.3　competition.csvの中身

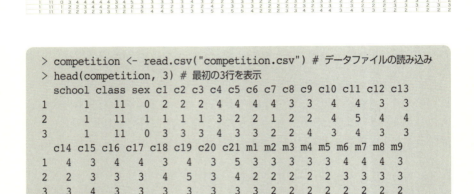

変数の内容は以下の通りです。
- school：調査対象者が所属する学校（対象校は4校で，1から4で表示）。
- class：調査対象者が所属する学級（10の位は学校番号，1の位が学級番号を意味）。
- sex：性別（男性＝0，女性＝1）。
- c1からc9：受験競争観尺度の「消耗型競争観」の評定値（1から5）。
- c10からc21：受験競争観尺度の「成長型競争観」の評定値（1から5）。
- m1からm5：学習動機尺度の「内的調整」の評定値（1から4）。
- m6からm10：学習動機尺度の「同一化的調整」の評定値（1から4）。
- m11からm15：学習動機尺度の「取り入れ的調整」の評定値（1から4）。
- m16からm20：学習動機尺度の「外的調整」の評定値（1から4）。

7-5-2 下位尺度得点の算出

分析に入る前に，下位尺度得点を算出します。ここでは，transform( )を用いて下位尺度得点の計算をします。この関数では，「データフレーム名 <- transform(データフレーム名, 変数名 = 計算式)」という書式で新しい変数を作成し，データフレームに加えることができます。以下のスクリプトを実行すると，受験競争観尺度と学習動機尺度の下位尺度得点が算出され，データフレームの最後（45 〜 50列）に新しい変数として追加されます。

```
competition <- transform(competition,
    shoumou = (c1 + c2 + c3 + c4 + c5 + c6 + c7 + c8 + c9) / 9,
    seichou = (c10 + c11 + c12 + c13 + c14 + c15 + c16 + c17
    + c18 + c19 + c20 + c21) / 12,
    naiteki = (m1 + m2 + m3 + m4 + m5) / 5,
    douitu = (m6 + m7 + m8 + m9 + m10) / 5,
    toriire = (m11 + m12 + m13 + m14 + m15) / 5,
    gaiteki = (m16 + m17 + m18 + m19 + m20) / 5)
```

7-5-3 マルチレベル分析

以下では，lme4パッケージに含まれるlmer( )を用いて，マルチレベル分析を行っていきます。Rには，lme4パッケージ以外にもnlmeパッケージなどでマルチレベル分析を実行することができますが，本章ではlme4パッケージについて紹介します。lme4パッケージがインストールされていない場合は，install.packages("lme4")として，インストールをしてください。続いて，library( )を用いてlme4パッケージを利用できるようにします。

```
> install.packages("lme4")  # lme4パッケージのインストール
> library(lme4) # lme4パッケージの読み込み
```

（1）学級ごとの回帰分析

マルチレベル分析を実行する前に，内的調整（naiteki）を従属変数，消耗型競争観（shoumou）を独立変数として，学級ごとに回帰直線を引いてみます。これを実行するためには，latticeパッケージのxyplot( )を利用しますので，まずlatticeパッケージを読み込みます。続いて，xyplot( )を用いて学級ごとに回帰直線を引きます。

```
> library(lattice)
> xyplot(naiteki ~ shoumou | class, data = competition,
+ panel = function(x, y){
+   panel.xyplot(x, y)
+   panel.lmline(x, y)
+ },
+ xlim = c(1, 5), ylim = c(1, 4))
```

　少し複雑なスクリプトですが，1行目の「naiteki ~ shoumou」のうち，「~（チルダ）」の左側に従属変数，右側に独立変数の名前を入れています。また，これらの変数の散布図と回帰直線を学級（class）ごとに表示するために，「| class」

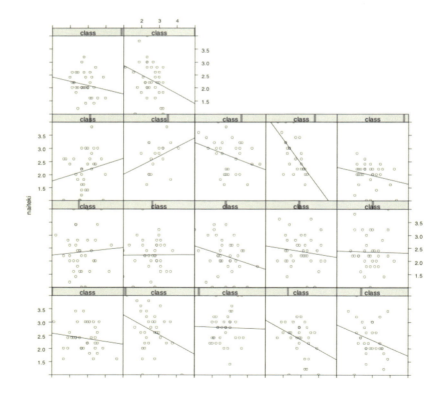

図7.3　学級ごとの消耗型競争観と内的調整の散布図・回帰直線

としています。例えば，学校ごとに散布図と回帰直線を表示したい場合には，「|school」とします。「panel = function(x, y)|panel.xyplot(x, y) panel.lmline(x, y)|」は，散布図と回帰直線を描くための引数ですので，変数を変えて実行する場合でも，そのまま使用すれば大丈夫です。「xlim =」では，x軸の目盛りを指定しています。消耗型競争観得点は1から5の範囲の値をとるため，ここでは目盛りの最小値を1，最大値を5としています。同様に「ylim =」では，y軸の目盛りを指定しています。なお，スクリプトの2～6行目にある「+」は，足し算を意味しているのではなく，「スクリプトにはまだ続きがあります」という意味です。このようにRでは，入力が複数行にわたる場合，2行目以降には行頭に「+」が自動的に表示されます。つまり，2～6行目の行頭にある「+」を入力する必要はありません。

　スクリプトを実行すると，図7.3が出力されます。図7.3から，消耗型競争観と内的調整の間に負の相関関係があることを示す学級が多い一方で，正の相関関係を示す学級もあり，2つの変数の関連は学級によって異なっていることがわかります。そのため，学級の違いを無視して，データ全体に対して回帰分析を行うことは好ましくなさそうです。

(2) 級内相関係数の算出

　変数の得点の学級間差がどの程度であるかを確認するために，級内相関係数を算出します。級内相関係数の値が大きいほど，変数の得点の学級間差が大きく，観測値の独立性の仮定からの逸脱が大きいことを意味するため，マルチレベル分析を適用する必要性が強くなります。ここでは例として，内的調整得点（naiteki）の級内相関係数を求めてみます。級内相関係数を求めるために，まずは内的調整得点の学級間分散と生徒間分散を推定します。lmer( )を用いて内的調整得点の学級間分散と生徒間分散を推定するためには，lmer(naiteki ~ (1|class), data = competition)とします。「(1|class)」は，学級（class）によって切片の値が変動することを表しています。分析の結果をmodel1.naitekiに代入し，summary( )を用いて結果を出力します。

```
> model1.naiteki <- lmer(naiteki ~ (1|class), data = competition)
> summary(model1.naiteki)
Linear mixed model fit by REML ['lmerMod']
Formula: naiteki ~ (1 | class)
   Data: competition
```

```
REML criterion at convergence: 1146.3

Scaled residuals:
    Min      1Q    Median      3Q      Max
-2.54067  -0.60001  0.00767  0.65265  2.70416

Random effects:
 Groups   Name        Variance  Std.Dev.
 class    (Intercept) 0.04413   0.2101
 Residual             0.40736   0.6382
Number of obs: 576, groups: class, 17

Fixed effects:
            Estimate Std. Error t value
(Intercept)   2.3977     0.0576   41.63
```

lmer( )では，切片と傾きの全体平均がFixed effects（固定効果）に，切片の学級間分散と生徒間分散，傾きの学級間分散はRandom effects（変量効果）と書かれている部分に出力されます。今回の分析ではこれらのうち，切片の全体平均と，切片の学級間分散と生徒間分散が推定されます。

まず，Random effectsと書かれている部分のうち，classの行のVarianceの値（0.04413）が切片の学級間変動の大きさ（切片の学級間分散）になります。また，この行のStd.Devは，この値の平方根をとったものになります（$\sqrt{0.04413}=0.2101$）。次に，ResidualのVarianceの値（0.40736）が，学級内における生徒間変動の大きさ（生徒間分散）を意味するパラメータになります。この行のStd.Devは，この値の平方根をとったものです（$\sqrt{0.40736}=0.6383$）。

また，Fixed effectsと書かれている部分のEstimateの値（2.3977）が切片の全体平均（内的調整得点の全体平均）の推定値になります。Std. Errorは推定値の標準誤差であり，t valueは推定値のt値になります。

では，2つのレベルの分散を用いて，級内相関係数を求めます。学級間分散は0.04413，生徒間分散は0.40736でしたので，④式から，以下のようにして級内相関係数を求めることができます。

```
> 0.04413/(0.04413+0.40736)
[1] 0.09774303
```

内的調整の級内相関係数は.10でしたので，学級間での内的調整得点の違いの大きさは中程度といえそうです。

(3) センタリング（中心化）

マルチレベル分析では，分析をするにあたって独立変数にセンタリングの処理をすることがあります。センタリングとは，ある変数の得点からその変数の平均を引くことで，平均を引く方法には2種類あります。1つは，個人の得点から，それぞれの個人が属する集団の平均を引くもので，集団平均センタリング（centering within cluster）とよばれます。もう1つは，個人の得点から全体の平均を引くもので，全体平均センタリング（centering at the grand mean）とよばれます。

どちらのセンタリングを採用するかによって，切片の解釈は異なってくるため，それぞれの違いを理解して使い分けることが望まれます。本章では，2つのセンタリングについて詳細な解説はしませんが，集団平均センタリングを用いて，以下の分析を進めます★4。集団平均センタリングをする場合，切片は「独立変数の値が0のときの従属変数の得点の期待値」ではなく，「ある集団（学級）における従属変数の期待値」と解釈できます。

★4：センタリングを行う理由や2つのセンタリングの使い分けなどについては，Enders & Tofighi（2007）やKreft & De Leeuw（1998），尾崎（2009）などを参照してください。

本章では，transform( )とave( )を用いて集団平均センタリングを行います。ave( )は，特定の集団ごとに平均を求めるための関数であり，ave(変数名，集団を表す変数名)とすることで，各集団の平均を算出することができます。以下のスクリプトを実行すると，集団平均センタリングの処理を施した変数がデータフレームに加わります。

```
# 集団平均センタリング
competition <- transform(competition,
                shoumou.cwc = shoumou - ave(shoumou, class),
                seichou.cwc = seichou - ave(seichou, class))
```

(4) ランダム切片モデル

ここでは，切片のみが学級によって異なり，傾きは学級間で等しいことを仮定

したマルチレベルモデル（ランダム切片モデル）によって，消耗型競争観と内的調整の関係について検討します．このモデルの指定は，lmer(従属変数 ~ 中心化をした独立変数 + (1|集団を表す変数名), data = データフレーム名)で行います．したがって，従属変数を内的調整（naiteki），中心化をした独立変数を消耗型競争観（shoumou.cwc），集団を学級（class）とすると，lmer(naiteki ~ shoumou.cwc + (1|class), data = competition)となります．「(1|class)」では，切片の値が学級（class）によって変動することを表しています．この分析の結果は，model2.naitekiに代入します．

```
> model2.naiteki <- lmer(naiteki ~ shoumou.cwc + (1|class),
+ data = competition)
> summary(model2.naiteki)
Linear mixed model fit by REML ['lmerMod']
Formula: naiteki ~ shoumou.cwc + (1 | class)
   Data: competition

REML criterion at convergence: 1138.5

Scaled residuals:
    Min      1Q  Median      3Q     Max
-2.67932 -0.63625 -0.04254  0.66212  2.85643

Random effects:
 Groups   Name        Variance Std.Dev.
 class    (Intercept) 0.0444   0.2107
 Residual             0.3992   0.6318
Number of obs: 576, groups: class, 17

Fixed effects:
            Estimate Std. Error t value
(Intercept)  2.39776    0.05761   41.62
shoumou.cwc -0.14793    0.04205   -3.52

Correlation of Fixed Effects:
            (Intr)
shoumou.cwc 0.000
```

まずRandom effectsの部分に出力される結果について，classの行のVarianceの値（0.0444）が切片の学級間変動の大きさ（切片の学級間分散）であり，この行

のStd.Devは，この値の平方根をとったものになります（$\sqrt{0.0444}=0.2107$）。また，ResidualのVarianceの値（0.39923）は，学級内における生徒間変動の大きさ（生徒間分散）であり，この行のStd.Devは，この値の平方根をとったものです（$\sqrt{0.3992}=0.6318$）。なお，今回は傾きに学級間変動は仮定していませんので，傾きの学級間変動の大きさ（傾きの学級間分散）に関するパラメータの推定結果は出力されていません。

次にFixed effectsの部分に出力される結果について，Interceptの行のEstimateの値（2.39776）が切片の全体平均の推定値であり，shoumou.cwcの行のEstimateの値（−0.14793）が傾きの全体平均の推定値になります。また，Std. Errorの値は推定値の標準誤差であり，t valueの値は，推定値をその標準誤差で割って算出されたものです（例えば傾きの全体平均のt valueは，−0.14793/0.04205 =−3.52となります）。ここで，このt値は標準正規分布に近似的に従うことが知られています[★5]。lmer( )ではp値が出力されないため，一目で有意かどうかを判断することはできませんが，統計学の一般的なテキストに載っている付表によって，有意水準を5％や1％としたときの標準正規分布の臨界値を確認することができます。例えば有意水準を5％としたときに，標準正規分布の臨界値は±1.96ですので，切片も傾きも5％水準で有意と判断することができます。したがって，傾きの全体平均の推定値は−0.14793であったことから，消耗型競争観と内的調整には負の関連があるといえます。

★5：こうした検定はワルド検定（Wald test）とよばれます。またlmer()では，推定値を標準誤差で割った値がt値として出力されますが，ソフトウェアによって値の名称は異なるので，注意をする必要があります（Singer & Willett, 2003）。

(5) ランダム傾きモデル

次に，切片に加えて傾きも学級間で変動することを仮定したマルチレベルモデル（ランダム傾きモデル）によって，消耗型競争観と内的調整の関係を検討します。ランダム傾きモデルの指定は，lmer(従属変数 ~ 中心化をした独立変数 + (中心化をした独立変数|集団を表す変数名), data = データフレーム名)で行います。ランダム傾きモデルでは，傾きについて集団間変動を仮定する変数を「|class」の左側に書きます。したがって，従属変数を内的調整，中心化をした独立変数を消耗型競争観とする場合には，lmer(naiteki ~ shoumou.cwc + (shoumou.cwc|class), data = competition)となります。

なお，「(shoumou.cwc|class)」とするだけで，傾きだけでなく，切片も学級間変動があることを意味しますが，この表記は「(1 + shoumou.cwc|class)」としても，

まったく同じ結果が得られます。この分析の結果は，model3.naitekiに代入します。

```
> model3.naiteki <- lmer(naiteki
+ ~ shoumou.cwc + (shoumou.cwc|class), data = competition)
> summary(model3.naiteki)
Linear mixed model fit by REML ['lmerMod']
Formula: naiteki ~ shoumou.cwc + (shoumou.cwc | class)
   Data: competition

REML criterion at convergence: 1136.7

Scaled residuals:
    Min      1Q  Median      3Q     Max
-2.7869 -0.6363 -0.0491  0.6444  2.8111

Random effects:
 Groups   Name        Variance Std.Dev. Corr
 class    (Intercept) 0.044479 0.21090
          shoumou.cwc 0.009676 0.09837  -0.68
 Residual             0.395861 0.62917
Number of obs: 576, groups: class, 17

Fixed effects:
            Estimate Std. Error t value
(Intercept)  2.39760    0.05760   41.63
shoumou.cwc -0.15154    0.04855   -3.12

Correlation of Fixed Effects:
            (Intr)
shoumou.cwc -0.297
```

ランダム切片モデルとの違いは，Random effectsの出力結果に，shoumou.cwcが加えられていることです。この行のVarianceの値（0.009676）が，傾きの学級間変動の大きさ（傾きの学級間分散）を表します。また，この行のStd.Devは，この値の平方根をとったものです（$\sqrt{0.009676} = 0.09837$）。

7-5-4　尤度比検定によるモデル比較

消耗型競争観と内的調整の関連について，ランダム切片モデルとランダム傾きモデルの2つのモデルによって検討しました。では，消耗型競争観と内的調整の関連には学級間変動がないとみなすべきなのでしょうか，あるとみなすべきなの

でしょうか。言い換えると，ランダム切片モデルとランダム傾きモデルでは，どちらのモデルの方が，データを説明する上で優れているのでしょうか。本章では，傾きに学級間差があるのかという問題について，データに対する当てはまりのよいモデルを採用するという観点に立ち，モデル比較を行います。ここでは，モデル比較として広く利用されている方法として，尤度比検定（likelihood ratio test）を利用します。

　尤度比検定では，データに対する当てはまりの悪さの指標である「逸脱度（deviance）」に着目します。逸脱度が小さいほど，データに対する当てはまりがよいことを意味しますが，推定するパラメータの多いモデルほど，逸脱度は小さくなります。ランダム切片モデルとランダム傾きモデルを比較すると，傾きの学級間分散を推定する分，ランダム傾きモデルの方が推定するパラメータの数は多くなります。したがって，ランダム傾きモデルの逸脱度はランダム切片モデルの逸脱度よりも小さくなります。尤度比検定とは，逸脱度の減少が有意であるかという観点からモデルの比較を行う検定になります。すなわち，ランダム傾きモデルの逸脱度が，ランダム切片モデルの逸脱度よりも有意に小さければ，ランダム傾きモデルの方がデータに対する当てはまりがよく，傾きに学級間変動があるといえます。一方で，逸脱度の差が有意でなければ，傾きに学級間変動はないとみなせることになります。

　ただし，尤度比検定はあらゆるモデル比較で利用できるわけではありません。2つのモデルの逸脱度を比較するためには，片方のモデルがもう一方のモデルにネストしている必要があります。「モデルがネストしている」とは，どちらか一方のモデルにパラメータに関する制約を課すことで，もう一方のモデルが表現できる関係にあることです。言い換えると，片方のモデルがもう一方の部分モデルになっているということです。例えばランダム切片モデルとランダム傾きモデルの関係を考えてみると，ランダム切片モデルとは，ランダム傾きモデルにおいて傾きの学級間分散が0である（傾きに学級間変動がない）という制約を課したモデルと考えることができるため，ランダム切片モデルはランダム傾きモデルの部分モデルになっているといえます。

　lme4パッケージでは，lmer( )の結果を代入したオブジェクトに対してanova( )を用いることで，尤度比検定を実行することができます。ここでは例として，消耗型競争観を独立変数としたときの，ランダム切片モデル（model2.naiteki）とランダム傾きモデル（model3.naiteki）の適合度を比較します（適合度については，9章を参照してください）。これらのモデルの比較は，anova(model2.naiteki, model3.naiteki)というスクリプトで実行することができます。

```
> # モデル2とモデル3の適合度の比較
> anova(model2.naiteki, model3.naiteki)
Data: competition
Models:
model2.naiteki: naiteki ~ shoumou.cwc + (1 | class)
model3.naiteki: naiteki ~ shoumou.cwc + (shoumou.cwc | class)
               Df    AIC    BIC  logLik deviance  Chisq Chi Df Pr(>Chisq)
model2.naiteki  4 1138.1 1155.5 -565.06   1130.1
model3.naiteki  6 1140.5 1166.6 -564.24   1128.5 1.6374      2      0.441
```

出力結果のdevianceの列に，それぞれのモデルの逸脱度があります。すなわち，ランダム切片モデルの逸脱は1130.1であり，ランダム傾きモデルの逸脱度は1128.5です。2つのモデルの逸脱度の差（1130.1－1128.5＝1.6）はχ^2分布に漸近的に従います（この逸脱度の差の値は，出力結果のChisqの列にあります）。また，このときの自由度は，2つのモデルの自由度の差（6－4＝2）になります（2つのモデルの自由度の差は，Chi Dfの列にあります）。$\chi^2=1.6374$ ($df=2$)のときp値は.441で，有意ではありませんでした。したがって，傾きに学級間変動を仮定しても，適合度は改善されないということです。以上のことから，消耗型競争観と内的調整の関連に学級間差はないとみなせるという結論を得ることができます[6]。

> [6]：その他の出力結果について，適合度の指標としてAIC（Akaike information criterion; 赤池情報量規準），BIC（Bayesian information criterion; ベイジアン情報量規準），対数尤度（log likelihood; logLik）が出力されています。逸脱度は「－2×対数尤度」によって算出され，対数尤度以外は値が小さいほど適合がよいことを意味します。なお，モデル選択や尤度比検定に関する詳細な解説については，Singer & Willet（2003）などを参照してください。

7-5-5 独立変数が2つ以上のランダム切片モデルとランダム傾きモデル

これまでは，独立変数が1つであるモデルについて説明をしてきました。独立変数が2つ以上ある場合には，独立変数と独立変数の間に「＋」を書いて変数を並べることで，分析を実行することができます。例えば，内的調整を従属変数，消耗型競争観と成長型競争観を独立変数としたランダム切片モデルについて検討する場合は，lmer(naiteki ~ shoumou.cwc + seichou.cwc + (1|class), data = competition)となります。独立変数をさらに増やす場合も，同様に「＋」を書いて変数を並べることで分析を実行することができます。

```
> # ランダム切片モデル（独立変数が2つ）
> model4.naiteki <- lmer(naiteki
+ ~ shoumou.cwc + seichou.cwc + (1|class), data = competition)
> summary(model4.naiteki)
Linear mixed model fit by REML ['lmerMod']
Formula: naiteki ~ shoumou.cwc + seichou.cwc + (1 | class)
   Data: competition

REML criterion at convergence: 1102.9

Scaled residuals:
    Min      1Q   Median       3Q      Max
-2.7296  -0.6511   0.0229   0.6557   3.0201

Random effects:
 Groups   Name        Variance Std.Dev.
 class    (Intercept) 0.04527  0.2128
 Residual             0.37212  0.6100
Number of obs: 576, groups: class, 17

Fixed effects:
            Estimate Std. Error t value
(Intercept)  2.39800    0.05764   41.60
shoumou.cwc -0.11753    0.04087   -2.88
seichou.cwc  0.25629    0.03971    6.45

Correlation of Fixed Effects:
            (Intr) shm.cw
shoumou.cwc 0.000
seichou.cwc 0.000  0.115
```

　Fixed effectsと書かれた部分の出力結果から，内的調整に対する消耗型競争観の効果は−0.11753，成長型競争観の効果は0.25629であることがわかります。また，t値はそれぞれ−2.88と6.45です。有意水準を5％としたときの標準正規分布の臨界値は±1.96なので，いずれの効果も5％水準で有意と判断することができます。したがって，消耗型競争観を強く持つ学習者ほど内的調整が低く，成長型競争観を強く持つ学習者ほど内的調整が高い傾向にあるといえます。

　今度は，ランダム傾きモデルによって，内的調整に対する消耗型競争観と成長型競争観の効果について検討します。ランダム傾きモデルによる分析は，以下の

スクリプトによって実行することができます（出力は省略します）。

```
# ランダム傾きモデル (独立変数が2つ)
model5.naiteki <- lmer(naiteki ~ shoumou.cwc + seichou.cwc +
(shoumou.cwc + seichou.cwc|class), data = competition)
summary(model5.naiteki)
```

次に，消耗型競争観と成長型競争観の効果に学級間差があるかどうかを検討するために，ランダム切片モデルとランダム傾きモデルの適合度を尤度比検定によって比較します。

```
> # モデル4とモデル5の適合度の比較
> anova(model4.naiteki, model5.naiteki)
Data: competition
Models:
model4.naiteki: naiteki ~ shoumou.cwc + seichou.cwc + (1 | class)
model5.naiteki: naiteki ~ shoumou.cwc + seichou.cwc + (shoumou.cwc +
seichou.cwc |
model5.naiteki:     class)
               Df    AIC    BIC  logLik deviance  Chisq Chi Df Pr(>Chisq)
model4.naiteki  5 1099.8 1121.6 -544.91   1089.8
model5.naiteki 10 1104.1 1147.7 -542.07   1084.1 5.6845      5     0.3381
```

$\chi^2 = 5.6845$ ($df = 5$) のときp値は.3381で，有意ではありませんでした。したがって，消耗型競争観と成長型競争観の効果には学級間差がないとみなせることが示されました。

以上の結果から，内的調整を従属変数，消耗型競争観と成長型競争観を独立変数とした場合に，消耗型競争観は内的調整と負の関連，成長型競争観は正の関連を持ち，それぞれの関連に学級間差はないといえます。

7-6 研究のまとめ

内的調整を従属変数，消耗型競争観と成長型競争観を独立変数としたときのランダム切片モデルの結果を整理すると，表7.4のようになります。

分析の結果，消耗型競争観と内的調整には負の関連（消耗型競争観の効果の推定値：-0.12），成長型競争観と内的調整には正の関連（成長型競争観の効果の推定値：0.26）があることが示されました。このことから，競争があることで友人

表7.4 マルチレベル分析の結果

固定効果	推定値	標準誤差
切片	2.40*	0.06
消耗型競争観	−0.12*	0.04
成長型競争観	0.26*	0.04
変量効果		
切片の学級間分散	0.05	―
切片の個人間分散	0.37	―

* $p < .05$

　関係が悪化する，ストレスが溜まるなど，消耗型競争観を強く持つ学習者ほど，学習内容に対する興味が低いといえます。また，感情や行動を自己調整する能力の向上など，受験場面における競争が自身の成長に寄与すると考える学習者ほど，学習内容に興味を持って学習をしているといえます。

　消耗型競争観を強く認識している状態とは，学習の目的が他者に勝つことや他者に負けないことに焦点が向けられた状態といえます。そのため，他律的な学習動機が高くなるのだと考えられます。一方で，成長型競争観を強く認識している場合には，学習自体が目的化されているために，自律的に学習をする傾向にあるのだと考えられます。このように，受験場面における競争をどのように捉えるかによって学習動機が異なることから，競争が否定的に機能するか肯定的に機能するかは，学習者が競争の機能をどう捉えるかによってある程度決まる可能性が示唆されました。鈴木（2014）では，受験競争観に着目することの意義と限界点について詳しく論じています。

　さらに，内的調整に対する消耗型競争観と成長型競争観の効果の学級間差について，尤度比検定の結果，ランダム切片モデルとランダム傾きモデルの適合度には有意な差がみられませんでした。したがって，2つの受験競争観と内的調整の関連には学級間差がないとみなすことができます。このようにマルチレベル分析では，切片の集団間差の有無や，独立変数の効果の集団間差の有無を検討することができます。本章の例では独立変数の効果に学級間差はありませんでしたが，これは教育実践的には非常に興味深い知見です。すなわち，成長型競争観と内的調整に正の関連があるということは，成長型競争観を持つように働きかけることで，内的調整が向上する可能性があることを示唆しますが，2つの変数の関連に学級間差がないことは，どのような学級でも，同程度の介入効果が得られる可能性を示唆します。研究知見を教育実践に応用することを考える場合に，研究の知見が特定の学級や学校にしか当てはまらないのであれば，応用の幅は限定されてしまいます。例えば独立変数の効果に学級間差があり，ある学級では独立変数の

効果がない(あるいは,負の効果がある)のであれば,その学級においては介入による効果は期待することができません。もちろん,本章で紹介した研究で対象となった学級は限定的ですし,実際に様々な学級を対象に介入を行い,その効果検証などをしなければ,どの学級でも同程度の介入効果が得られるのかや,学級によって効果の方向性が異なるのかなどは明らかにすることができません。それでも,通常の回帰分析を適用することと比較して,マルチレベル分析を適用し,学級間差の大きさを検討することは,教育実践に対してより有用な知見を提供するといえるでしょう。

また,本章では紹介しませんでしたが,マルチレベル分析では,切片や傾きの値が集団によって異なる場合に,どのような特徴を持つ集団の切片・傾きの値が高い(低い)のかを検証をすることも可能です。例えば,他者との相対的な遂行成績ではなく,個人内での理解度の向上を重視する学級に所属する生徒たちの内的調整は,相対的な成績を重視する学級に所属する生徒たちよりも高いかもしれません。また,他者との比較をあまりせず,個人の成長を重視する学級で学ぶ場合には,消耗型競争観のネガティブな効果は弱まる,あるいは効果がみられないかもしれません。こうした集団の影響は,レベル2の式を拡張することで検討することができます。これは,マルチレベル分析を用いることの大きな利点です。

7-7 この研究についてひとこと

「受験競争の緩和」が1つの論点となって,入学試験制度のあり方について議論がされてきた一方で,受験場面における競争の機能について実証的に検討した研究がほとんどないことに,以前から問題意識を持っていました。しかし,どのようなアプローチで研究を行えばよいかわからず(例えば,入学試験における競争の有無を実験的に操作することはできないため,実験研究を行うことはほぼ不可能です),研究の実施までに多くの時間を要することになりました。最終的に,受験競争観という要因に着目するように至ったのは,単に競争の機能について検討をするだけでなく,競争が適切に機能するように働きかけるための方策について示唆を得たいと考えていたためです。つまり,もしも受験競争観のような認知的要因によって学習動機や学習行動の個人差が説明できるのであれば,学習者の受験競争観を変容させることで,適切な学習をするように方向づけることができるのではないかと考えたわけです。この研究では介入研究を行っていないほか,いくつかの限界点がありますが,これまでの教育心理学研究で受験の問題が取り扱われることが少なかったことを考えると,1つのアプローチを示したこと

には少なからず意義があると考えています。受験競争観に着目することの意義や限界は鈴木（2014）に詳しく書かれていますので，ご興味のある方は，是非とも鈴木（2014）を参照してください。この研究が1つの契機となって，受験や受験競争の影響，受験を通して適切な学習法を身に付けさせるための方策などが今後明らかになっていけば，これほど嬉しいことはありません。

7-8　7章で学んだこと

- 鈴木（2014）の受験競争観尺度
- 西村ら（2011）の自律的学習動機尺度
- 階層性のあるデータ
- 観測値の独立性
- lme4パッケージ
- 散布図と回帰直線（xyplot()による）
- 級内相関係数
- センタリング（transform()とave()による）
- マルチレベル分析（lmer()による）
- 尤度比検定（anova()による）

8章 心理学における調査研究（2）

高橋雄介

❏ 8章で取り上げる心理学研究

Takahashi, Y., Roberts, B.W., Yamagata, S., & Kijima, N. (in press). Personality traits show differential relations with anxiety and depression in a non-clinical sample. *Psychologia: An International Journal of Psychological Sciences.*

❏ 研究の概要

　本研究の目的は，抑うつと不安という似て非なる2つの気分状態を，パーソナリティ特性の見地から，それらの類似性と特異性について同時に，そして縦断的に検討を行うことであった。すなわち，抑うつと不安の両者を何が似させていて，何が異ならせているのかを2度にわたる縦断データを用いて量的に検討を行うということである。大学生616名を対象に，2か月の間をおいて，2度の質問紙調査を実施した結果，抑うつと不安は先行研究通りお互いに高い相関を示したが，人間行動のブレーキ機能に相当する行動抑制系（Behavioral Inhibition System: BIS; 詳細は後述する）の高さが抑うつと不安の類似性を説明し，さらに，人間行動のアクセル機能に相当する行動賦活系（Behavioral Activation System: BAS; 同じく詳細は後述する）の低さは抑うつの高さのみを説明し，不安の高低とは関連していなかった。これらのことは，BISの高さが抑うつと不安の類似性に寄与し，BASの低さが抑うつの高さに対して特異的に寄与していることを示唆するものである。

8章で取り上げる統計的方法	心理学研究法に関わるキーワード
・相関係数 ・偏相関係数 ・回帰分析 ・重回帰分析 ・階層的重回帰分析	・縦断調査デザイン

8-1 8章で学ぶこと

8章では，2つのパーソナリティ特性がどのように2つの気分状態（抑うつと不安）を説明しうるのか検討を行うために，2か月の間を空けて行った2時点の縦断調査研究を取り上げます。Takahashi, Roberts, Yamagata, & Kijima（in press）では，縦断データの特徴を活かしながら，すなわち第1時点目のデータが第2時点目のデータをどのように説明しうるのかという点に着目しながら，抑うつと不安はどのように同じでどのように異なるのか分析を行いました。

8-2 研究の目的

ある一定期間に1人の個人に複数の異なる精神疾患，行動障害が同時に出現することを併存性（comorbidity）といいます。とりわけ，うつ病性障害と不安障害に関しては，その有病率の高さだけではなく，この併存性が，精神疾患どうしの併存性の中でも高いことが大きな問題となっています（Kessler, Chiu, Demler, Merikangas, & Walters, 2005）。日本を含む世界14か国を対象とした世界保健機関（WHO）による疫学調査においては，うつ病性障害，不安障害はそれぞれ10％前後の有病率でしたが，そのうちの約4割が両者を併発しているという報告もあります。DSM（精神障害の診断と統計マニュアル）の枠組みにおいて，うつ病性障害と不安障害は異なる疾患に分類され，症状としても明確に区別されているものもありますが，それと同時に，共通する症状も多く，抑うつと不安を明確に区別することに困難を要するのが現状です。抑うつと不安の併存は，症状が重篤になって，病態が長引く危険性があるため，早期かつ適正な介入が求められると考えられるので，そのための適切な心理学的な弁別およびその背景を探る必要があり，これが本研究の主たる目的となります。ただし，今回取り扱うのは，臨床群のデータではなく，一般的な大学生を対象としたデータですので，抑うつ（的な気分を感じやすい）傾向とか不安（を感じやすい）傾向といった方がより正確かもしれません。

さて，精神病理的な傾向を予測・説明しうるものとして，生物学的基盤を持つ気質理論が注目されています。Gray（1970），Gray & McNaughton（2000）は，人間の行動は2つの大きな動機づけシステムの競合によって制御されていると述べ，具体的には，行動抑制系（Behavioral Inhibition System：BIS）と行動接

近系（Behavioral Activation/Approach System：BAS）の2つを定義しました。BISというのは，新奇性，罰，無報酬の信号を受けて活性化されるもので，進行中の行動を抑制し，潜在的な脅威に対して，注意を喚起します。この個人差は特性的な不安と関連があるとされ，仮に自動車に例えるならばブレーキに相当します。一方のBASは，報酬，罰からの解放を知らせる条件刺激を受けて活性化されるもので，目標の達成に向けて，行動を活発化する機能を担います。この個人差は特性的な衝動性と関連があるとされ，同じく自動車に例えるならば，アクセルに相当します。さらに，BISとBASの両者はお互いに独立した機構であることが想定されています。

Bijttebier, Beck, Claes, & Vandereycken（2009）の論文では，BIS・BASと精神病理的な傾向の関連について総説を行っています。このまとめによると，BISの高さは抑うつと不安両者の高さと関連し，BASの低さが抑うつと特異的に関連することが示されています。すなわち，抑うつと不安の類似性はBISの高さによるものであり，かつ，BASの低さが両者を区別するキーになるというわけです（図8.1）。本章では，この点についてとりわけ注目しながら，相関係数，偏相関係数，重回帰分析を用いて検討を行っていきます。

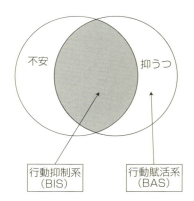

図8.1 BIS/BASと抑うつ/不安の間の関連に関する概念図

8-3 具体的なデータ収集の手続き

関東地方の私立大学の学部1年生・2年生を主たる対象とした心理学の入門講義の授業時間中に，これから2回にわたる質問紙調査の内容と回答者の権利および倫理的な事項について説明を行った上で，同意をいただいた学生に回答を行っ

てもらいました。1度目の質問紙の内容は，①BIS/BAS尺度日本語版（4件法，20項目；Carver & White, 1994; 高橋・山形・木島・繁桝・大野・安藤, 2007），②自己記入式抑うつ尺度（Self-rating Depression Scale: SDS; 4件法, 20項目；Zung, 1965），③状態不安尺度（State-Trait Anxiety Inventory: A-State; 4件法, 20項目；Spielberger, Gorsuch, & Lushene, 1970）の3つの尺度でした。また，2回目の質問紙調査は，2か月の間隔を空けて，同様の手続きで実施し，その際の質問紙の内容は先の心理尺度のうち②と③の抑うつ尺度と状態不安尺度のみに回答を行ってもらいました。これらの2つは気分状態を示すものであり，時点ごとに得点が変化しているだろうという考えのもと，2つの時点で調査を行っています。また一方で，1時点目の調査では含めたパーソナリティ特性に関する尺度は，気分状態のようには大きくは変化することはないだろうという考えのも

表8.1　BIS/BAS尺度日本語版（高橋ら, 2007）

1	bis1	たとえ何かよくないことが私の身に起ころうとしていても，怖くなったり神経質になったりすることはほとんどない (*)
2	bis2	非難されたり怒られたりすると，私はかなり傷つく
3	bis3	誰かが私のことを怒っていると考えたり，知ったりすると，私はかなり心配になったり動揺したりする
4	bis4	何かよくないことが起ころうとしていると考えると，私はたいていくよくよ悩む
5	bis5	何か重要なことをあまりうまくできなかったと考えると不安になる
6	bis6	私は，友達と比べると不安の種はとても少ない (*)
7	bis7	私は，間違いを犯すことを心配している
8	bas1	私は，欲しいものを手に入れるためには格別に努力する
9	bas2	何かがうまくいっているときは，それを続けることがとても楽しいと思う
10	bas3	面白そうだと思えば，私はいつも何か新しいものを試したいと考えている
11	bas4	私は，欲しいものを手に入れたとき，興奮し，活気づけられる
12	bas5	欲しいものがあると，私はたいていそれを手に入れるために全力を挙げる
13	bas6	楽しいかもしれないから，というだけの理由で何かをすることがよくある
14	bas7	欲しいものを手に入れるチャンスを見つけると，すぐに動き出す
15	bas8	何か好きなことをするチャンスを見つけると，私はすぐに興奮する
16	bas9	私はしばしば時のはずみで行動する
17	bas10	よいことが私の身に起こると，そのことは，私に強い影響を与える
18	bas11	私は，興奮や新しい刺激を切望している
19	bas12	私は，何かを追い求めているときには徹底的にやる
20	bas13	競争に勝ったら，私は興奮するだろう

(*)は逆転項目です。

と，1時点目の調査でのみ使用しています。表8.1にBIS/BAS尺度日本語版の具体的な項目を掲載しました。尺度のさらなる詳細や利用上の留意点などは，日本パーソナリティ心理学会のサイト内の「心理尺度の広場」のページを参照してください（http://www.jspp.gr.jp/doc/scale00.html#0702）。

なお，本章で紹介するデータ分析は，Takahashi et al.（in press）とほぼ同様の結果を確認できるよう作成した仮想データに基づくものです。

8-4 Rによるデータ分析

以下では，まずデータの読み込みを行って，基本統計量について調べた後，相関係数と偏相関係数を算出し，回帰分析・重回帰分析を用いて分析を行います。

8-4-1 データファイルの読み込み

第1時点目もしくは第2時点目いずれかの質問紙調査に参加した大学生616名の回答データは，depanx.csvというファイルに入力され，その中身は表8.2のようになっています。項目数がかなり多くありますので，一部しか表示されていません。また，サンプルサイズも多いので，最初の5件のみ表示しています。そして，studentidには本来は学生番号などの数字が入力されていたのですが，匿名性の観点から，表8.2では別の数字に置き換わっています。実際のデータには欠損値（NA，Not Available）が付き物です。説明を簡単にするために欠損値をすべて削除した完全データを使用することも可能ですが，今回は出来る限り現実場面に近い状況を達成するために，欠損値を含んだままのデータセットで話を進めていきます。

表8.2 depanx.csvの中身（一部）

studentid	sex	age	bis1	bis2	bis3	bis4	bis5	bis6	bis7	bas1	bas2	bas3	bas4
1	0	19	2	4	4	3	4	2	3	3	4	4	4
2	1	20	3	3	2	3	2	3	4	2	4	3	4
3	1	20	3	4	4	4	4	1	3	3	4	3	1
4	0	20	3	4	4	4	4	3	4	3	3	4	4
5	1	20	1	3	3	3	3	1	2	3	4	2	4

まず，read.csv( )によりdepanx.csvを読み込みます。次に，head(depanx)を実行して，データセットの最初の数行を表示します。これによりデータが適切に読み込めているかどうかを確認します。

```
> depanx <- read.csv("depanx.csv") # データファイルの読み込み
> head(depanx) # 最初の数行の表示
```

studentid	sex	age	bis1	bis2	...	bas1	bas2	...	bas8	...
1	1	0	19	2	4	...	3	4	...	4	...
2	2	1	20	3	3	...	2	4	...	3	...
3	3	1	20	4	2	...	2	4	...	4	...
4	4	0	20	3	4	...	3	4	...	3	...
5	5	1	20	1	3	...	4	4	...	3	...
...											

今回分析を行う各変数の概要は以下の通りです。
・studentid：回答者ID。
・sex：回答者の性別（男性＝0，女性＝1）。
・age：回答者の年齢。
・bis1からbis7：行動抑制系（BIS，4件法，7項目）の評定値。
・bas1からbas13：行動賦活系（BAS，4件法，13項目）の評定値。
・a01_t1からa20_t1：状態不安尺度（4件法，20項目）の評定値。1回目の測定値（t1はtime 1，すなわち第1時点目の測定であることを意味します）。
・d01_t1からd20_t1：抑うつ尺度（4件法，20項目）の評定値。1回目の測定値。
・a01_t2からa20_t2：状態不安尺度（4件法，20項目）の評定値。2回目の測定値（t2はtime 2，すなわち第2時点目の測定であることを意味します）。
・d01_t2からd20_t2：抑うつ尺度（4件法，20項目）の評定値。2回目の測定値。

8-4-2　各変数の作成と基本統計量

　入力されたままの状態のデータセットは，いま自分たちの行いたい分析を実施する前に，多少整理し，加工する必要があります。そして，その際に，各変数の基本統計量を逐一確認し，入力ミスはないか，おかしな回答傾向を示す項目はないか，などといったことをすべてチェックします。これは，本番の分析にいく前に必ず行わなければならない非常に重要な作業です。
　また，表8.1でご覧いただいた通り，BISの項目のうち2項目は逆転項目になっています。逆転項目とは，本来尋ねたい方向とは反対の意味になっている項目のことで，変数を作成する際には数字を逆にした上で加算を行う必要があります。例えば，4件法の項目であれば，1は4に，2は3に，3は2に，4は1に換算する必要があります。そして，この計算を行うには，回答された値を5から引けばOKというわけです。

```
attach(depanx) # データフレームの指定
depanx$bis1r <- 5-bis1 # 逆転項目の計算をして，データフレームに追加
depanx$bis6r <- 5-bis6 # 逆転項目の計算をして，データフレームに追加
detach(depanx) # 計算した逆転項目の得点をデータセットに追加するために
# 一度depanxからのデータの読み込みを中止する
attach(depanx) # 再度データフレームを指定する
depanx$bis_t1 <- bis1r+bis2+bis3+bis4+bis5+bis6r+bis7
# BIS得点の計算（逆転項目を用いている点に留意）をして，データフレームに追加
depanx$bas_t1 <- bas1+bas2+bas3+bas4+bas5+bas6
+bas7+bas8+bas9+bas10+bas11+bas12+bas13
# BAS得点の計算をして，データフレームに追加
depanx$anx_t1 <- rowSums(depanx[c(24:43)])
# 第1時点目の状態不安得点の計算をして，データフレームに追加
depanx$dep_t1 <- rowSums(depanx[c(44:63)])
# 第1時点目の抑うつ得点の計算をして，データフレームに追加
depanx$anx_t2 <- rowSums(depanx[c(64:83)])
# 第2時点目の状態不安得点の計算をして，データフレームに追加
depanx$dep_t2 <- rowSums(depanx[c(84:103)])
# 第2時点目の抑うつ得点の計算をして，データフレームに追加
detach(depanx)
attach(depanx)
depanx1 <- cbind(sex, age, bis_t1, bas_t1, anx_t1, dep_t1,
anx_t2, dep_t2)
# 上で計算をした6つの尺度得点と年齢・性別のみで新しいデータセットを作成する
depanx1 <- data.frame(depanx1) # 再度データフレームの形式に戻す
attach(depanx1) # データフレームの指定
library(psych) # psychパッケージの読み込み
describe(depanx1) # 基本統計量の確認
```

　rowSums( )は，データセットのうちの指定された列から列までの和を求める際に便利です。例えば，第1時点目の状態不安得点（anx_t1）を計算するために，depanxというデータセットの24列目から43列目を合計するという指示を出しています。同じく，行の和を計算する際にはcolSums( )が有用です。行列和を計算するための関数としてapply( )もありますが，rowSums( )とcolSums( )の方が計算速度が速いことが知られています。また，データセットの何列目にどの変数が入っていたのかわからなくなってしまった場合には，names( )を用いると，データセットに含まれるすべての変数を表示してくれますので，それを確認しながら，rowSums( )，colSums( )を用いてください。

　上記スクリプトを読み込んだ後の結果が以下のようになります。

```
              var   n  mean    sd median trimmed   mad min max range  skew kurtosis   se
sex             1 616  0.74  0.44      1    0.80  0.00   0   1     1 -1.09    -0.81 0.02
age             2 470 18.90  0.90     19   18.80  1.48  18  24     6  1.18     2.62 0.04
bis_t1          3 479 21.35  4.17     22   21.53  4.45   7  28    21 -0.38    -0.27 0.19
bas_t1          4 475 41.40  5.45     42   41.57  5.93  16  52    36 -0.48     0.67 0.25
anx_t1          5 475 41.88 10.28     41   41.24 10.38  20  80    60  0.57     0.16 0.47
dep_t1          6 469 42.20  8.47     42   41.88  8.90  22  80    58  0.43     0.44 0.39
anx_t2          7 357 43.55 10.61     43   43.14  8.90  20  77    57  0.43     0.27 0.56
dep_t2          8 361 42.93  8.69     43   42.84  8.90  21  79    58  0.17     0.19 0.46
```

さらに，尺度得点を算出した後には，psychパッケージのalpha( )などを用いて，クロンバックの α 係数を計算し，その信頼性（内的一貫性・内的整合性）を検討しますが，この詳細は1章と6章を参照してください。

8-4-3　相関係数の計算と散布図の作成

基本統計量の確認が終わったところで，次に，各変数間の相関係数の確認を行っていきます。

先に，Gray（1970）やGray & McNaughton（2000）は，BISとBASはお互いに独立なメカニズム，すなわちこの両者には有意な相関はないことを仮定していると述べました。また，同じく先述した定義およびBijttebier et al.（2009）の総説論文より，BISは状態不安と抑うつの両者と正に相関し，BASは抑うつとのみ負に相関するのではないかと考えられます。先ほど，depanx1という8つの変数からなる新しいデータセットを作成しましたので，これを用いて分析します。以下のスクリプトで結果を確認していきましょう。

```
> round(cor(depanx1[,3:8], use="pairwise.complete.obs"), 2)
       bis_t1 bas_t1 anx_t1 dep_t1 anx_t2 dep_t2
bis_t1   1.00   0.11   0.38   0.35   0.32   0.35
bas_t1   0.11   1.00   0.00  -0.07   0.04  -0.10
anx_t1   0.38   0.00   1.00   0.69   0.55   0.54
dep_t1   0.35  -0.07   0.69   1.00   0.52   0.70
anx_t2   0.32   0.04   0.55   0.52   1.00   0.64
dep_t2   0.35  -0.10   0.54   0.70   0.64   1.00
```

相関係数を計算するための関数として最もシンプルなものはcor( )という関数です。その後に，depanx1という現在呼び出し中のデータフレームを指定します。

depanx1には8つの変数が入っていますので，[,3:8]と書くと，3列目から8列目までの変数を使うという意味になります。また，[,-1]と書くと，1列目を除くという意味になり，2列目から8列目までの変数の相関行列を得ることができます。useというオプションがありますが，all.obs, complete.obs, pairwise.complete.obsという3通りの指定を行うことが可能です。obsというのはobservationの略で観測値（データ）を意味します。all.obsは，今使っているデータセットが欠損値を含まない完全データである場合，すべての観測値を用いて相関係数を計算します。欠損値を含むデータの場合はall.obsを用いることはできません。complete.obsは，すべてのデータが揃っている回答者のデータのみを用いて相関係数を算出します。すべてのデータが揃っている回答者のデータのみを用いるということは，すなわち，1つでも欠損値があれば分析対象から除外するということです（これをリストワイズ除去（listwise deletion）とよびます）。当該の2変数について完全データを用いて分析を行うことになりますが，欠損値を多く含む場合にはサンプルサイズが小さくなってしまうという欠点があります。一方のpairwise.complete.obsは，相関係数を計算する際に，その計算に必要な2変数のうちのいずれかもしくは両方が欠損値を持つ場合に分析から除外します（これをペアワイズ除去（pairwise deletion）とよびます）。可能な限り多くのデータを計算に使用することができますが，欠損のようすによっては当該の2変数ごとにサンプルサイズが異なり，結果の解釈が難しくなってしまう可能性があります。round( )は，指定した桁数で四捨五入して表示させるための関数です。今回は小数点以下2桁までの表示を指定しています。

今回は，cor( )を用いて相関係数を計算しましたが，相関係数の検定を行うためには，cor.test( )を使う必要があります。cor.test( )の使い方については，5章と6章を参照してください。

また，以下のように，pairs( )を用いると，複数の変数どうしの組み合わせについて同時に散布図を描くことができます（図8.2）。

```
pairs(depanx1[,3:8])
```

対角線上には変数の名前が表示されていて，変数名を挟んで上半分の三角と下半分の三角には縦軸と横軸が入れ替わっただけの同じ内容を表す散布図が表示されています。つまり，左から1列目，上から2行目の散布図と左から2列目，上から1行目の散布図は縦軸と横軸が入れ替わっているだけで，両者とも，BISとBASの間の関連を表現する散布図です。お互いにほとんど関連性がなく，相関

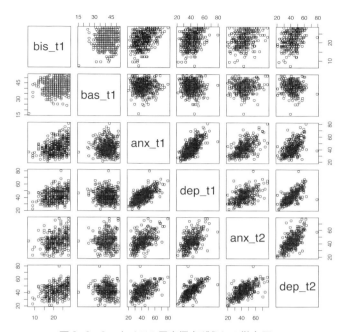

図 8.2 6つすべての尺度得点どうしの散布図

性の希薄な散布図になっていることがわかります。

さらに，例えば，左から1列目，上から3行目の散布図を見てください。この散布図の横軸はBISの尺度得点，縦軸は第1時点目の状態不安の尺度得点になっていて，右肩上がりの中程度の正の相関を確認することができます。同じく，左から5列目，上から6行目の散布図は，横軸が第2時点目の状態不安の尺度得点，縦軸は第2時点目の抑うつの尺度得点になっていて，右肩上がりの強い正の相関を確認することができます。散布図の読み取り方については6章も参照してください。

8-4-4 偏相関係数の計算

BISは，第1時点目の不安傾向，第2時点目の状態不安ともに中程度に正に相関していました（$rs = .38$ および $.32$）。一方のBASは，第1時点目の状態不安，第2時点目の不安傾向とは有意な正の相関は認められず，抑うつとは弱く負に相関しているように見えますが，いずれも5％水準で有意ではありません。というわけで，相関係数だけを見比べても，抑うつと不安を区別することの手がかりは

得られませんでした。

　先の相関分析の結果から，抑うつと不安の相関は第1時点目で.69，第2時点目で.64とかなり高いものになっており，両者にはかなりの重なりがみられます。それでは，抑うつと不安の重ならない部分，すなわち抑うつ独自の部分（抑うつの個人差のうち不安の個人差では説明できない部分）と不安独自の部分（不安の個人差のうち抑うつの個人差では説明できない部分）を何とか切り出してきて，検討を行うことはできないでしょうか。

　そのための方法の1つとして，偏相関係数（partial correlation coefficient）があります。偏相関係数とは，変数Zからの影響を取り除いた後の（変数Zの影響を一定であるとした場合の），変数Xと変数Yの間の相関係数のことです（偏相関係数については，9章も参照してください）。今回の例に当てはめて考えてみると，不安の影響を統制した後の，BASと抑うつの間の相関関係はどのようになっているか（負の相関関係はより明確になるかどうか），ということになります。以下のスクリプトで結果を確認していきましょう。

```
> X <- cor(depanx1[,c("bas_t1", "dep_t1", "anx_t1")],
+ use="pairwise.complete.obs")  # 3つの変数について相関行列を作成
> library(psych)  # psychパッケージの読み込み
> partial.r(X, c(1, 2), 3) # Xという行列の中の3つめの変数を統制した後の，
> # 1つめと2つめの変数の間の偏相関係数を計算する
partial correlations
       bas_t1 dep_t1
bas_t1   1.00  -0.09
dep_t1  -0.09   1.00
```

```
> Y <- cor(depanx1[,c("bas_t1", "dep_t2", "anx_t2")],
+ use="pairwise.complete.obs")
> library(psych)
> partial.r(Y, c(1, 2), 3)
partial correlations
       bas_t1 dep_t2
bas_t1   1.00  -0.17
dep_t2  -0.17   1.00
```

　depanx1というデータセットの中から，3つの変数（bas_t1, dep_t1, anx_t1）を選んで，相関係数を計算した上で，これをXという名前で3×3の行列として保存します。そして，既に登場しているpsychパッケージを読み込み，partial.

r( )という関数を用いて，偏相関係数の計算を行います。スクリプトでは，3×3のXという行列のうち，3つめの変数（anx_t1，これを制御変数（control variable）とよびます）の影響を統制した後の1つめと2つめの変数（bas_t1とdep_t1）の間の相関を計算するという指示を出しています。結果は，-.09で，ふつうの相関係数（-.07）を計算したときと比べて，本当にわずかではありますが，より負の相関関係が強まる傾向を見てとることができます。同じく，第2時点目についても同様の分析を行ってみたところ，偏相関係数は-.17となり，やはりふつうの相関係数（-.10）と比べて，負の相関関係が強まる傾向があります。これらの偏相関係数はいずれも5％水準で有意です。このように，偏相関係数を用いると，通常の相関係数を計算しただけでは確認することのできない影響や関係を検証することが可能になり，新たな知見が得られる可能性があります。

　以下では，偏相関係数を計算するためのスクリプトをもう1パタン紹介してから，重回帰分析に話を進めていきます。

```
> X <- cor(depanx1[,c("bas_t1","dep_t1","anx_t1")],
+ use="pairwise.complete.obs")  # 3つの変数について相関行列を作成
> install.packages("corpcor") # corpcorパッケージのインストール
> library(corpcor) # corpcorパッケージの読み込み
> X.pcor <- cor2pcor(X)
> rownames(X.pcor) <- rownames(X) # わかりやすいように変数名を付ける
> colnames(X.pcor) <- colnames(X) # わかりやすいように変数名を付ける
> X.pcor
             bas_t1      dep_t1      anx_t1
bas_t1   1.00000000 -0.09152639  0.06367547
dep_t1  -0.09152639  1.00000000  0.69336111
anx_t1   0.06367547  0.69336111  1.00000000
```

```
> Y <- cor(depanx1[,c("bas_t1","dep_t2","anx_t2")],
+ use="pairwise.complete.obs")
> Y.pcor <- cor2pcor(Y)
> rownames(Y.pcor) <- rownames(Y)
> colnames(Y.pcor) <- colnames(Y)
> Y.pcor
             bas_t1      dep_t2     anx_t2
bas_t1    1.0000000 -0.1656275  0.1342339
dep_t2   -0.1656275  1.0000000  0.6508643
anx_t2    0.1342339  0.6508643  1.0000000
```

ここで紹介したcorpcorパッケージは，相関行列から偏相関行列を計算してくれる便利なパッケージです。まず初めに，3つの変数間における相関行列を計算し，それぞれX，Yという名前を付けて保存しました（この手続きは先ほどと同じです）。あとは，cor2pcor( )を用いて，相関行列から偏相関行列を計算します。cor2pcorというのは，cor to pcorつまり「相関係数から偏相関係数へ」変換するという意味です。計算されて出てきた結果は，先ほど紹介したpsychパッケージのpartial.r( )の結果と（小数点以下の桁数は異なりますが）一致していることを確認してください（先の出力結果の下線部です）。

8-4-5　単回帰分析（非標準化解）

　重回帰分析は，ある1つの従属変数（予測される側の変数）を複数の独立変数（予測する側の変数）から説明・予測を行う際に用いる分析です。今回のように，抑うつや状態不安は，BIS・BASという2つのパーソナリティ特性からどのように説明・予測されるか？　という問いを考える際に有効です。
　しかし，少し複雑な重回帰分析の前に，単回帰分析について説明を行います。単回帰分析とは，1つの従属変数を1つの独立変数から説明・予測を行う際に用いる分析です。相関係数は，2つの変数間の関連性の強さについてのみ言及するものでしたが，単回帰分析は，片方の変数がある値をとったときに他方の変数はどのような値をとりうるのかということを説明したり予測したりすることが可能です。言い換えると，回帰分析は，独立変数を与えたときに従属変数がどのような値をとるのか推定することが主な目的として，お互いに関連する（もしくは因果関係を持つ）量的なデータの直線的な関係を示す方程式を求めるための分析です。単回帰分析を行うためには，lm( )を用いるのが便利です。lmとはlinear modelの略で，線形モデルのことです。例えば，BISから第1時点目の状態不安を説明してみましょう。

```
> reg.anx_t1 <- lm(anx_t1 ~ bis_t1, data = depanx1)
> summary(reg.anx_t1)

Call:
lm(formula = anx_t1 ~ bis_t1, data = depanx1)

Residuals:
    Min      1Q  Median      3Q     Max
-21.138  -6.737   0.064   5.963  31.928
```

```
Coefficients:
            Estimate Std. Error t value Pr(>|t|)
(Intercept)  21.9331     2.2805   9.618   < 2e-16 ***
bis_t1        0.9335     0.1048   8.906   < 2e-16 ***
---
Signif. codes:  0 '***' 0.001 '**' 0.01 '*' 0.05 '.' 0.1 ' ' 1

Residual standard error: 9.523 on 469 degrees of freedom
  (145 observations deleted due to missingness)
Multiple R-squared:  0.1447,    Adjusted R-squared:  0.1428
F-statistic: 79.32 on 1 and 469 DF,  p-value: < 2.2e-16
```

　lm( )の直後に書くのが従属変数で，今回の場合はanx_t1です。~（チルダ）を挟んで右側に独立変数を記します。今回の場合は独立変数は1つだけで，bis_t1です。summary( )は，回帰分析の結果の詳細を示すように指示するものです。summaryというと結果を要約した出力のように思えるかもしれませんが，実はsummary( )の方がより詳細な出力結果を示してくれるので便利です。data =の箇所では，今回の分析で使用するデータセットを指定します（今回の場合は，depanx1を指定しました）。

　まずは，今回のこの回帰式そのものが有意なものであるかどうか確認を行う必要があります。出力結果の一番下の行でF値を確認します。F値は79.32で，回帰式は5％水準で有意であることがわかります。すなわち，今回の回帰分析の結果は解釈に値するものであるということです。また，回帰分析の結果を解釈する際に，決定係数（R^2）も重要です。決定係数は，従属変数のばらつきが独立変数のばらつきによってどの程度説明されたかを表現している指標です。そのため，決定係数は，分散説明率ともよばれます。決定係数の値を確認するためには下から2行目を見てください。上記の出力結果のMultiple R-squaredという箇所に表示されている0.1447という数値です。第1時点目の状態不安の得点の分散は，BISの分散によって，14％程度が説明されるということを意味しています。

　次に，出力結果の中段よりやや下に注目してください。状態不安得点は，BIS得点から有意に説明されることがわかります。その際の単回帰式が，「状態不安得点（anx_t1）＝21.93＋0.93×BIS得点（bis_t1）」です。切片が21.93点すなわちBISが0点の人（BISの最小値は7点ですので，0点というのは本当はありえません）の状態不安得点が21.93点，そして，BISの得点が1上がるごとに，状態不安の予測値が0.93上がることを意味しています。0.93の方は傾きを示し，（XのYに対する）

回帰係数とよばれます。この回帰係数と相関係数は，[XのYに対する回帰係数] = [XとYの相関係数] × [Yの標準偏差 / Xの標準偏差]という関係にあります。実際に相関係数と標準偏差を計算して，おおよそ同じ回帰係数の値が得られるかどうか確認してみましょう。

```
> SDx <- sd(bis_t1, na.rm = TRUE)
> SDy <- sd(anx_t1, na.rm = TRUE)
> R <- cor(anx_t1, bis_t1, use="pairwise.complete.obs")
> B <- R*(SDy/SDx)
> B
[1] 0.9364774
```

回帰係数と相関係数の関係式を見ていただくとわかる通り，Xの標準偏差とYの標準偏差が同じ値である場合には，回帰係数と相関係数は同じ値となります。同様に，XとYのデータが標準化されている場合も，相関係数と回帰係数は同じ値となります。XとYのデータが標準化されている場合に求められる回帰係数のことを標準回帰係数とよびます。lm( )で回帰分析を行う際に，デフォルトでは標準回帰係数を出力してくれないので，もし標準回帰係数を求めたい場合には，データの方を事前に標準化しておく必要があります。次の8-4-6項では，この作業について以下順を追って確認していきます。

また，今回は，BIS得点から第1時点目の状態不安を説明するという単回帰分析について考えましたが，独立変数と従属変数を逆にしたらどのようになるでしょうか。すなわち，第1時点目の状態不安からBIS得点を説明するという単回帰分析を考えるとどうなるでしょうか。結果は，F値は先ほどと同じで，回帰モデルの有意性の検定結果も同じ，決定係数も同じになります。しかし，回帰式の切片と傾き（回帰係数）はまったく別の数字になります。以下に，確認のためのスクリプトを掲載しますので，出力結果を確認して比べてみてください。このように，独立変数と従属変数を入れ換えた場合，回帰分析の結果には対称性はありませんので，どちらの変数を独立変数として，どちらの変数を従属変数とするのか適切に判断に行った上で，分析を行い，結果の解釈を行う必要があります。

```
reg.bis_t1 <- lm(bis_t1 ~ anx_t1, data = depanx1)
summary(reg.bis_t1)
```

8-4-6 単回帰分析（標準化解）

この節では，回帰分析で標準化解を求めるための一連の作業について確認を行っていきます。まず，depanx1に含まれるすべての8つの変数について，scale( )を用いて標準化します。標準化とは，データを標準正規分布に従う値に変換することで，具体的には，尺度や項目の得点とその平均との差を標準偏差で割って，平均が0，標準偏差が1になるようにする作業のことです。scale( )を用いて得られた結果は行列の形式になってしまいます。ですので，再度，data.frame( )を用いて，データフレーム形式に戻してあげる必要があります。以下の処理を行うことで，標準化された後の変数について取り扱うことが可能になります。

```
z.depanx1 <- scale(depanx1)  # データセットに含まれる変数を標準化
z.depanx1 <- data.frame(z.depanx1)  # データフレームの形式に変換
attach(z.depanx1)  # データフレームの指定
```

そして，再び，単回帰分析です。先ほどと同様に，lm( )を用いて回帰分析を行います。今回はデータセットとして，今作成したz.depanx1を用いる点に留意してください。

```
> reg.z.anx_t1 <- lm(anx_t1 ~ bis_t1, data = z.depanx1)
> summary(reg.z.anx_t1)

Call:
lm(formula = anx_t1 ~ bis_t1, data = z.depanx1)

Residuals:
     Min       1Q   Median       3Q      Max
-2.05641 -0.65535  0.00623  0.58010  3.10611

Coefficients:
              Estimate Std. Error t value Pr(>|t|)
(Intercept) -0.0009083  0.0426892  -0.021    0.983
bis_t1       0.3791497  0.0425706   8.906   < 2e-16 ***
---
Signif. codes:  0 '***' 0.001 '**' 0.01 '*' 0.05 '.' 0.1 ' ' 1

Residual standard error: 0.9265 on 469 degrees of freedom
  (145 observations deleted due to missingness)
```

```
Multiple R-squared:  0.1447,	Adjusted R-squared:  0.1428
F-statistic: 79.32 on 1 and 469 DF,  p-value: < 2.2e-16
```

先ほどの標準化する前のデータセットを用いた分析結果と比較して，bis_t1 の回帰係数の値が変わったのがおわかりいただけるでしょうか。0.3791497という値になり，これは先ほど計算した相関係数の値と一致し，この値は5％水準で有意であることも確認できます。また，決定係数の値は，単回帰分析の場合は，相関係数の2乗の値と完全に一致します。0.3791497という数値を2乗してみてください。上記の出力結果のMultiple R-squaredという箇所に表示されている0.1447という数値とほぼ同じになるはずです（丸め込みの誤差の関係で若干ずれると思います）。

8-4-7　回帰係数の95％信頼区間を求める

近年，点推定ではなく，区間推定が推奨される動きが活発になっています（区間推定の考え方については，5章，6章，10章を参照してください）。回帰係数ももちろん区間推定を行うことが可能です。区間推定を行うためには，confint( )を使うのが便利です。confintというのは，confidence interval，信頼区間のことです。結果を見てみると，独立変数bis_t1の標準化回帰係数の95％信頼区間は，[0.30, 0.46]であることがわかります。信頼区間が0をまたいでいませんので，この回帰係数は有意であることが再確認できました（信頼区間の結果は，summary( )で確認した検定の結果と必ず一致します）。level = 0.95では，95％信頼区間を計算することを指定しています。デフォルトで0.95という値が入っていますので，この部分は省略することも可能です。もし99％信頼区間や90％信頼区間など別の信頼度を用いた推定を行いたい場合には，level = 0.99やlevel = 0.90など数字を入れ換えて用いてください。

```
> confint(reg.z.anx_t1, level = 0.95)
                  2.5 %      97.5 %
(Intercept) -0.08479418 0.08297752
bis_t1       0.29549702 0.46280232
```

8-4-8　散布図に回帰直線を引く

次に，今回のデータ（BIS得点と状態不安得点の関係）では，どのような散布図が描かれていて，どのような回帰直線が引かれたのか，標準化する前のデータ

セット（depanx1）に戻って確認してみます。

```
plot(anx_t1 ~ bis_t1, data = depanx1, xlab="BIS", ylab="不安")
# 軸の名前を指定して，散布図を描く
abline(reg.anx_t1) # 回帰直線を重ねて描く
```

　plot( )を用いてanx_t1（従属変数；y軸）とbis_t1（独立変数；x軸）の2つの変数の散布図を描きます。この散布図に回帰直線を重ねて描くため，まずは散布図を先に描いておく必要があります。xlabとylabではx軸とy軸のラベルをそれぞれ指定しています。今回はx軸にBIS，y軸に不安と表示されるようにしました。次に，abline( )を用いて，先ほど行った単回帰分析の結果(reg.anx_t1)を読み込みます。そうすると，以下のように，散布図に回帰直線を重ねた図を描くことができました（図8.3）。

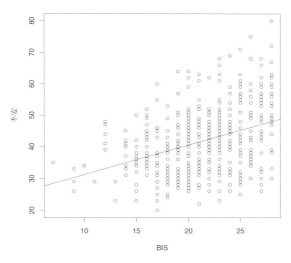

図8.3　回帰直線を重ねた散布図

8-4-9　回帰直線の95%信頼区間を散布図に描く

　さらに，回帰直線の信頼区間も求めて，先に求めた回帰直線に95%信頼区間を重ねて描画してみます。

```
> range <- data.frame(bis_t1 = seq(7, 28, 1))  # 描画範囲を指定
> range
   bis_t1
1       7
2       8
3       9
...
20     26
21     27
22     28
> reg.anx_t1_95ci <- predict(reg.anx_t1,range,
+ interval = "confidence")  # 信頼区間の推定
> reg.anx_t1_95ci
        fit      lwr      upr
1  28.46776 25.38888 31.54664
2  29.40128 26.51955 32.28302
3  30.33481 27.64889 33.02072
...
20 46.20471 44.91604 47.49337
21 47.13823 45.68993 48.58653
22 48.07175 46.45331 49.69019
> matplot(range, reg.anx_t1_95ci, lty=c(1,2,2),
+ type="l", add=TRUE)  # 回帰直線と信頼区間を散布図に重ねて表示
```

まず，描画する範囲を指定します。今回はx軸にBIS得点をとり，これは7点から28点を1点刻みでとることが既にわかっていますので（先ほど，describe(depanx1)で確認しました），そのように指定し，データの形式をデータフレームにします。次に，predict( )を用いて，先ほど指定した範囲の信頼区間を求めます。信頼区間を求める際に基づく結果は回帰分析の結果reg.anx_t1を用います。interval = "confidence"で，95%信頼区間を求めることを指定しています。7点から28点まで1点刻みで22個の点についてそれぞれ点推定値と95%信頼区間の下限と上限が得られていることを確認してください。1行目には点推定値（fit），2行目には下限の値（lwr），3行目には上限の値（upr）が入ります。最後に，matplot( )を用いて，1行前で表示させた散布図に，回帰直線と95%信頼区間の曲線（下限と上限）の合計3本の線を追加で表示させます。x軸にはrangeで指定した値（7点から28点まで）を，y軸にはpredict( )を用いて推定した予測値と95%信頼区間の下限値と上限値の3つの結果（reg.anx_t1_95ci）を用います。ltyはline typeです。線のタイプを指定することができるのですが，1は実線で，2以降は様々

な種類の点線/破線です。typeでは1を指定していますが，これはlineのことで，線でつないだグラフを描くことを意味しています（線の色は指定しないと自動的に決まります）。最後のadd = TRUEというのは，1行前で描いた散布図に，今回の3本の線を加えて描画するという指示です。以下のようなグラフを確認することができたでしょうか（図8.4）。この回帰直線の95%信頼区間は，測定を100回繰り返したら，そのうちの95回の回帰直線はこの範囲を通るだろうという区間のことです。平均（21.93）に近い付近では信頼区間は狭くなっていますが（推定精度が高くなっていますが），平均から遠い値のところでは信頼区間は広くなり，推定精度がやや落ちていることが読み取れます。

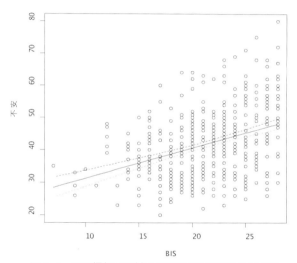

図8.4　95%信頼区間付きの回帰直線を重ねた散布図

8-4-10　重回帰分析

第2時点目の状態不安を従属変数，BISとBASという2つのパーソナリティ特性を独立変数として，重回帰分析を行います。続けて，第2時点目の抑うつを従属変数，BISとBASを独立変数として，重回帰分析を行います。

重回帰分析を行う際にも，単回帰分析と同様に，lm( )を用います。重回帰分析では複数の独立変数がありますが，変数間を + でつなぐことでこれを表現します（*でつなぐこともできるのですが，この場合は変数間の交互作用も回帰式に

含めることを意味します）。

```
> mreg.anx_t2 <- lm(anx_t2 ~ bis_t1 + bas_t1, data = z.depanx1)
> summary(mreg.anx_t2)

Call:
lm(formula = anx_t2 ~ bis_t1 + bas_t1, data = z.depanx1)

Residuals:
     Min      1Q  Median      3Q     Max
-2.49340 -0.57361 -0.07977 0.53281 3.06532

Coefficients:
             Estimate Std. Error t value Pr(>|t|)
(Intercept) -0.039688   0.054067  -0.734    0.463
bis_t1       0.313892   0.054269   5.784 1.8e-08 ***
bas_t1       0.001751   0.054110   0.032    0.974
---
Signif. codes:  0 '***' 0.001 '**' 0.01 '*' 0.05 '.' 0.1 ' ' 1

Residual standard error: 0.9497 on 307 degrees of freedom
  (306 observations deleted due to missingness)
Multiple R-squared:  0.09939,   Adjusted R-squared:  0.09352
F-statistic: 16.94 on 2 and 307 DF,  p-value: 1.051e-07
```

```
> mreg.dep_t2 <- lm(dep_t2 ~ bis_t1 + bas_t1, data = z.depanx1)
> summary(mreg.dep_t2)

Call:
lm(formula = dep_t2 ~ bis_t1 + bas_t1, data = z.depanx1)

Residuals:
    Min     1Q  Median     3Q    Max
-2.4056 -0.6073 -0.0696 0.6083 3.8537

Coefficients:
            Estimate Std. Error t value Pr(>|t|)
(Intercept) -0.01963    0.05321  -0.369  0.71245
bis_t1       0.36827    0.05344   6.892 3.09e-11 ***
bas_t1      -0.14595    0.05346  -2.730  0.00669 **
```

```
---
Signif. codes:  0 '***' 0.001 '**' 0.01 '*' 0.05 '.' 0.1 ' ' 1

Residual standard error: 0.9392 on 310 degrees of freedom
  (303 observations deleted due to missingness)
Multiple R-squared:  0.1422,	Adjusted R-squared:  0.1367
F-statistic:  25.7 on 2 and 310 DF,  p-value: 4.694e-11
```

2つの重回帰分析の結果を読み解いていきましょう。まず，BIS・BASを独立変数として不安を従属変数とした重回帰分析ですが，単回帰分析と同様に，最後の行を読んで，回帰式そのものが有意であるかどうか確認します。F値は16.94で，これは5％水準で有意です。次に下から2行目で重決定係数を確認します。単回帰分析では決定係数という名前でしたが，重回帰分析では同じ特徴を持つこの係数のことを重決定係数とよびます（分散説明率というよび方は変わりません）。BISとBASという2つの独立変数によって，第2時点目の状態不安得点の分散の約10％が説明されることがわかります。次に，各変数の効果の度合いについてですが，BISは不安に対して有意な正に影響を持つ一方で，BASは不安とは統計的に有意な関連を示さないことがわかります。具体的には，BASの影響を一定にして（統制して），BISが1標準偏差だけ増加した場合，標準化された従属変数すなわち第2時点目の状態不安の値が.31だけ増加することを意味しています。

まったく同じ要領で，BIS・BASから第2時点目の抑うつを説明する重回帰分析の結果を読んでいくと，これらの2つの独立変数によって，第2時点目の抑うつ得点の分散の約14％が説明され，BISは抑うつに対して有意な正の影響を持ち，BASは抑うつに対して有意な負の影響を持つこととがわかります。やはり，BASの低さは抑うつの高さに対して特異的に影響を与えている可能性がありそうです。具体的には，BASの影響を一定にして（統制して），BISが1標準偏差だけ増加した場合，第2時点目の抑うつの値は.37だけ増加し，BISの影響を一定にして（統制して），BASが1標準偏差だけ減少した場合，第2時点目の抑うつの値は.15だけ増加することを意味しています。

なぜ相関分析と重回帰分析で結果が異なるのでしょうか。それは，重回帰分析では独立変数間の相関関係を考慮に入れた上で分析を行っているからです。独立変数X_1と従属変数Yの関係と独立変数X_2と従属変数Yの関係に加えて，独立変数X_1と独立変数X_2の関係についても考慮に入れた上で分析を行っているということです。そして，独立変数X_1と独立変数X_2が従属変数に対して両方とも影響を与えている場合には，痛み分けします。すなわち，両者とも効いている影響の度

合いは結果には表れず，あくまでその独立変数が独自に影響を与えている分の効果が偏回帰係数の数値として出てきます．偏回帰係数とは，つまりは，他の独立変数の影響を除去した後の（一定と考えた場合の），残差変数から従属変数を予測する際の回帰係数と考えることができます．独立変数X_1の値が変わると，従属変数Yの値が変わります．そして，独立変数X_1と独立変数X_2の間に有意な相関があるとしたら，同じくX_1の値が変わるとX_2の値も変わります．X_2の値が変わるということは，従属変数Yの値もまた変わるということです．すなわち，独立変数X_1が従属変数Yに対して与える効果の経路は，直接的に影響する場合と，X_2を媒介して間接的に影響する場合の2パタンあるということです．この2通りの経路をともに加味した上での影響の度合いが相関係数で，直接的な経路のみを考えたものが偏回帰係数です．重回帰分析というのは，独立変数と従属変数との間の関係性にのみ注目しがちですが，実は独立変数どうしの相関係数もまた結果を左右する重要な要素の1つです．レポートや論文で結果を示す際には，偏回帰係数だけではなく，分析に用いたすべての変数間の相関係数も掲載すると，情報量が豊かになります．

8-4-11　抑制変数

このように，相関分析では見えてこなかったことが，偏相関分析や重回帰分析を用いることによってわかることがあります．心理学的な事象においては，数多くの変数が複雑に絡み合いながら影響しています．ですので，ある1つの変数の影響を除いて考えるだけで，異なる結果が得られることがあります．もちろん，それがアーティファクトである可能性は否定できません．アーティファクトとは，統計上，人工的に産まれてしまったかもしれない結果のことで，積極的に解釈することのできない意味のないものであったり，誤りを含んでいたりするものです．しかし一方で，積極的に解釈すべき意味のある事象が見つかることもあります．相関係数は有意ではなかったにもかかわらず，重回帰分析を行ったところ，偏回帰係数が有意になる変数，逆に，相関係数は有意であったにもかかわらず，重回帰分析を行って，偏回帰係数が有意ではなくなる変数が見つかる場合があります．そういった変数のことを抑制変数（suppressor variable; suppression variable）とよび，そのような効果のことを抑制効果（suppressor effect; suppression effect）とよびます．それらを手掛かりに，相関係数だけでは見えてこなかった，因果関係の端緒を掴むことができる可能性が広がりますので，もしこのような変数を見つけることができたら，それは非常に興味深い研究になります．

8-4-12　多重共線性

　ここまで，偏回帰係数の解釈は実は厄介だということについて述べてきましたが，事態をより厄介にするものがあります。それは，独立変数どうしの相関が高すぎる場合に起こりうる多重共線性（multicollinearity）です。多重共線性が起こると，推定値が求まらなかったり，もし仮に求まったとしても精度の低いものになってしまったりする可能性があります。独立変数どうしの相関が高いということは，それらは似通ったものを測定している可能性が高いので，どちらか一方の変数を削除するか，もしくは主成分分析などを用いて複数の変数から1つの合成変数を作成した上で分析をやり直す必要があります。

　多重共線性が起こっているかどうかを判断するための指標の1つとしてしばしば用いられるものがVIF（Variance Inflation Factor）です。明確に定まった基準はありませんが，10を超えたら（もしくは5を超えたら，2を超えたら），多重共線性が起こっていると判断するという経験則があります（あくまで経験則です）。例えば，今回の重回帰分析の例で，2つの独立変数のVIFを計算してみましょう。VIFの計算のためには，carパッケージをインストールして，vif( )を用いるのが便利です。

　今求めようとしているVIFとは，許容度（tolerance）の逆数のことです。許容度というのは，一方の独立変数から他方の独立変数を説明した場合の決定係数を1から引いたものです。許容度の数字が小さいということは，独立変数がお互いに説明し合っている部分が大きいことを意味します。例えば，ある独立変数の許容度が0.2であるとします。これは，独立変数どうしがお互いに80%を説明し合っていることを意味し，0.2の逆数をとった5という値がVIFになります。もし独立変数どうしの相関が0でお互いに説明し合う部分がない場合にはVIFの値は1になります。すなわち，VIFの最小値は1です。今回の例には，以下の通り，VIFの値は5や10を大きく下回り，1に非常に近い値でしたので（1.01），特に多重共線性が問題になることはなさそうです（そもそもBISとBASはお互いに有意な相関がないことを仮定していますので，多重共線性の問題は小さかったかもしれません）。

```
> install.packages("car")  # carパッケージのインストール
> library(car)  # carパッケージの読み込み
> mreg.anx_t2 <- lm(anx_t2 ~ bis_t1 + bas_t1, data = z.depanx1)
> # 重回帰分析を行う
> vif(mreg.anx_t2)  # VIFの計算
```

```
   bis_t1    bas_t1
1.011464  1.011464
> mreg.dep_t2 <- lm(dep_t2 ~ bis_t1 + bas_t1, data = z.depanx1)
> vif(mreg.dep_t2)
   bis_t1    bas_t1
1.012472  1.012472
```

心理学研究法に関わる話——縦断調査デザイン

　本章で取り扱ったデータは，2か月という非常に短い間隔しか空いていませんが，2時点の縦断調査デザインになっていました。ただし，すべての時点で共通して調査内容になっている場合のみ，すなわち同じ変数を同一個人に対して繰り返し調査することを縦断調査とよぶ人もいます。本章で取り扱った分析事例で考えると，第1時点目で2つのパーソナリティ特性は第2時点では測定されていませんので，時間間隔は空いていますが，厳密には縦断調査ではないのではないかと考える人がいてもおかしくはありません。もちろん，同じ尺度や項目群を複数時点にもわたって「縦断的に」調査を行うことができたら，その変数の発達動態について精緻に検証することができます。しかし，今回の場合が完全に縦断データとはいえないか，縦断調査デザインに則ったものではないのかというと，そのようなことはないはずだ，と筆者は考えています。9章において，ミルの因果性に関する規定が述べられていますが，今回のデータは，パーソナリティ特性は気分状態に先行し，この両者には関連性があると考えれば，ミルの因果性に関数規定を満たすための条件をいくつかクリアしていることになります。第1時点目に変数X，第2点目に変数Y，第3時点目に再び変数X，第4点目に再び変数Yといった具合にジグザグに調査項目を並べて，因果の方向性について検討を行う縦断調査デザインも十分にありえます。

　縦断調査における最大の敵は脱落（drop out）や摩耗（もしくは損耗; attrition）です。回答者が第2時点目以降で回答を止めてしまったり転居などが理由で調査票が不達になったりすることが原因で，データが縦断的ではなくなってしまうという調査デザインの根幹に関わる大問題です。そもそもサンプルサイズが小さくなってしまうこと以外にも，回答者側のバイアスも問題になり得ます。例えば，男性よりも女性の方が協力率がよいのではないかとか，30代からの協力は得られるが10代からの回答は得られにくい，といったような懸念があります（これらはあくまで例示で，事実かどうかはわかりません）。

　第1時点目から第2時点目にかけて時間間隔を空けて調査をすることに加えて，第2時点目において，第1時点目から第2時点目にかけてまさにその間に起こったことを尋ねるという方法があります。例えば，第1時点目に，神経症傾向（パーソナリティ特性の1つです）と抑うつを尋ねます。第2時点目に，抑うつを再度尋ね，さらに，その間に起こった対人的にストレスフルなライフイベントを尋ねます。この調査デザインを用いると，第1時点目か

ら第2時点目にかけて抑うつが変化したのは，神経症的な傾向という特性が原因であるのか（パーソナリティ特性（素因）の主効果），対人的なストレスが原因なのか（ストレスの主効果），それとも神経症傾向の高い人が対人的なストレスを受けると抑うつの度合いが高まるという交互作用なのか，同時に検証することが可能です。3番目の交互作用効果のことを素因ストレスモデルとよび，異常心理学・精神病理学では非常に一般的なモデルです。素因ストレスモデルの詳細については，丹野（2001）を参照してください。

8-5 研究のまとめ

本章では，抑うつと不安はどのように同じでどのように異なるのかというただ1点に着目（執着）しながら，相関分析・偏相関分析・重回帰分析をそれぞれ用いて，検討を行ってきました。その結果，抑うつと不安の類似性はBISが関与し，両者の相違性にはBASが関与している可能性が示唆されました。

本章の例では，重回帰式に投入した独立変数の数は，お話を簡単するために，BISとBASという2つのパーソナリティ特性にしぼりました。しかし，Takahashi et al.（in press）では，第2時点目の精神病理的な傾向を説明するために，（ステップ1）性別・年齢（人口学的変数; demographic variables），（ステップ2）第1点目の精神病理的な傾向（共変量; covariates），（ステップ3）BIS・BAS（独立変数）といった具合に，回帰式に投入する変数に順番をつけて，回帰分析を行いました。この手法を階層的重回帰分析（hierarchical regression analysis）とよびます。階層的重回帰分析は，回帰分析で交互作用の検討を行う際に頻繁に用いられますが，この分析の本分は交互作用の検討ではありません。階層的重回帰分析は，次のステップで新たに投入した独立変数が有意に決定係数の増分に寄与しているかどうかを見るための分析です。この分析は，lm( )とanova( )を使うだけで実装可能です。参考までに，スクリプトを以下に記載しますので（出力結果はすべて省略しています），自習にお役立てください。最後にanova( )を用いる際に，すべてのステップの回帰式でサンプルサイズが揃っている必要があるため，以下のスクリプトでは先に欠損値をすべて除外した完全データを用いた分析を行っています。

```
z.depanx1.nona <- na.omit(z.depanx1)
# 欠損値をすべて除去した完全データの作成
attach(z.depanx1.nona)  # データフレームの指定
```

```
reg1 <- lm(dep_t2 ~ sex + age, data = z.depanx1.nona)
# ステップ1のみの独立変数を投入した重回帰分析
summary(reg1)
reg2 <- lm(dep_t2 ~ sex + age + anx_t2,data = z.depanx1.nona)
# ステップ2までの独立変数を投入した重回帰分析
summary(reg2)
reg3 <- lm(dep_t2 ~ sex + age + anx_t2 + bis_t1 + bas_t1,
data = z.depanx1.nona)  # ステップ3までの独立変数を投入した重回帰分析
summary(reg3)
anova(reg1,reg2,reg3)  # 変数を追加したことによる決定係数の増分を確認
```

8-6 この研究についてひとこと

　抑うつと不安は両方ともネガティブな感情に思えますので，これは共通しています。抑うつというのは，過去に起こった出来事（対人関係のトラブルなど）に対して，落ち込んだりくよくよしたりすることかもしれません。不安というのは，これから起こることや起こるかもしれない面倒な事態（大学の期末試験や就職活動の面接など）に憂慮して生じる感情かもしれません。抑うつは過去の出来事に対して，不安は未来の出来事に対して喚起されると考えると少しわかりやすいような気もするのですが，どうもこの仮説は支持されにくいという結果が出ています。

　それではいったい，何がどのようにこの似て非なる両者は区別できるのでしょうか。私は，抑うつ気分を感じやすい人，不安を感じやすい人というのがそれぞれいるのではないかと考え，パーソナリティ特性のような個人的な特性の個人差を考えることで，1つの解決策を模索しました。そして，人間行動におけるブレーキ機能の強さが抑うつと不安の両者に関与していて，アクセル機能の弱さが抑うつのみと関与していることがわかりました。もしブレーキ機能の強さのみと関連している気分状態であれば，それは状態不安である可能性が高いですし，それに加えて，アクセル機能の弱さも関与しているのであれば，抑うつである可能性が高く，これで抑うつと不安の両者を首尾よく区別できたことになります。

　抑うつに対して，アクセル機能の弱さが特異的に関与しているという知見になるわけですが，抑うつ的な気分を感じたがゆえに，行動にアクセルがかかりにくくなっただけではないかと考えることはできないでしょうか。つまり，アクセル機能の弱い人が抑うつ気分を感じやすいのではなく，抑うつ的な気分を感じているがゆえに，行動にアクセルがかかりにくくなってしまったという逆の因果の可能性です。実は，著者らはこの点についても，本章で紹介した単回帰

分析を少し応用した方法を用いて，検証を行ってみましたので，興味のある方は，Takahashi, Ozaki, Roberts, & Ando（2012）を参照してみてください。結論だけここに記しておきますと，パーソナリティ特性が気分状態を予測する（アクセルがかかりにくい人は抑うつ気分を呈しやすい）という単方向の因果の方向性が支持される結果となりました。

8-7 8章で学んだこと

- 相関係数の計算（cor()による）
- 複数の散布図の図示（pairs()による）
- psychパッケージ
- corpcorパッケージ
- 偏相関係数の計算（partial.r()，cor2pcor()による）
- 単回帰分析（lm()による）
- 変数の標準化（scale()による）
- 信頼区間の計算（confint()，predict()による）
- 回帰直線の図示（abline()による）
- 信頼区間の図示（matplot()による）
- 重回帰分析（lm()による）
- 抑制変数
- 多重共線性
- carパッケージ
- VIFの計算（vif()による）
- 逆転項目の処理

9章 縦断データ解析による因果関係の探索

尾碕幸謙

　本章は，具体的な心理学研究に基づいた章ではなく，データ収集デザインと統計的な方法論の解説に重きを置いています。章の構成も他の章とは異なっています。具体的には，まず因果関係を統計的に探索するためのデータ収集デザインについて説明します。その中で本章の中心的話題である縦断研究を取り上げます。

　そして，本章の後半では，縦断データ解析の方法として，構造方程式モデリングについて解説します。構造方程式モデリングは，因子分析（6章で扱いました）や単回帰分析・重回帰分析（8章で扱いました）を下位モデルに置いた手法です。変数間の複雑な関係を分析するためのパス解析も実行することができます。これらの分析を実行できるだけでなく，構造方程式モデリングは，因子間で単回帰分析・重回帰分析・パス解析を実行することも可能です。本章では，構造方程式モデリングを縦断データに適用することで，因果関係の探索を行っていきます。

9章で取り上げる統計的方法
- 構造方程式モデリング（共分散構造分析）
- 重回帰分析
- パス解析
- 確認的因子分析
- 潜在変数のパス解析

心理学研究法に関わるキーワード
- 相関と因果
- 無作為化配置実験
- 縦断研究

9-1 9章で学ぶこと

9章では，統計的に因果関係を探索するための方法について学びます。因果関係に迫るための効果的な方法は実験（無作為化配置実験）ですが，実験を実施することが困難な場合もあります（実験については，2章も参照してください。2章では，完全無作為デザインと表記されています）。そのとき有効な方法として，本章では縦断調査を取り上げます（縦断調査については，8章も参考になります）。そして，縦断調査で得られたデータに対して，構造方程式モデリングで分析を行うことで因果関係に迫っていきます。

9-2 因果関係を知るために

　小さいころファミリーコンピュータ，いわゆるファミコンが発売され，筆者もよく遊びました。発売当時のゲームは，粗いグラフィックと遅い動きの反面，内容面で工夫の凝らされたものが多くありました。その後，グラフィック技術の発達などによって，その当時では考えられないほどリアリティのあるゲームが数々登場しています。しかしその反面，そのようなゲームには有害なものもあるという指摘もあります。ゲーム画面の中の本物のような人を殴ったり，撃ったりすることに慣れてしまうと，現実場面でも平気で暴力行為を働く可能性があるかもしれません。

　このことは，ゲームが原因となって，暴力行為という結果を招く可能性を意味しています。これは，因果関係とよばれ，本章では「原因→結果」と表記していきます。上記の例では，「ゲーム→暴力行為」となります。しかし，ゲーム→暴力行為の因果関係は正しいでしょうか。確かに，この因果関係は一見正しそうに思えます。しかし，主観的には正しそうに思えることであっても，客観的に示すことが心理学を含む科学にとって重要な態度です。

　そこで，ゲーム→暴力行為の因果関係を客観的に調べるためにデータをとってみたと仮定します。例えば，小学生から，1日に暴力的内容を含むゲームで遊ぶ時間（変数「ゲーム」）と1週間に友達などの周囲に暴力を働く回数（変数「暴力行為」）をデータとして収集したとしましょう。そして，ゲームと暴力行為の相関係数を計算したところ，有意な正の相関がみられたとします。このとき，ゲーム→暴力行為の因果関係があるといえるでしょうか？　ゲーム→暴力行為とい

うのは，確かにこの有意な正の相関に対するもっともらしい説明です。しかしながら，これはもっともらしい説明の1つにすぎません。それでは，他にどのような説明があるのでしょうか？

一般に，変数Xと変数Yの間に相関がある場合，①$X \to Y$（Xが原因でYが結果），②$X \leftarrow Y$（Yが原因でXが結果），③1かつ2（双方向因果），④第3変数Zによる擬似相関，⑤偶然，という5つの可能性があります（高野・岡，2004）。3の双方向因果とは，XとYの双方がお互いの原因でもあり結果でもあることを表しています。例えば，教科に対する興味と，その教科の成績との間には，興味があるほど勉強するので成績が向上し，成績が向上するとますます興味が増す，という双方向因果を想定することができます。5の偶然とは，母集団では無相関なのに，検定結果が有意になる標本データが偶然得られたことを意味します。有意水準α（＝第一種の過誤の確率）が，この偶然の起こる確率です。

ゲームと暴力行為の例にしたがって，⑤偶然以外の4つの状況を図9.1に示しました。①ゲーム→暴力行為は，暴力的内容のゲームをすることで，子どもが暴力を働くようになることを表しています。この場合，暴力的内容のゲームの規制に関する議論が必要になります。②ゲーム←暴力行為は，暴力を働くことの多い子どもは，暴力的内容のゲームで長時間遊ぶようになることを表しています。これは，暴力を働くことで，人を傷つけることに興味を持ってしまい，その結果として暴力的内容のゲームをする時間が長くなるなどの説明が可能です。③は，1と2が両方とも正しい場合に成り立ちます。④の第3変数Zとしては，暴力性が考えられます。暴力性の強い子どもは暴力的内容のゲームを好み（$Z \to X$），

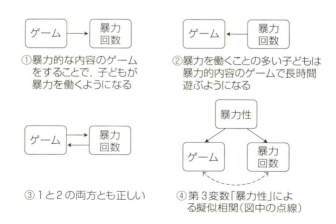

図9.1 ゲームと暴力行為の相関に対する解釈可能性

暴力的性格の子どもは暴力行為を周囲に働く（$Z{\rightarrow}Y$）ので，結果としてXとYの間に正の有意な相関がみられるという説明が成り立ちます。このように，一般の小学生から十分な数のデータを収集して，小さなp値を得ることで⑤偶然の可能性をほぼ排除しても，ゲームと暴力の間の相関には4つの解釈可能性が残ります。したがって，単純にデータを収集して相関を求めただけでは，ゲーム→暴力であることはいえないのです。

9-2-1 ミルの3原則

イギリスの哲学者ジョン・スチュアート・ミルは，$X{\rightarrow}Y$という因果関係を示すために必要となる3条件を示しました。これをミルの3原則（高野・岡, 2004）といいます。

①XはYよりも時間的に先行していること
②XとYの間に関連があること
③他の因果的説明が排除されていること

ここで，②は有意な相関があること，③は第3変数Zによる擬似相関ではないことと考えてください。ゲームと暴力の関係で再び考えてみましょう。まず，①については満たしていません。なぜなら，この仮の研究では，ゲームについての調査と暴力についての調査を同時に行うことを想定しているからです。次に，②については満たしています。有意な相関があることを想定しているからです。最後に，③についても満たしていません。先に述べた通り，擬似相関を起こす可能性のある第3変数Zとして暴力性が挙げられるからです。

ここで，③については第3変数Zをデータとして収集することで部分的には解決できます。例えば，XとYの偏相関係数を計算すればよいからです。ここでXとYの偏相関係数とは，XとYそれぞれから第3変数Zの影響を排除して求めた相関係数のことです（偏相関係数については，8章も参照してください）。$Z=$暴力性とすると，偏相関係数が正で有意であれば，同じくらい暴力的な子どもの集団の中で比較したとしても，ゲームと暴力の間には正の有意な相関があることになります。「部分的には」と書いたのは，暴力性の影響を排除したとしても，未知の第3変数が潜んでいる可能性があるからです（図9.2）。これは，研究者の間で議論を重ねて候補となる第3変数を挙げて，データを収集して偏相関を求めることで，この可能性を低くすることはできます。しかし，未知の第3変数が潜んでいる可能性を完全にゼロにすることはできません。本章で，因果関係に「迫る」

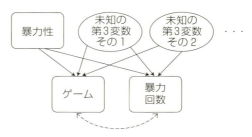

図 9.2 未知の第 3 変数による擬相関

と表現しているのも同じ理由です。

したがって，因果関係を示すために問題となるのは，①XはYよりも時間的に先行していることと，③他の因果的説明が排除されていること，になります。心理学を含む科学の諸分野では，この2つの問題を克服するために様々な方法が考案されています。

9-2-2　無作為化配置実験

無作為化配置実験は，③他の因果的説明が排除されていること，を満たすことで因果関係に迫るための極めて強力な方法です。例えば，尾崎・豊田（2005）は，音楽の長調と短調の違いが気分に与える影響について調べています。この研究で行ったのは，正確には2要因実験ですが，ここでは調性（長調と短調の2水準）のみを要因とする実験として話を進めます。

長調と短調では，どちらの方がリラックスできるのでしょうか。この実験では，実験参加者を実験室により，長調と短調のどちらかの条件にランダム（無作為）に割り当てました。そして，音楽を聴く前後で様々な感情状態を測定する質問紙に回答してもらい，測定前後の差得点を従属変数としました。独立変数は長調と短調という2つの水準を持つ要因です。この結果，短調よりも長調の方がよりリラックスできることがわかりました。したがって，調性→リラックスという因果関係に迫ることができたといえます。曲にはもともと持っている調性（長調あるいは短調）があります。実験では，同じ曲を長調あるいは短調に変換するのではなく，異なる調性には異なる曲を割り当てました。したがって，厳密にいえば，感情状態の変化の原因は調性ではなく，曲の構成などかもしれません。

なぜこの場合は因果関係に迫ることができたといえるのでしょうか。それは，長調と短調のどちらかの条件にランダムに割り当てたからです。その結果，2つの条件間で従属変数に違いが生じた原因を調性の違いにある程度限定することが

できるのです。無作為配置をせずに，例えば男性を長調，女性を短調に割り当てたとしましょう。このときには，2つの条件間で従属変数に違いが生じた原因として，調性以外に性別も可能性として残ってしまいます（図9.3）。

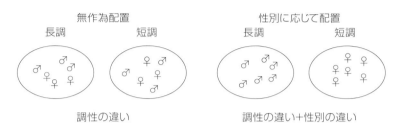

図9.3　無作為配置実験

また，この実験では①XはYよりも時間的に先行していること，も満たしています。ここでは，Xが調性，Yが測定前後の差得点（感情の変化）です。この実験では，曲を聴いた後に起こった感情の変化を従属変数としているので，XはYよりも時間的に先行しているのです。最後に，②XとYの間に関連があること，についてはt検定で有意差が見出されれば満たすことになります。

それでは，このような無作為配置実験をゲームと暴力的行為の関係の場合にも行えばよいのでしょうか。例えば，小学生200人を暴力的ゲームで1日に2時間遊ぶように強制する群100人と，暴力的ゲームで遊ぶことを禁止する群100人に無作為に分けたとします。そして，1か月後に暴力的行為の回数を尋ね，2群間で有意な違いがあるかどうかをt検定で調べます。このような実験を行えば，ゲーム→暴力行為の因果関係に迫ることはできるでしょう。

しかし，この実験は明らかに倫理的に問題があります。暴力的ゲームで1日に2時間遊ぶように強制することなどできるはずもありません。したがって，無作為配置実験は因果関係に迫るための強力な武器ではありますが，行うことができないこともあるのです。ゲーム→暴力行為以外にも，薬の違いを調べる場合や教育方法の違いを調べる場合にも倫理的問題が生じます。病気になったときに薬Aと薬Bのどちらを使用するのかを医師が無作為に決めたり，教育方法Aと教育方法Bのどちらを受けるのかを学校が無作為に決めることには問題があります。これらの選択は，生命や将来の進路に影響する重要な問題なので，医師や学校ではなく本人や親がよく考えて納得した上で決めるべき問題です。

9-2-3 縦断調査

このように，無作為配置を含む実験は因果関係に迫るための強力な方法ですが，倫理的問題などによって実行が困難な場合が少なくありません。また，教育方法Aと教育方法Bのうち，新たに開発された（よいと考えられえる）方法をAとすると，Bを実施すること自体が困難な場合もあります。相対的に効果が芳しくないと考えられる教育方法をわざわざ受ける理由はないからです。

このような場合に有効な方法が縦断調査（縦断調査については，8章も参照してください）です。縦断調査は，同じ対象者群に対して，時間を置いて複数回のデータ収集を行います。ゲームと暴力的行為の例で考えてみましょう。小学生200人に対して，ある1か月間に暴力的ゲームで遊んだ総時間数（ゲーム1＝X）と，次の1か月間に学校で暴力的行為を行った回数（暴力回数2＝Y）をデータとして収集します。すると，変数Xと変数Yはミルの3原則の①XはYよりも時間的に先行していること，を自動的に満たすことになります。そして，$X \Rightarrow Y$の単回帰分析（図9.4左）の回帰係数が有意なら，②XとYの間に関連があること，も満たします。

図9.4の3つの図は構造方程式モデリング（Structural Equation Modeling: SEM；共分散構造分析ともいわれます）ではパス図とよびます。「パス」という言葉は，単方向矢印や，双方向矢印を表します。したがって，パス図は変数間の関係をパスで表現した図という意味です。本章では，因果関係を表す「→」と区別するために，パス図の単方向矢印を上記のように「⇒」で示します。単回帰分析は，独立変数（図9.4左ではゲーム1）が従属変数（暴力回数2）を説明する程度を調べるための統計手法です。独立変数と従属変数は，因果における原因と結果に相当します。しかしながら，どちらが独立で，どちらが従属なのかは，分析者が決めたことにすぎません。したがって，$X \Rightarrow Y$が有意であっても，そのことがただちに$X \to Y$を表すわけではないのです。また，以上の議論から，パス図が表現しているのは，分析者が決めた（研究仮説として考えた）因果の流れに

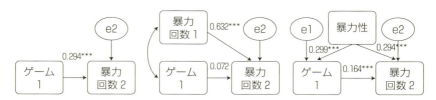

図9.4　ゲームと暴力回数の間に考えられる関係
注：数値は後述する分析からわかった値

すぎないことにも注意が必要です。

なお，図9.4中のように独立変数が複数の場合の回帰分析を重回帰分析とよびます（重回帰分析については，8章も参照してください）。双方向矢印は2変数間の共分散を表しています。図9.4に関して，ここでは四角で囲んだ変数間の関係のみに注目してください。誤差を表すe1やe2については次節で解説をします。

話を戻しましょう。図9.4左の回帰係数が有意ならば，①と②は満たします。しかし，③他の因果的説明が排除されていること，は満たしていません。例えば，図9.4右のように，ゲーム1と暴力回数2の間の回帰係数は，暴力性による見かけの値かもしれません（ただし，図9.4右では，この回帰係数が有意になっています。有意でない場合に「暴力性による見かけの値」といえます）。つまり，暴力性が強いからゲームで長時間遊び，暴力性が強いから暴力回数が多いのであって，ゲームと暴力回数の間には直接的な関係はないのかもしれません。あるいは，図9.4中のように，暴力回数1（最近1か月で暴力的行為を行った回数）の影響を排除すると，ゲーム1と暴力回数2の間には有意な関係がなくなるかもしれません。つまり，ある1か月間で暴力行為の回数が同じくらいの小学生どうしで比べると，ゲームを行った時間の長さは暴力的行為の回数に影響しないということです。重回帰分析の結果（偏回帰係数）をこのように解釈する理由については，尾崎・荘島（2014）などをご覧ください。

逆に，図9.4の暴力性や暴力回数1のような変数を投入してもゲーム1から暴力回数2への偏回帰係数が有意であれば，③他の因果的説明が排除されていること，も満たすことになり，ゲーム→暴力回数の因果関係に迫ることが可能です。「迫る」と述べたのは，9-2-1項でも述べたように，未知の第3変数がゲーム1と暴力回数2の関係を作っている可能性を100%排除することはできないからです。したがって，③他の因果的説明が排除されていること，を示しにくいため，縦断研究は無作為配置実験よりも因果関係に迫ることは難しくなります。しかしそれでも，無作為配置実験を行うことが難しい状況では，縦断研究は因果関係に迫るための有効な研究方法としてしばしば使われています。

9-3 構造方程式モデリングによる推定

図9.4に示した変数間の関係は，それぞれ，単回帰分析（左），重回帰分析（中），パス解析（右）によって分析することができます。本章で説明するSEMはこれらを含んだ分析方法であり，lavaanパッケージを使えば，すべてを同じ枠組みの

中で分析することができます。なお，Rではlavaanパッケージ以外にも，semパッケージやOpenMxパッケージでSEMを実行することができます。

　lavaanパッケージを用いてSEMを実行するためには，以下の手順（山田・村井・杉澤，2015）に従うことをお勧めします。

　①ローデータあるいは，共分散行列を用意する。
　②研究仮説のモデルをパス図で表現する。
　③パス図より，lavaanの書式にしたがって，モデルを式で記述する。
　④lavaanの関数で推定値を求める。

以下でそれぞれを説明します。

9-3-1　共分散行列の読み込み

　ここでは表9.1に示した9変数について200人の子どもからデータが得られていると仮定します。9変数は，「game1とmanga1」「game2とmanga2」「school1とfamily1」「school2とfamily2」「violence」に分類されます。それぞれは，暴力的内容のゲームで遊んだ時間（game），暴力的内容のマンガを読んだ時間（manga），学校での暴力回数（school），家庭での暴力回数（family），暴力性（violence）です。ある1か月間の場合は1，次の1か月間の場合は2になっています。本節では，これらのうち，ゲーム1（game1），ゲーム2（game2），学校での暴力回数1（school1），学校での暴力回数2（school2），暴力性（violence）

表9.1　9変数間の共分散行列（下三角）と相関行列（上三角）

	game1	manga1	school1	family1	game2	manga2	school2	family2	violence
game1	2.45	0.77	0.39	0.39	0.61	0.66	0.32	0.35	0.36
manga1	1.88	2.45	0.34	0.37	0.57	0.60	0.32	0.26	0.38
school1	0.86	0.75	1.96	0.75	0.57	0.59	0.64	0.56	0.50
family1	0.87	0.82	1.51	2.05	0.58	0.63	0.62	0.63	0.40
game2	1.51	1.41	1.26	1.32	2.49	0.76	0.51	0.54	0.37
manga2	1.65	1.51	1.32	1.46	1.92	2.59	0.57	0.54	0.35
school2	0.72	0.73	1.30	1.29	1.17	1.32	2.10	0.74	0.45
family2	0.79	0.58	1.13	1.30	1.23	1.24	1.55	2.07	0.43
violence	1.08	1.12	1.32	1.09	1.12	1.06	1.24	1.18	3.61

注：game1はゲーム1，mangaはマンガ1，school1は学校での暴力回数1，family1は家庭での暴力回数1，violenceは暴力性です。1はある1か月間，2は次の1か月間での当該変数です。

の5変数を扱います。

　ローデータそのものがなくても，ローデータから計算される共分散行列があればSEMを実行することができます。ここでは，表9.1に示す共分散行列が得られているとしましょう。この共分散行列は架空の値です。したがって，本章で示される知見は，実際のデータから示されたものではないことに注意してください。

　表9.1の下三角要素が共分散で，上三角要素が相関行列です。例えば，ゲーム1（game1）と学校での暴力回数1（school1）の共分散は0.86，相関は0.39です。ゲーム1の分散はゲーム1とゲーム1の組み合わせに入っている2.45，学校での暴力回数1（school1）の分散は1.96です。したがって，ゲーム1と学校での暴力回数1（school1）の相関は$0.86/(\sqrt{2.45} \times \sqrt{1.96})=0.39$となり，表の数値と一致します。表9.1は網掛けの箇所とそうでない箇所があります。まず，本節では網掛けの箇所（つまり，ゲーム1，ゲーム2，学校での暴力回数1，学校での暴力回数2，暴力性の5変数）を使って分析を行っていきます。その他の変数については9-5節で扱うことにします。

　この共分散行列をRに読み込むためには以下のRスクリプトを実行します。

```
install.packages("lavaan") # lavaanパッケージのインストール
library(lavaan) # lavaanパッケージの読み込み
lower <- '
2.45,
1.88, 2.45,
0.86, 0.75, 1.96,
0.87, 0.82, 1.51, 2.05,
1.51, 1.41, 1.26, 1.32, 2.49,
1.65, 1.51, 1.32, 1.46, 1.92, 2.59,
0.72, 0.73, 1.30, 1.29, 1.17, 1.32, 2.10,
0.79, 0.58, 1.13, 1.30, 1.23, 1.24, 1.55, 2.07,
1.08, 1.12, 1.32, 1.09, 1.12, 1.06, 1.24, 1.18, 3.61 '

# 共分散行列の作成
game.cov <- getCov(lower, names=c("game1","manga1","school1","family1", "game2", "manga2", "school2","family2","violence"))
```

　library(lavaan)によって，以下で必要となる関数が使用できるようになります。lowerは表9.1の下三角部分（下三角行列といいます）のオブジェクト名です。共分散行列を分析するためには，下三角だけではなく，上三角部分にも共分散が入った行列（共分散行列）を作成する必要があります。そのための関

数がgetCov( )です。getCov( )の引数は，共分散行列の下三角部分（lower）です。namesによって変数に名前を付けることができます。そして，作成した共分散行列にgame.covという名前を付けておきます。game.covから5変数に関わる部分のみを取り出すと以下になります。game.covはmatrix形式なので，game.cov[c(1,3,5,7,9),c(1,3,5,7,9)]とすることで，1，3，5，7，9行目と1，3，5，7，9列目，つまり表9.1の網掛け部分のみを取り出すことができます。

```
> game.cov[c(1,3,5,7,9),c(1,3,5,7,9)]
         game1 school1 game2 school2 violence
game1     2.45    0.86  1.51    0.72     1.08
school1   0.86    1.96  1.26    1.30     1.32
game2     1.51    1.26  2.49    1.17     1.12
school2   0.72    1.30  1.17    2.10     1.24
violence  1.08    1.32  1.12    1.24     3.61
```

共分散の値を見て変数間の関係の大きさを知ることは難しいので，cov2cor( )によって相関行列に変換することもできます。引数は共分散行列です。

```
> # 相関行列に変換
> game.cor <- cov2cor(game.cov)
> round(game.cor[c(1,3,5,7,9),c(1,3,5,7,9)], 2)
         game1 school1 game2 school2 violence
game1     1.00    0.39  0.61    0.32     0.36
school1   0.39    1.00  0.57    0.64     0.50
game2     0.61    0.57  1.00    0.51     0.37
school2   0.32    0.64  0.51    1.00     0.45
violence  0.36    0.50  0.37    0.45     1.00
```

9-3-2　単回帰分析の実行

それでは，lavaanパッケージによって図9.4左に示した単回帰分析を実行してみましょう（単回帰分析については，8章も参照してください）。図9.4左で，四角で囲んだゲーム1と学校における暴力回数2（school2）は観測された（データとして収集された）変数です。この単回帰分析の独立変数はゲーム1，従属変数は暴力回数2（school2）となっています。また，暴力回数2のうちゲーム1だけでは説明しきれない部分が誤差（e2）となっています。単回帰分析はlm( )によって実行することもできますが，本章で説明するSEMの枠組みで実行するた

めにlavaanパッケージを使います。

lavaanパッケージでは変数間の関係を簡単な式（命令）によって記述します。式中で使用する記号の意味を表9.2に示しました。

表9.2 lavaanパッケージで変数間の関係を表す記号

記号	意味	例	例の意味
~	構造方程式	y~ x1	X1⇒Yの回帰分析
=~	測定方程式	f =~ x1+x2+x3	因子fは観測変数x1, x2, x3によって測定される
~~	共分散	x1 ~~ x2	x1とx2の間の共分散

表9.2を参照しながら，以下の単回帰モデルを説明しましょう。

```
# 単回帰モデル（図9.4左）
model1 <- '
school2  ~   game1
school2  ~~  school2
'
```

school2 ~ game1は図9.4左のゲーム1⇒学校における暴力回数2(school2)を表しています。そして，school2 ~~ school2は表9.2からすると，暴力回数2と暴力回数2の共分散を表すことになります。同じ変数間の共分散は，その変数の分散なので，これは暴力回数2の分散を表しているように思えます。しかし，lavaanでは単方向矢印を受けている変数yについてy ~~ yとすると，これはyの誤差の分散（誤差分散）を表します。したがって，school2 ~~ school2は暴力回数2の誤差分散を表しています。これにより，yについてxで説明できない部分を誤差で説明することを表しています。

モデルを記述する部分はクォーテーションマーク（'）で囲まれています。そして，囲まれた部分がmodel1というオブジェクトになっています。ここまででモデルの記述は終了です。次に，このモデルをデータに当てはめて実行してみましょう。

```
> fit1 <- lavaan(model1, sample.cov=game.cov, sample.nobs=200)
> summary(fit1, standardized=T, rsquare=T)
lavaan (0.5-13) converged normally after  11 iterations
  Number of observations                             200
```

```
  Estimator                                                    ML
  Minimum Function Test Statistic                           0.000
  Degrees of freedom                                            0
  P-value (Chi-square)                                      0.000

Parameter estimates:

  Information                                            Expected
  Standard Errors                                        Standard

                Estimate  Std.err  Z-value  P(>|z|)   Std.lv   Std.all
Regressions:
  school2 ~
    game1         0.294    0.062    4.734    0.000    0.294    0.317

Variances:
    school2       1.879    0.188                      1.879    0.899

R-Square:

    school2       0.101
```

　SEMを実行するためのlavaanパッケージ内の関数には，ここで使用しているlavaan( )とsem( )があります（他にもcfa( )やgrowth( )もあります）。sem( )はlavaan( )に比べて，モデルの記述において，いくつかの命令を省略することができますが，逆にlavaan( )の方が細かな指定が可能です。ここではlavaan( )で進めていきます。lavaan( )の引数はモデル（ここでは先ほど記述したmodel1），共分散行列（sample.cov=game.cov），サンプルサイズ（sample.nobs=200）の3つです。lavaan( )で実行した結果をfit1というオブジェクトに代入しておきます。なお，共分散行列ではなく，ローデータを分析対象とすることもできます。その場合，lavaan( )の引数はモデルとデータフレームの2つです。

　lavaan( )で実行した後，summary( )によって結果を出力します。summary( )の引数は実行結果を代入したオブジェクトfit1です。ここではさらにstandardized=Tとrsquare=Tも引数になっています。standardized=Tは標準化推定値（モデルに登場する誤差変数以外の変数の分散を1にしたときの推定値）を出力することができます。TはTRUEの略で，TRUEとしても同じ結果が得られます。rsquare=Tは決定係数を求めることができます。

それでは，単回帰分析の結果を見ていきましょう。重要なものに限定して説明します。Number of observationsはサンプルサイズ，Estimatorは推定方法（ここではML=最尤推定法），Minimum Function Test Statisticはモデルのχ^2値，Degrees of freedomは自由度，P-valueはχ^2検定のp値です。χ^2検定の帰無仮説は「モデルはデータにしたがっている」なので，この場合のように棄却されると，対立仮説「モデルはデータにしたがっていない」が採択されます。しかし，単回帰分析ではχ^2値が必ず0になってしまうので，χ^2検定の結果を参照することには意味はありません。また，自由度も必ず0になります。自由度が0のモデルを飽和モデルといいます。図9.4に示した3つのモデルはすべて飽和モデルです。

次に，推定値の結果を見ていきましょう。Regressionsは回帰分析に関する推定値です。school2 ~ game1のEstimateは推定値（0.294），Std.errは標準誤差（0.062），Z-valueは「母集団において回帰係数=0」を帰無仮説とした検定統計量のz値（4.734）です。z値は推定値/標準誤差で計算します。P(>|z|)はp値です。ここでは0.000となっていますが，これは極めてp値が小さいことを表しています。したがって，回帰係数は有意であり，game1でschool2を説明できるといえます。Std.lvは因子の分散のみを1にした標準化推定値，Std.allは誤差変数以外の分散を1にした標準化推定値です。このモデルには因子がないので，Std.lvは0.294のままです。Std.allは0.317になりました。

Variancesは分散に関する推定値です。school2の1.879はschool2の分散ではなく，school2の誤差変数の分散（誤差分散）です。標準化すると，0.899になります。

R-Squareは決定係数です。school2はgame1からパスを受けている（game1⇒school2となっている）ので，school2のうち，game1で説明できる部分が10.1%と解釈されます。逆に，game1で説明できない部分が89.9%ありますが，これはschool2の標準化された分散の値そのものです。したがって，標準化した分散は1－決定係数になっています。

この単回帰分析で最も重要な結果は，school2 ~ game1の回帰係数です。推定値は0.294（標準化推定値は0.317）で有意です。したがって，この結果だけからは，ある1か月間に暴力的ゲームで1時間長く遊ぶと，次の1か月間に学校で平均的に0.294回暴力を多く働くようになると解釈されます。この場合，暴力的なゲームの販売に対して何らかの規制を行う必要があるのではないかという議論につながる可能性があります。このように解釈してもよいのかどうか調べるために，図9.4中の重回帰モデルと図9.4右のパス解析モデルで分析してみましょう。

9-3-3 重回帰分析の実行

図 9.4 中の重回帰モデルは，独立変数が game1 と school1 になっています。このとき，game1 から school2 へのパスの値は偏回帰係数とよばれ，school1 が同程度の子どもの中で比較したときの，game1 から school2 への回帰係数として解釈します。したがって，この偏回帰係数が有意でないときには，ある 1 か月間の暴力回数が同程度の子どもの中で比較したときには，暴力回数はゲームで説明できないことになります。つまり，暴力的ゲームで遊ぶこと自体が暴力行為の回数を増加させるのではないという結論になります。

重回帰モデルは以下のように実行します。

```
# 重回帰モデル（図9.4中）
model2 <- '
school2 ~ game1 + school1
school2 ~~ school2
'
```

単回帰モデルとの違いは school2 ~ game1 + school1 です。lm( ) や aov( ) など多くの R の関数と同じように，独立変数が複数ある場合にはこのように + で独立変数をつなぎます。図 9.4 中を見ると，ゲーム 1 と暴力回数 1 の間にも共分散が指定されていますが，lavaan パッケージのモデル記述でこれを明示しなくても，独立変数間には自動的に共分散を指定してくれます。結果を求めるための命令は以下の通りです。

```
fit2 <- lavaan(model2, sample.cov=game.cov, sample.nobs=200)
summary(fit2, standardized=T, rsquare=T)
```

Number of observations, Estimator, Minimum Function Test Statistic, Degrees of freedom, P-value はすべて単回帰モデルと同じ値になります。推定値は以下の通りです（重要なものを示しました）。

	Estimate	Std.err	Z-value	P(>|z|)	Std.lv	Std.all
Regressions:						
school2 ~						
game1	0.072	0.054	1.327	0.185	0.072	0.078
school1	0.632	0.061	10.384	0.000	0.632	0.610

game1からschool2への偏回帰係数の推定値は0.072（標準化推定値は0.078）で，単回帰分析の回帰係数0.294（標準化推定値は0.317）に比べて小さな値になり，p値=0.185で有意ではなくなりました。これは，表9.1に示したように，school1とschool2に0.64，school1とgame1に0.39という相関があるからです。つまり，ある1か月間に暴力的ゲームで遊んだ総時間数（game1）と次の1か月の暴力回数（school2）との相関（0.32）は，最近1か月の暴力回数（school2）を介したものであり，暴力的ゲームで遊ぶこと自体が暴力行為の回数を増加させるのではないということになります。

9-3-4 パス解析の実行

重回帰分析（8章参照）によって，ゲームの実質的な影響はないことが示されましたが，図9.4右のパス解析モデルによって暴力性が第3変数として機能するかどうかも調べてみましょう。

```
# パス解析モデル（図9.4右）
model3 <- '
school2 ~  game1 + violence
game1 ~ violence
school2 ~~ school2;
game1 ~~ game1
'
fit3 <- lavaan(model3, sample.cov=game.cov, sample.nobs=200)
summary(fit3, standardized=T, rsquare=T)
```

図9.4右のパス解析モデルには3本のパスがあるので，方程式も3つになります。school2 ~ game1 + violenceはschool2が受けている2本のパスを表しています。また，game1 ~ violenceはgame1が受けているパスを表しています。また，「;」によって1行に複数の命令を書くことも可能です。Number of observations, Estimator, Minimum Function Test Statistic, Degrees of freedom, p-valueはすべて単回帰モデルや重回帰モデルと同じ値になります。重要な推定値は以下の通りです。

```
              Estimate  Std.err  Z-value  P(>|z|)  Std.lv   Std.all
  Regressions:
    school2 ~
      game1     0.164    0.062    2.662    0.008    0.164    0.177
```

violence	0.294	0.051	5.796	0.000	0.294	0.386
game1 ~						
violence	0.299	0.054	5.512	0.000	0.299	0.363

　注目すべきは，ここでもschool2 ~ game1です。このパスは，同程度の暴力性（violence）を持つ子どもどうしで比べたときに，暴力的ゲームで長時間遊ぶほど暴力行為の回数が増えるかどうかを表しています。推定値は0.164（標準化推定値は0.177）でp値は0.008なので，1％水準で有意な正の影響があります。この分析結果から，暴力性は第3変数としてあまり機能せず，暴力性によってゲームと暴力行為の回数の関係を説明できるわけではないことがわかりました。

9-4　交差遅延モデル

　$X \to Y$，$X \leftarrow Y$の2つを縦断データにより統計的に判断するためのモデルが図9.5に示した交差遅延モデルです。交差遅延モデルについては，岡林（2006），高比良・安藤・坂元（2006）にも詳しい解説があります。交差遅延モデルは，ゲーム1から暴力回数2への斜めのパスと，暴力回数1からゲーム2への斜めのパスの2つに注目します。仮に前者が有意で，後者が有意でなければ，ゲーム→暴力が示されたことになります。逆に，前者が有意でなく，後者が有意であれば，ゲーム←暴力が示されたことになります。両方のパスともに有意な場合には，おそらく4つの観測変数の相関はすべて大きな値になります。なぜなら，異なる時点で測定された異なる内容の変数間に関係があるということは，同じ時点で測定された異なる内容の変数間や，異なる時点で測定された同じ内容の変数間にも関係がある可能性が高いからです。このとき，4つの観測変数すべてに影響を与える何らかの変数の存在が考えられます。例えばそれは，暴力性かもしれません。なお，ゲーム2の誤差と暴力回数2の誤差との間には共分散を仮定しています。これは，ゲーム2と暴力回数2それぞれのうち，ゲーム1と暴力回数1だけでは説明できない部分（これらがゲーム誤差と暴力誤差）の間に関連があるのではないかという研究仮説を意味します。

9-4-1　交差遅延モデルの実行

　交差遅延モデルを分析するためのRスクリプトは下記の通りです。

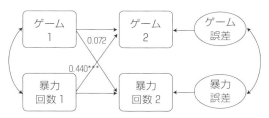

図9.5 交差遅延モデルその1

```
# 交差遅延モデルその1
model4 <- '
school2 ~  game1 + school1
game2 ~  game1 + school1
school2 ~~ game2; school2 ~~ school2; game2 ~~ game2
'
fit4 <- lavaan(model4, sample.cov=game.cov, sample.nobs=200)
summary(fit4, standardized=T, rsquare=T, fit.measure=T)
```

school2 ~~ game2はゲーム誤差と暴力誤差間の共分散（図9.5の双方向矢印），school2 ~~ school2は暴力誤差の分散，game2 ~~ game2はゲーム誤差の分散を表しています。summary( )の引数にfit.measure=Tを入れると，各種の適合度指標を求めることができます（適合度は，7章にも登場します）。SEMはデータに対して，様々なモデルを考えることができます。このとき，想定したモデルがデータに当てはまっている程度がわかれば，複数のモデルのうちのどのモデルを解釈すればよいのか決めるための材料になります。重要な適合度指標の結果を以下に示しました。

```
  Comparative Fit Index (CFI)              1.000
  Akaike (AIC)                          2634.771
  RMSEA                                    0.000
  SRMR                                     0.000
```

CFIは0.95以上，RMSEAとSRMRは0.05以下のときによい当てはまりであるといわれます。このような基準があるので，これらは絶対的指標といわれます。CFIの最良の値は1，RMSEAとSRMRの最良の値は0です。一方，AICは相対

的な指標であり，他のモデルと比べたときに，小さい値ほどよい当てはまりを表しています。交差遅延モデルは単回帰モデルなどと同じように，自由度が0の飽和モデルです。このとき，CFI，RMSEA，SRMRは必ず最良の値になります。したがって，交差遅延モデルは，モデルを立てた時点で最良の適合度を示すことが約束されています。

重要な推定値を以下に示しました。2つの斜めのパスに注目しましょう。まず，game1⇒school2は推定値が0.072（標準化推定値は0.078），p値は0.184で有意ではありません。これらの数値に見覚えはないでしょうか。実は，これらは重回帰モデルの推定結果とまったく同じです。これは，ゲーム1，暴力回数1，暴力回数2に注目したときには重回帰モデルと構造が同じだからです。この結果は，ある1か月間の暴力回数が同程度の子どもの中で比較したときにはゲームの影響はない，となり，解釈も同じになります。SEMでは，ある変数Yが複数の変数X_1, X_2, X_3…からパスを受けているとき，X_1からのパスは，「X_2, X_3…の値が同じ場合に，X_1がYに与える影響」あるいは，「X_2, X_3…の値の影響を排除した場合に，X_1がYに与える影響」と解釈します。

もう1つの斜めのパスのschool1⇒game2は推定値が0.440（標準化推定値は0.391），p値は0.000で有意です。game2はgame1とschool2からパスを受けているので，この結果は，ある1か月間に暴力的ゲームで遊んだ時間が同じ子どもどうしで比べると，ある1か月間の暴力回数が多い子どもほど，次の1か月に暴力的ゲームで遊ぶ時間が長くなる，と解釈されます。2つのパスの推定値や有意性から，ゲーム→暴力回数ではなく，暴力回数→ゲームの方がもっともらしいことが示唆されました。

	Estimate	Std.err	Z-value	P(>|z|)	Std.lv	Std.all
Regressions:						
school2 ~						
game1	0.072	0.054	1.327	0.185	0.072	0.078
school1	0.632	0.061	10.384	0.000	0.632	0.610
game2 ~						
game1	0.462	0.055	8.450	0.000	0.462	0.458
school1	0.440	0.061	7.205	0.000	0.440	0.391

9-4-2　交差遅延モデルその2

前節では，2つの斜めのパスschool1⇒game2とgame1⇒school2に対する検定

をパス係数の統計的仮説検定によって調べました。本節では，同じ目的を異なる方法で調べます。それは，図9.6のように，図9.5で示したモデルの2つの斜めのパスをそれぞれ0としたモデルで分析を行い，適合度を調べる方法です。パスの値を0にするということは，そのパスは母集団において0であることを意味します。パス図としては，当該パスをモデルから削除します。

下記の交差遅延モデルその2は図9.6左，その3は図9.6右のモデルです。summary( )にfit.measure=Tを入れて，適合度を見てみましょう。また，交差遅延モデルその1も加えて適合度を比較してみましょう。

図9.6　ゲーム→暴力回数を0としたモデルその2（左）と暴力回数→ゲームを0としたモデルその3（右）

```
# 交差遅延モデルその2
model5 <- '
school2 ~  school1
game2 ~  game1 + school1
school2 ~~ game2; school2 ~~ school2; game2 ~~ game2
'
fit5 <- lavaan(model5, sample.cov=game.cov, sample.nobs=200)
summary(fit5, standardized=T, rsquare=T, fit.measure=T)

# 交差遅延モデルその3
model6 <- '
school2 ~  game1 + school1
game2 ~  game1
school2 ~~ game2; school2 ~~ school2; game2 ~~ game2
'
fit6 <- lavaan(model6, sample.cov=game.cov, sample.nobs=200)
summary(fit6, standardized=T, rsquare=T, fit.measure=T)
```

表9.3に3つのモデルの適合度を示しました。モデルその1（図9.5）は飽

表9.3　3つの交差遅延モデルの適合度比較

モデル	χ^2値	自由度	p値	AIC	CFI	RMSEA	SRMR
その1	0.000	0	1.000	2634.771	1.000	0.000	0.000
その2	1.752	1	0.186	2634.523	0.997	0.061	0.023
その3	46.155	1	0.000	2678.926	0.821	0.475	0.123

和モデルなので，CFI, RMSEA, SRMRは最良の値をとります。モデルその2（図9.6左）は，RMSEAが0.05を若干上回っているものの，とてもよい適合度を示しています。ところが，モデルその3（図9.6右）はCFI, RMSEA, SRMRの値が芳しくなく，適合が非常に悪くなっています。AICも最も大きな値になっています。ここから，モデルその3はモデルその1やモデルその2に比べて，適合が悪いといえます。モデルその3はschool1⇒game2の斜めのパスを削除したモデルなので，これが原因で適合が悪くなっているといえます。逆にいえば，school1⇒game2の斜めのパスはモデルにとって重要なパスであったといえます。このことは，モデルその1において，このパスが有意であったことと意味的に一致します。

　それでは，モデルその1とモデルその2ではどちらの方が適合がよいでしょうか。繰り返しになりますが，モデルその1のCFI, RMSEA, SRMRは必ず最良の値になります。表9.1とは異なる共分散行列に対してこのモデルを当てはめたとしても，最良の値になります。これは，飽和モデルではCFIなどによってモデルの当てはまりを調べることができないことを意味します。そこで，ここではAICによってモデル比較を行いましょう。モデルその1とモデルその2では，AICはモデルその2の方がわずかですが小さな値になっています。また，モデルその2のCFI, RMSEA, SRMRはよい値を示しています。

　総合すると，モデルその2がモデルその1よりも，明らかによいモデルであるとはいえませんが，モデルその3で仮定しているgame1⇒school2のパスは重要とはいえないと解釈できます。このことは，モデルその1において，このパスが有意でなかったことと意味的に一致します。

　このように，SEMは検定と同じ目的を達成するために，適合度を用いることができます。適合度を使う利点は，同じデータに対してまったく異なるモデルを当てはめたときでも，どちらのモデルの方がよいのか判断することができることです。ただし，適合度はモデルとデータの当てはまりを表しており，モデルに含まれる従属変数Yが独立変数Xによって十分に説明できることを表す指標ではありません。後者を表すのは決定係数です。

9-5 潜在変数間のモデリング

　これまでに登場したモデルはすべて観測変数間の関係を扱っていました。心理学では外向性や知能など，構成概念を扱うことが多くあります。そのような構成概念は因子分析によって測定され，潜在変数とよばれます。潜在変数という言い方には，データとして観測されたものではないという意味が込められています。SEMは因子分析によって測定された潜在変数間の関係を分析することもできます。この意味で，SEMは回帰分析と因子分析を同時に行う方法と説明されることがあります。

　ここでは表9.1のうち，violenceを除いた8変数を使います。ここでは，暴力的内容のゲームに暴力的内容のマンガを加え，学校での暴力回数に家庭での暴力回数を加え，一般に暴力的内容の娯楽（ゲームとマンガ）を楽しむことが，暴力回数（学校と家庭）を増やすのかという仮説を調べていきます。

9-5-1　潜在変数を使う理由

　このとき，1つの分析方針としては，「game1とmanga1」「game2とmanga2」「school1とfamily1」「school2とfamily2」それぞれを合計して，観測変数として扱い，これまでに説明した交差遅延モデルなどで分析することです。それに対して，心理学の研究では合計ではなく，因子分析によって潜在変数を作り，潜在変数間でモデルを構成することがしばしば行われます（因子分析については，6章も参照してください）。これには2つの理由があります。

　1つめは，合計を用いると他の変数との相関が小さくなってしまうからです。以下のように，観測変数は真値と誤差の和であると考えることができます。

$$観測変数の値 = 真値 + 誤差$$

　これは，観測された値（観測変数の値）は，その個人の本当の値（真値）とは異なっており，本当の値に誤差が加わったものであるということです。例えば，暴力的内容のゲームで遊んだ時間をA君は15時間（＝観測変数の値）と報告したとします。しかし，A君が実際に暴力的内容のゲームで遊んだ時間は16時間（＝真値）でした。勘違いや何かのミスで－1時間（＝誤差）間違えて報告してしまったのです。このような誤差は，時間や回数のように，（A君に気をつけて報告するように促すなどして）測定精度を向上させる取り組みが比較的可能な変数よりも，3件法や5件法で回答する調査項目に対する回答でより大きくなると考え

られます。このように誤差を含んだ変数は，他の変数との相関が小さくなってしまいます。観測変数の測定が誤差を含む程度（＝信頼性）に応じて，真値間の相関が低く見積もられてしまうからです。これを相関の希薄化といいます。

因子分析は図9.7のように，誤差と分離された因子を潜在変数として測定することができます。図9.7では，数学力を測定するそれぞれ3つの問題の背後に数学力因子を想定しています。誤差1，誤差2，誤差3は，各問題で必要とされる能力のうち，数学力因子とは無関係なものと，測定誤差で構成されています。英語力因子と誤差4，誤差5，誤差6についても同様です。因子分析を行って，因子を抽出すれば，誤差を含んだ数学と英語それぞれ3つの問題の得点の合計ではなく，誤差を除外した因子を扱うことができるようになります。因子は誤差を含んでいないため，相関の希薄化は生じません。

　潜在変数を扱う2つめの理由は，心理学で扱う概念は構成概念であり，因子分析はその構成概念の測定を目的とする方法だからです。図9.7の左部分は，各問題への回答状況の背後に，数学力という構成概念があることを意味しています。心理学で扱いたい概念は，このように観測変数の背後に仮定した因子です。したがって，心理学の研究では観測変数の値の合計よりも因子を扱う方が研究目的に適しています。

しかし，本章で例として挙げている，暴力的内容のゲームで遊んだ時間と暴力的内容のマンガを読んだ時間のように，単位が等しく，かつ意味の理解しやすい単位の場合には，これらの変数の背後に因子を仮定するのではなく，合計を用いることもよい判断です。それは，「暴力的内容のゲームで遊んだ時間＋暴力的内容のマンガを読んだ時間」は，「暴力的内容の娯楽に費やした時間」になるから

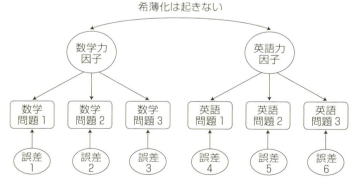

図9.7　数学力因子と英語力因子を測定するための因子分析モデル

です。また，「学校での暴力回数＋家庭での暴力回数」は，「暴力回数」になります。「暴力的内容の娯楽に費やした時間」を独立変数，「暴力回数」を従属変数として回帰分析を行ったときには，回帰係数は「暴力的内容の娯楽に費やした時間が1時間長い子どもの暴力回数の平均的な増加分」として解釈できます。暴力的内容の娯楽に費やした時間の悪影響がわかりやすい結果として得られます。扱う変数の単位に注目して，合計を用いることも頭の片隅に置いておくとよいでしょう。

　上記のようなメリットがあるものの，遅延効果モデルのような（観測変数間のモデルの場合には）飽和モデルとなってしまい，適合度を吟味することができないモデルの適合度を調べることができるようになるため（これを3つめの利点として挙げることもできます），次項では観測変数の背後に潜在変数を置いて分析を行っていきます。

9-5-2　潜在変数間の交差遅延モデル

　潜在変数間のモデルは，因子分析部分と回帰分析部分に分かれています。図9.8は潜在変数間の交差遅延モデルのパス図です。数値は後述するmodel7の非標準化推定値です。4つの因子間のパス，f1とf2の双方向矢印，娯楽誤差と暴力誤差の双方向矢印については標準化推定値も示しました。標準化された双方向矢印の値は相関を表します。心理学で扱う変数は明確な単位がないものがほとんどです。特に潜在変数の単位は任意です。したがって，変数間の関係を表すパスは，標準化した値で解釈することが一般的です。

　図9.8には，因子分析部分が4つあり，因子は丸で描かれています。そして，因子間で交差遅延モデルが構成されています。各因子から1つめの観測変数への因子負荷量に1という数値が付与されています。これは，これらの因子負荷量を1に固定して分析することを意味しています（lavaan( )の場合に「1*」が必要になります。sem( )では自動的に設定されるので「1*」を書く必要はありません。しかしながら，必要な設定を自分で記述しなければいけないlavaan( )の方がSEMを理解するには教育効果が高いと考え，本章ではlavaan( )で説明をしています）。このように固定する理由は，このモデルを識別するため（このモデルで分析できるようにするため）です。詳しくは，尾崎・荘島（2014）などをご覧ください。

　また，これら4つの因子分析は確認的因子分析とよばれます。一般に「因子分析」といった場合に指すものは探索的因子分析です。確認的因子分析は，どの観測変数の背後にどのような因子があるのか，について研究仮説がある場合の因子分析です。ここでは，例えばgame1とmanga1の背後に娯楽1という因子があ

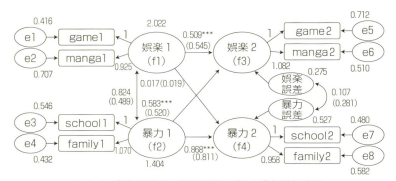

図 9.8 潜在変数間の交差遅延モデルと非標準推定値
注：カッコ内は標準化推定値

ることが想定されています。そして，この仮説が正しいのかどうか（この仮説＝モデルがデータに当てはまっているかどうか）は，適合度を用いて「確認」することができます。逆に，探索的因子分析は，複数の観測変数の背後にどのような因子があるのかが明確でない場合に行います。どのような因子があるのか調べてみるというニュアンスが，「探索的」に込められています。

このモデルを分析するためのRスクリプトは以下の通りです。

```
# 潜在変数間の交差遅延モデルその1
model7 <- '
f1 =~ 1*game1 + manga1
f2 =~ 1*school1 + family1
f3 =~ 1*game2 + manga2
f4 =~ 1*school2 + family2
game1 ~~ game1; manga1 ~~ manga1; school1 ~~ school1; family1 ~~ family1
game2 ~~ game2; manga2 ~~ manga2; school2 ~~ school2; family2 ~~ family2
f3 ~ f1 + f2
f4 ~ f1 + f2
f1 ~~ f2; f3 ~~ f4; f1 ~~ f1; f2 ~~ f2; f3 ~~ f3; f4 ~~ f4
'
fit7 <- lavaan(model7, sample.cov=game.cov, sample.nobs=200)
summary(fit7, standardized=T, rsquare=T, fit.measure=T)
```

表9.2（p.211）に示したように，「=~」は測定方程式を記述するための記号でした。例えば，f1 =~ 1*game1 + manga1は，観測変数game1とmanga1の背後に因

子f1を仮定することを意味します。図9.8左上の因子分析部分です。1＊game1はgame1に対する因子負荷量を1に固定することを意味します。このようにして，因子f1, f2, f3, f4を測定します。game1 ~~ game1は観測変数game1の誤差分散を表しています。図9.8では誤差e1の分散（0.416）のことです。manga1からfamily2についても同様です。

f3 ~ f1 + f2とf4 ~ f1 + f2は因子間のパス解析を表しています。f1 ~~ f2はこれらの因子間の共分散（0.824，f1とf2のようなパスを受けていない潜在変数間の共分散についても，sem( )は自動的に課してくれますが，lavaan( )では明記する必要があります），f3 ~~ f4はこれらの因子に関する誤差間の共分散（図9.8の娯楽誤差と暴力誤差の共分散0.107），f1 ~~ f1とf2 ~~ f2はこれらの因子の分散（2.022と1.404），f3 ~~ f3とf4 ~~ f4はこれらの因子に関する誤差の分散（図9.8の娯楽誤差の分散0.275と暴力誤差の分散0.527）です。

観測変数間の交差遅延モデルは自由度が0の飽和モデルであったため，交差遅延モデルがデータに当てはまっているかどうかを適合度を用いて調べることができませんでした。潜在変数を使うと，自由度が1以上になり，適合度を用いてモデルを比較することができるようになります。表9.4の交差遅延その1が，この分析モデルの適合度です。RMSEAは0.05を若干上回っているものの，データによく当てはまっているといえます。表9.4の交差遅延その2と同時効果については，後述します。

このように適合度がよい場合に限り，推定値を解釈することができます。逆に，適合度が悪い場合には，データに当てはまっていないモデルなので，結果を解釈する意味はあまりありません。図9.8に推定値を示しました。重要なポイントは，観測変数間のモデルと同じで，2つの斜めのパスです。図9.8に示した検定の結果から，観測変数間の場合と同じように，娯楽⇒暴力のパスは有意ではなく，暴力⇒娯楽のパスが有意です。ここからも，暴力的内容の娯楽が暴力につながるわけではないことが示唆されます。

次に，このモデルに大きく3つの修正を加えてみましょう。1つめは，有意ではなかった娯楽⇒暴力のパスを削除することです。2つめは，同じ内容の観測

表9.4 2つの交差遅延モデルと同時効果モデルの適合度比較

モデル	χ^2値	自由度	p値	AIC	CFI	RMSEA	SRMR
交差遅延その1	23.072	14	0.059	4791.353	0.992	0.057	0.014
交差遅延その2	29.569	21	0.101	4783.851	0.992	0.045	0.026
同時効果	32.561	18	0.019	5549.951	0.987	0.064	0.019

変数に対する因子負荷量に等値制約を課すことです。次のスクリプトを見ると，manga1の前がa1＊，manga2の前もa1＊となっています。このように，アスタリスクの前に同じ記号を置くと，それらの値が母集団において同じであるという等値制約を意味します。等値制約を課すことで，推定値が同じ値になります。3つめは，同じ内容の観測変数の誤差分散に等値制約を課すことです。e1＊などで表現されています。

　これらは「制約」なので，分析データに対する当てはまりは必ず「悪く」なります。しかし，AICやRMSEAは分析データに対する当てはまりではなく，母集団（あるいは同じ状況で別の標本から得たと仮定したデータ）に対する当てはまりを調べるための指標です。これらの適合度指標の値がよくなるのであれば，母集団に対してより当てはまっているという意味で，そのモデルを採択します。

```
# 潜在変数間の交差遅延モデルその2
model8 <- '
f1 =~ 1*game1 + a1*manga1
f2 =~ 1*school1 + a2*family1
f3 =~ 1*game2 + a1*manga2
f4 =~ 1*school2 + a2*family2
game1 ~~ e1*game1; manga1 ~~ e2*manga1
school1 ~~ e3*school1; family1 ~~ e4*family1
game2 ~~ e1*game2; manga2 ~~ e2*manga2
school2 ~~ e3*school2; family2 ~~ e4*family2
f3 ~ f1 + f2
f4 ~ f2
f1 ~~ f2; f3 ~~ f4; f1 ~~ f1; f2 ~~ f2; f3 ~~ f3; f4 ~~ f4
'
fit8 <- lavaan(model8, sample.cov=game.cov, sample.nobs=200)
summary(fit8, standardized=T, rsquare=T, fit.measure=T)
```

　表9.4の交差遅延その2にこのモデルの適合度を示しました。SRMRは分析データに対する当てはまりなので，その1よりも悪くなっていますが，0.05を下回っています。AICとRMSEAはよい値になりました。特にRMSEAは0.05を下回っています。したがって，交差遅延その2の方がその1よりも当てはまりがよいといえます。つまり，母集団において前述の3つの仮定（つまり，モデルに加えた3つの修正）が当てはまっていると考えられます。

9-5-3　潜在変数間の同時効果モデルと暴力性を第3変数としたモデル

　モデル説明の最後に，2つのモデルを示します（スクリプトは省略しますが，これまでの知識を使えば記述することができます）。交差遅延モデルは$X \to Y$と$Y \to X$を統計的に区別するためのモデルでしたが，図9.9左に示した同時効果モデルを分析することで，XとYが同時点で影響し合う場合（$X \to Y$, $Y \to X$）を分析することができます。娯楽2⇒暴力2と暴力2⇒娯楽2のパスが該当します。

　このモデルの適合度は図9.8の交差遅延モデルと同じなので，適合度の上からこの2つのモデルを区別することはできません（同じ適合度を示す別のモデルを同値モデルといいます）。しかし，このモデルはデータに対してよい適合を示しています。娯楽2⇒暴力2は推定値が0.033で有意ではありません。逆に，暴力2⇒娯楽2は推定値が0.671で0.1%水準で有意です。したがって，2つのモデルを区別することはできませんが，暴力的娯楽で遊ぶことが，暴力を増加させるのではないことが示唆されています。

　ウェールズの経済学者・統計学者のクライブ・グレンジャーは，独立変数Xが変化したときに従属変数Yも変化している際の，XとYの間の関係をグレンジャーの因果関係とよびました。グレンジャーの因果関係は，第3変数が存在する可能性を排除していないので，厳密な因果関係とは区別されます。

　図9.9右に示したものは，第3変数を含めた交差遅延モデルです。第3変数として図9.4右と同じように，暴力性を仮定しました。図9.5や図9.8の交差遅延モデルで知ることができる因果関係は，グレンジャーの因果関係です。これは，4変数間で交差遅延モデルを分析したとしても，4変数すべてに影響を与える第3変数がある場合には，パスが有意でなくなる可能性があるからです。本章

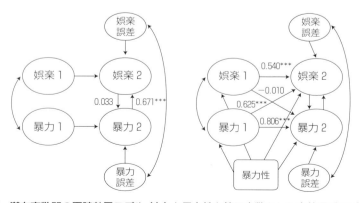

図9.9　潜在変数間の同時効果モデル（左）と暴力性を第三変数とした交差遅延モデル（右）

の分析のように，娯楽1⇒暴力2が有意でなく，暴力1⇒娯楽2が有意な場合には，一般的な意味での因果関係が示唆されます。しかし，斜めのパスも含め，4つのパスがすべて有意なときには，パスの有意性は第3変数によって引き起こされた可能性があります。

暴力性を第3変数として含めたモデルはAIC=5549.951で他のモデルよりも大きな値になっています。しかし，AICは同じデータに対して異なるモデルを当てはめたときの相対的な適合度指標です。したがって，AICを使って暴力性以外の8変数を使ったモデルとの比較を行うことはできません。絶対的指標を見てみましょう。暴力性を第3変数として含めたモデルはCFI=0.987，RMSEA=0.064，SRMR=0.019でデータに対しての当てはまりはよいといえます。

4因子間のパス係数を図中に示しました。暴力性の影響を排除しても，暴力1⇒娯楽2のパス係数は有意なままです。そして標準化推定値は0.520で比較的大きな値です。したがって，暴力1と娯楽2の間には暴力性によって関係が生まれているのではないといえます。しかし，繰り返しになりますが，暴力性以外の第3変数が潜んでいる可能性は排除できていません。因果関係の探索で難しいのは，データとして収集した第3変数の影響を排除することができても，未収集の第3変数の影響を排除することはできないことです。本章では，データ収集デザインと分析方法に関して解説を行いました。これら2つの知識・技術に加えて，データ収集前に，第3変数の候補を可能な限り挙げることも，因果に迫るために極めて重要です。

縦断調査研究に携わった経験から

本章の筆者は，乳幼児期の双生児に対する縦断調査研究プロジェクトに携わったことがあります。分析だけではなく，データ収集にも関わりました。双生児家庭の両親（主として母親）が回答者となり，双生児ペアのそれぞれに関する質問に回答してもらいました。そのときに大きな問題となったのは，対象者の脱落（drop out）です。脱落とは，データを収集するたびに，無回答が発生してしまい，対象者が標本集団からドロップアウトしてしまうことです。脱落は，縦断調査では常に問題になります。

このようなデータは欠測データとして分析することも可能ですが，欠測させないこと（＝脱落を防ぐこと）がより重要です。そのためには，対象者と良好な関係を築くことや，調査票のボリュームをできる限り薄くして回答率を高めることが重要です。対象者と良好な関係を築く方策として，プロジェクトではオリジナルグッズを作り，謝礼の代わりとしてプレゼントするなど工夫をしました。提供したデータがどのように役立つのかをわかりやすく解説することも重要でしょう。双生児に対する調査票は，同じ質問を双生児ペアのそれ

それについて行います。そのため，ボリュームは通常の質問紙票の2倍になってしまいます。ボリュームを減らすためには，尺度の短縮版を使う方法もありますが，Graham, Taylor, Olchowski, & Cumsille (2006)はthree-formデザインという別の方法を（双生児研究とは別の文脈で）提案しました。これは，3冊の内容が異なる同じボリュームの調査票を用いて調査を行う方法です。three-formデザインを用いることで，対象者1人あたりの負担を減らすことができます。

9-6 本章のまとめ

　本章では，統計的に因果関係を探索するための方法について学びました。変数Xと変数Yの間に有意で大きな相関が求まっただけでは$X→Y$や$Y→X$の因果関係があるとはいえません。そのような因果関係を示すためには，ミルの3原則を満たす必要があります。そのための効果的な方法は，無作為化配置でデータを収集することです。無作為化によって，ミルの3原則の3番目に当たる，その他の因果的説明の可能性を排除することができるからです。しかし，無作為化配置でデータを収集するには倫理的に難しいことがあります。そのとき，次善の策として縦断データを収集します。縦断データを収集すれば，ミルの3原則の1番目に当たる，XはYに対して時間的に先行している，を満たすことができます。

　本書の後半では，縦断データの分析方法としてSEMによる交差遅延モデルを学びました。観測変数のみを扱ったモデルの説明の後で，潜在変数を扱ったモデルについても説明しました。潜在変数を扱うことで，変数間の関係が希薄化によって小さくなってしまうことを防ぐことが可能です。また，潜在変数を扱うことで，交差遅延モデルの適合度を調べることが可能となりました。

　本章では縦断データの分析を扱いましたが，それを通してSEMについても学びました。SEMは潜在変数間のパス解析ともいわれ，本章で学んだ知識を使えば基本的なモデルについては分析することが可能です。lavaanパッケージを使ったより詳しい説明については豊田（2014）をご覧ください。

9-7 9章で学んだこと

・相関と因果
・ミルの3原則

- 擬似相関
- 第3変数
- 無作為化配置実験
- 縦断調査
- lavaanパッケージ
- 下三角行列からの共分散行列の作成（getCov()による）
- 共分散行列の相関行列への変換（cov2cor()による）
- 観測変数間のパス解析（lavaan()による）
- 潜在変数間のパス解析（lavaan()による）
- 交差遅延モデル（lavaan()による）
- 同時効果モデル（lavaan()による）
- 適合度指標（lavaan()による）

10章 効果量のバイアスを調べるシミュレーション研究

岡田謙介

❏ **10章で取り上げる心理学研究**

Okada, K. (2013). Is omega squared less biased? A comparison of three major effect size indices in one-way ANOVA. *Behaviormetrika*, 40, 1-19.

❏ **研究の概要**

本研究の目的は，分散分析における3種類の標本効果量のバイアスを評価し，また比較することである。分散分析において最もよく利用される標本効果量 η^2 は，計算や理解が容易だが，正のバイアスがあることが知られている。そこで，これを補正する2種類の標本効果量 ε^2 と ω^2 が提案されている。このうち，比較的よく利用されるのは ω^2 であり，文献でもバイアスの小さな標本効果量として ω^2 が推奨されてきた。しかし，こうした文献が依拠する先行研究（Keselman, 1975）は，標本効果量のバイアスを定量的に検討したシミュレーション研究であるが，古い時代のものであるため繰り返し回数が少なく，また用いた乱数の質もよくないという問題があった。

そこで本研究では，この先行研究を次の3点で改良した。第1に，1条件あたりの繰り返し回数を百万回に増やし，十分な精度を担保した。第2に，定評のあるメルセンヌ・ツイスター法を利用して質の高い乱数データの生成を行った。第3に，新たにサンプルサイズが標本効果量のバイアスにおよぼす影響を調べることにした。こうした改善の上でRによるシミュレーション研究を実施した結果，これまで信じられていたのとは異なり，ω^2 よりも ε^2 の方がバイアスの小さな標本効果量であることがわかった。

10章で取り上げる統計的方法
・分散分析
・効果量
・バイアス
・推定量

心理学研究法に関わるキーワード
・シミュレーション研究

10-1 10章で学ぶこと

10章では，標本効果量のバイアスをシミュレーションによって評価検討する研究を扱います。研究例として取り上げるOkada (2013) では，Rを用いて乱数データを発生させ，比較対象となる3種類の効果量を計算することを，コンピュータの中で非常に多くの回数繰り返します。これによって，関心のある標本効果量のよさを評価し，また相互に比較することができます。以下で，この研究の目的と方法について詳しく見ていきましょう。

10-2 研究の目的

10-2-1 効果量

心理学研究では，ある変数が別の変数におよぼす効果に関心があることが非常に多くあります。例えば本書の1章では，合同ゼミへの参加（授業実践）が批判的思考態度の向上におよぼす効果について検討しました。

効果量（effect size）とは，効果の大きさを定量的に評価する指標のことです（効果量は3章，5章や7章にも登場しました）。心理学研究では，伝統的に効果の有無を調べるために統計的仮説検定（検定）が用いられてきました。統計的仮説検定では，まず効果がないという仮説（帰無仮説とよびます）を立てます。そして，帰無仮説が正しいことを仮定したときに，今，手元に得られたデータがどのぐらい「珍しい」ものであるのかを，検定統計量を用いて評価します。検定統計量の値から，データが帰無仮説のもとでは十分珍しいものであると判断されるときには，前提であった効果がないという帰無仮説を捨て，効果があるのだという仮説（対立仮説とよびます）を採用することにします。これが検定のロジックです。t検定やF検定，カイ2乗検定など心理学研究では様々な検定が利用されますが，それらはすべてこうしたロジックのもとに作られています。

しかし，こうした検定のロジックでは，調べたい効果がどれぐらい大きいのかを知ることはできません。検定では効果は「ない」か「ある」かのどちらかであり，それがどの程度の大きさなのかは問題にされないのです。

とはいえ，効果があるかないか，ではなく，その効果がどのぐらい大きいのかに関心があることも，実際の心理学研究で少なくないでしょう。そこで近年注目されているのが効果量です。効果量は，研究によって調べたい効果の大きさを定量的に表す量です。本書では特に分散分析における効果量を取り上げますが，他

にも様々な効果量が知られています。詳しくは大久保・岡田（2012）を参照してください。この節の以降の部分では，本章で用いる推測統計学の基礎を復習します。より詳しく知りたい方は，南風原（2002），山田・村井（2004）などを参照してください。

10-2-2　母集団と標本

　統計学の応用研究において，母集団と標本の区別は重要です。母集団とは，本来関心のある対象全体のことです。通常母集団は大きな集合であり，その全体からデータを観測することはできません。それに対して，標本は，実際にデータを観測する集団であり，母集団の一部です。

　母集団の量のことは，よく頭に「母」をつけて表現します。例えば母集団の平均のことは母平均，母集団の標準偏差のことは母標準偏差，母集団の効果量のことは母効果量などといいます。こうした母集団の量のことを，総称して母数といいます。母集団全体は観測できませんから，母数は一般に未知の量です。

　一方，標本の量は頭に「標本」をつけて表します。例えば，標本平均，標本標準偏差，標本効果量といった具合です。標本の量は，観測された標本から実際に計算してその値を求めることができます。ですので，標本の量を求めることによって，母数についてもこのぐらいの値ではないかと推し量ることができるでしょう。このように，母数について知るために標本の量を用いることを推定といいます。また，母数の推定に使う標本の量のことを推定量といいます。例えば，標本平均は母平均の推定量ということができます。

　母集団の量，例えば母平均は，分析者にとって本来知りたいけれども未知の量です。そこで，標本から計算できる標本平均という推定量を使って，知りたい母平均を推定するのです。実際，標本平均は母平均のよい推定量です。

　今「よい推定量です」と述べましたが，推定量の「よさ」はいったいどのように評価できるのでしょうか。いろいろな基準があるのですが，最も代表的な基準に，推定量のバイアスがなるべく0に近いことがあります。ある推定量のバイアスは，

$$\text{推定量のバイアス} = \text{推定量の期待値} - \text{母数の真値}$$

と定義されます。期待値というのは，その推定量が平均的にこの値になると期待される値のことで，理論的に求める値です。

　この定義から，バイアスは0に近ければ近いほど望ましいことがわかるでしょ

う。本章では慣例にしたがって，バイアスが0に近いことを，バイアスが小さいと表現します（正確にいえばバイアスの「絶対値」が小さいこと，ですね）。なお，バイアスがちょうど0になる性質を不偏性といいます。読者の皆さんがよく知っている不偏性をもった推定量としては，母分散を推定するときの，分母が「サンプルサイズ−1」である不偏分散があるでしょう。

10-2-3　分散分析の母効果量

心理学研究で利用されることが多い，分散分析における母効果量を考えます。分散分析では，要因の水準が異なることが，従属変数の値に効果を及ぼしているのかを検討するのでした。分散分析において最もよく利用される母効果量は，

$$母効果量 = \frac{要因の母分散}{全体の母分散}$$

という量です。この効果量はつまり，従属変数の全体のばらつき（全体の母分散）のうち，今関心のある要因に由来するばらつき（要因の母分散）はどれだけを占めているのかを表す量です。したがって，この母効果量は，要因の効果が最大のとき1（つまり100％），最小のとき0（つまり0％）の値をとります。このように多くの効果量は基準化されています。

この母効果量は様々な分散分析のデザインにおいて広く利用できるものですが，本書では簡単のため，1要因被験者間の分散分析にしぼって以下の話を進めることにしましょう。1要因被験者間の分散分析では，

$$全体の母分散 = 要因の母分散 + 誤差の母分散$$

というシンプルな関係が成り立っています。したがって，母効果量は

$$母効果量 = \frac{要因の母分散}{全体の母分散} = \frac{要因の母分散}{要因の母分散 + 誤差の母分散}$$

とも表されることになります。

10-2-4　分散分析の標本効果量

母効果量を標本から推定する標本効果量として，最もよく知られているのは η^2

（イータ2乗）とよばれる量であり，次の式で表されます。

$$\eta^2 = \frac{\text{要因の平方和}}{\text{全体の平方和}} = \frac{\text{要因の平方和}}{\text{要因の平方和}+\text{誤差の平方和}}$$

つまり，η^2は母効果量の母分散を標本の平方和でおきかえた量です。標本の平方和をサンプルサイズで割ると標本分散になりますので，平方和と分散はもともと密接な関係がある量です。したがって，η^2は単純でアイディアがわかりやすく，計算もしやすい標本効果量です。

しかしながら，η^2には正方向のバイアスがあることが古くから知られていました。つまり，η^2を使って母効果量を推定すると，平均的に母効果量を大きく推定しすぎてしまうということです。これでは効果を過大に伝えてしまうことになり，望ましくありません。したがって，η^2のバイアスを補正した標本の効果量が提案されました。それが，ε^2（イプシロン2乗；Kelley, 1935）とω^2（オメガ2乗；Hays, 1963）です。これらの具体的な式は，この話の流れでは本質的ではありませんので10-5節のプログラムおよび大久保・岡田（2012）を参照してください。ε^2とω^2は，それぞれ異なるアイディアに基づいて，η^2の正方向のバイアスを補正した量になっています。

10-3 シミュレーション研究とは

この章で扱うシミュレーション研究では，典型的な心理学研究とは異なり，実験や調査によって参加者からデータを収集することを行いません。その代わりに，コンピュータを用いて乱数データの生成を行います。

私たちの目的は，η^2，ε^2，ω^2という3種類の標本効果量のバイアスを評価することでした（η^2は正のバイアスがある推定量であることはわかっているのですが，比較のためにη^2もあわせて計算することにしましょう）。そのためにまず，母効果量の真値をあらかじめこちらで設定します。そして，その真値の設定のもとで，Rを使って乱数データを生成します。この乱数データが，コンピュータ上で母集団からランダムに得られた，仮想的な標本に相当します。この仮想的な標本において，先に述べた3種類の標本効果量を計算します。

これが終わったら，同じ母集団の設定のもとで，また別の仮想的な標本を乱数生成します。この標本についても，同様に3種類の標本効果量を計算します。そしてまた次の仮想的な標本を乱数生成し，…といった操作を，十分大きい回数繰

り返します。そして，求めた標本効果量たちについて，その平均を計算します。そうすれば，この平均は「標本効果量の期待値」の，精度のよい推定値になるでしょう。このように推定量の期待値の推定値が得られれば，その母数の真値との差としてバイアスの推定値も得られることになります。本来，推定量のバイアスは無限回の繰り返しを考えて理論的に導かれる量ですが，コンピュータの中で十分大きな回数繰り返しを行えば，実用上十分な精度でバイアスを評価することができるのです。

　実は，1要因被験者間の分散分析において，上記の目的でシミュレーション研究を行った先行研究は既にありました。それがKeselman（1975）です。Grissom & Kim（2004）のような効果量のテキストや，Olejnik & Algina（2000）のような論文は，Keselman（1975）の結果に基づき，ω^2をε^2よりもバイアスの小さな標本効果量として推奨しています。

　しかしながら，Keselman（1975）の研究はまだコンピュータの性能が，今とは比べものにならないほど低かった時代のシミュレーション研究です。1条件あたりの繰り返し回数も，必然的に少ないものでした。また，当時利用されていた乱数生成のアルゴリズムは，今日の観点からは質の低いものであり，得られる値に実用上問題となりうる規則性がみられてしまうことがありました。

　そこで今回のシミュレーション研究では，1条件あたりの繰り返し回数を増やして，バイアスをより正確に推定することにします。さらに，メルセンヌ・ツイスター法とよばれる，現代のスタンダードとなっている性質のよい乱数生成法を利用することにします。

　ところで，一般に推定量のバイアスはサンプルサイズにも依存します。想像しやすいと思いますが，サンプルサイズが大きければよりよい推定ができ，バイアスが小さくなります。実はKeselman（1975）の論文では，何かの手違いによって，サンプルサイズをいくつに指定したのかが書かれていませんでした。今回のシミュレーション研究では，1水準あたりのサンプルサイズを10から100まで10ずつ増やしていく10条件を設定し，サンプルサイズがそれぞれの標本効果量のバイアスに与える影響をも調べることにしましょう。

　Keselman（1975）は，1要因4水準の分散分析の状況を想定し，その4群の母平均$\mu_1 \sim \mu_4$について，「平均間の変動」が大きい条件と中程度の条件，「効果量の大きさ」が大きい・中程度・小さい条件の合計$2 \times 3 = 6$条件を設定してシミュレーション研究を行いました（表10.1）。誤差分散を1としたとき，母効果量の定義にしたがって計算すると，各6条件における母効果量の真値は，それぞれ表10.2に示す通りになります。

10章 効果量のバイアスを調べるシミュレーション研究

表10.1 Keselman (1975) の利用した母平均 $\mu_1 \sim \mu_4$ についての6条件

効果量の大きさ	平均間の変動							
	大きい				中程度			
	μ_1	μ_2	μ_3	μ_4	μ_1	μ_2	μ_3	μ_4
大きい	0.00	0.00	1.20	1.20	0.00	0.40	0.80	1.20
中程度	0.00	0.00	0.75	0.75	0.00	0.25	0.50	0.75
小さい	0.00	0.00	0.30	0.30	0.00	0.10	0.20	0.30

表10.2 Keselman (1975) の利用した母平均の各6条件における母効果量の真値

効果量の大きさ	平均間の変動	
	大きい	中程度
大きい	.26471	.16667
中程度	.12329	.07246
小さい	.02200	.01235

10-4 for()による繰り返し

シミュレーション研究では，母集団分布からの仮想的な乱数標本の抽出をたくさんの回数繰り返し，それに基づいて複数の指標の評価や比較をする研究手法でした。これを行うためには，母集団分布からの標本抽出など，同じメカニズムの実行をたくさんの回数繰り返す操作が不可欠になります。そのために，for( )を用いた繰り返しを利用します。for( )を用いた繰り返しのことをforループといいます。

まず簡単な例を考えましょう。次のRプログラムを見てください。

```
for (i in 1:3){
  cat("i =",i,"\n")
}
```

ここで，for (i in 1:3)| … |という命令は次のような意味を持っています。まず，( )の中は，iという文字が1の値から3の値まで，1ずつ増えていくことを表します。ここでのiをインデックスといいます。そして，各回につき1回ずつ，|…|の中が実行されます。今回のプログラムでは，|…|の中はcat( )という，文字列を表示する関数です。この関数により，「i =」，インデックスiの中身，「改

行記号（¥n）」が順に表示されます．iが1のときの繰り返しが終わるとiは2になり，それも終わるとiは3になり，というふうに，for( )で指定されたインデックスの最後の数字（ここでは3）まで，cat( )によるインデックスiの表示が繰り返されます．したがって，

```
i = 1
i = 2
i = 3
```

という，3回の繰り返し各々の出力結果が得られるわけです．

なお，ここのプログラムでは，for( )で繰り返す部分である，cat( )の行が他の部分よりも下がって書き始められています．このような字下げがプログラムの見やすさのために行われることがあります．字下げは単に分析者にとっての見やすさだけのために行うものであり，行っても行わなくても結果には影響しません．

for( )による繰り返しは，さらに何重にも重ねることができます．次のプログラムを見てください．

```
for (i in 1:3){
  for (j in 1:3){
    cat("i =",i,"j =",j,"¥n")
  }
}
```

ここでは，インデックスiのfor( )による繰り返しの中に，さらにインデックスjのfor( )による繰り返しが入っています．したがって，cat( )による表示は，①iが1のときの，j=1, 2, 3のそれぞれ，②iが2のときの，j=1, 2, 3のそれぞれ，③iが3のときの，j=1, 2, 3のそれぞれという順番で実行されます．したがって，この結果はR上で次のように表示されることになります．

```
i = 1  j = 1
i = 1  j = 2
i = 1  j = 3
i = 2  j = 1
i = 2  j = 2
```

```
i = 2    j = 3
i = 3    j = 1
i = 3    j = 2
i = 3    j = 3
```

このように2つ（以上）のループが重なっているとき，2番目のループが1番目のループに入れ子（構造）になっている，といいます。

人間は同じ事を繰り返すと飽きてしまうものですが，コンピュータは飽きることはありません。for( )による繰り返しは，コンピュータが得意とする作業の1つです。モンテカルロ研究はコンピュータの発展とともに近年非常に多く行われるようになっています。

10-5 Rによる実際のシミュレーション研究

10-5-1 乱数の種

それでは，実際にOkada（2013）の研究のRプログラムを見ていきましょう。

シミュレーション研究では，まずset.seed( )を使って乱数の種を指定することが重要です。通常，乱数とはその名の通り確率的なメカニズムにしたがってランダムに生成される値です。乱数の種を指定していないと，一度行ったシミュレーション研究の結果は二度と再現できません。しかし，乱数の種を指定すれば，その後で得られる乱数の値は何度繰り返しても同じになります。

このことを確認してみましょう。rnorm( )は，正規分布からの乱数を出すための関数です。乱数の種を指定せずに

```
> rnorm(n=1,mean=0,sd=1)
[1] -0.5130177
```

を実行すると，平均（mean）が0，標準偏差（sd）が1の正規分布からの乱数がn=1個表示されます。ここでは-0.5130177という乱数値が出ました。今は乱数の種を指定していないので，ここで表示される値は毎回違う値になります。皆さんが実行したときには違う値になっているでしょうし，もう1度実行するとまた違う値になります。それが乱数です。しかし，

```
> set.seed(1)
> rnorm(n=1,mean=0,sd=1)
[1] -0.6264538
```

と，ひとたびset.seed( )で乱数の種を1に指定してからrnorm( )で乱数発生を行うと，出てきた値はいつも-0.6264538になります（ただし，32ビット版と64ビット版など，OSやRの根幹が異なる場合には，異なる値になることがあります。ここでの結果は，64bitのRをWindows 8上で実行したときのものです）。さらに，その後乱数の種を1に指定してから2回目，3回目，…にrnorm( )で発生した乱数の値もいつも同じになります。読者の皆さんで確かめてみてください。

このように，乱数の種を指定してシミュレーション研究を行うと，同じ乱数の種を利用することで自分も，また他の誰もが同じ結果を正確に再現でき，研究結果を検証できるのです。このように研究結果の厳密な再現ができることは，シミュレーション研究の大きな利点の1つです。シミュレーション研究を行うときは，まず乱数の種を指定する癖をつけましょう。

乱数の種は任意の値に指定してよいのですが，ここでは1とします。

```
set.seed(1)
```

10-5-2 シミュレーション用の設定と変数の準備

次に，母平均を設定し，母効果量を求めます。Keselman（1975）が用いた表10.1の6条件のうち，ここでは平均間の変動・効果量の大きさがともに「大きい」ときの条件を用いてシミュレーションを行うことにしましょう。したがって，母平均は

```
muvec <- c(0.00,0.00,1.20,1.20)  # 4群の母平均
```

となります。この設定のもとでの母効果量の真値を，次のステップで計算します。

```
meanmu <- mean(muvec)  # 母集団の全平均
sigb <- sum((muvec-meanmu)^2)/4  # 母集団の要因の（群間）分散
ES <- sigb/(sigb+1)  # 母効果量（1は母集団の誤差の（群内）分散）
```

10章 効果量のバイアスを調べるシミュレーション研究

母効果量ESは表10.2の通り，約0.26471になるはずです。確認してみてください。

```
> ES
[1] 0.2647059
```

次に，シミュレーションで使うための変数をいくつかRの中で定義します。

```
k <- length(muvec) # 群の数(4)
nsim <- 50000 # 1条件あたりの繰り返し回数
```

length関数は，ベクトルの長さを取得します。ここではベクトルmuvecが4つの要素（0.00, 0.00, 1.20, 1.20）を持つベクトルですので，kには4が入ります。nsimには，1条件あたりの繰り返し数を入れています。

続いて，標本効果量の期待値の推定値を入れる「入れ物」の変数を作ります。名前はESmatとします。この変数名は，効果量（effect size）についての行列（matrix）という意味を込めています。ESmatは，サンプルサイズの10条件×効果量の種類の3条件について入れられる，10×3の行列にします。後で結果の値を入れるため，最初の段階では要素はすべて欠損値（NA）にしておきましょう。また，行と列にそれぞれわかりやすいように名前を付けましょう。

```
ESmat <- matrix(NA,nrow=10,ncol=3) # 効果量の推定値の「入れ物」
rownames(ESmat) <-  1:10*10  # 命名（サンプルサイズ）
colnames(ESmat) <- c("eta2","epsilon2","omega2") # 命名（標本効果量）
```

できたESmatを確認してみます。

```
> ESmat
   eta2 epsilon2 omega2
10   NA       NA     NA
20   NA       NA     NA
30   NA       NA     NA
40   NA       NA     NA
50   NA       NA     NA
60   NA       NA     NA
70   NA       NA     NA
```

```
 80   NA   NA   NA
 90   NA   NA   NA
100   NA   NA   NA
```

次に同じく，このESmatに入った標本効果量の期待値の推定値と，効果量の真値とのずれを入れる「入れ物」の変数BIASmatを作ります。BIASmatはESmatと同じ形です。同様に中身を確認してみてください。

```
BIASmat <- matrix(NA,nrow=10,ncol=3) # 推定値と真値とのずれの入れ物
rownames(BIASmat) <- 1:10*10   # 命名（サンプルサイズ）
colnames(BIASmat) <- c("eta2","epsilon2","omega2") # 命名（標本効果量）
```

10-5-3　forループ

この先は，シミュレーションで繰り返す，メインの部分になります。今回のシミュレーションでは，for( )を用いた二重のループを作ります。まずは，長くなりますが，この二重のループ全体を表示します。全貌をざっと見てみてください。その後，重要な部分を順に解説していくことにします。

```
for (j in 1:10){ # 1つめのforループここから

nj <- j*10 # サンプルサイズ
x <- matrix(NA,nrow=nj,ncol=4)  # データの入れ物

eta2 <- rep(NA,nsim) # 標本効果量η²の入れ物
epsilon2 <- rep(NA,nsim) # 標本効果量ε²の入れ物
omega2 <- rep(NA,nsim) # 標本効果量ω²の入れ物

for (i in 1:nsim){ # 2つめのforループここから

y <- c(rnorm(n=nj,mean=muvec[1],sd=1), rnorm(n=nj,mean=muvec[2],sd=1),
    rnorm(n=nj,mean=muvec[3],sd=1),rnorm(n=nj,mean=muvec[4],sd=1))
# 乱数データの生成
x <- as.factor(c(rep("mu1",nj),rep("mu2",nj),rep("mu3",nj),rep("mu4",nj)))
# 分散分析のためのダミー説明変数

res <- anova(lm(y~x)) # 分散分析の実行
```

```
res <- as.matrix(res) # 結果をmatrix (行列) 型に変換
SSb <- res[1,2] # 結果のうち, 要因の平方和
SStot <- res[1,2] + res[2,2] # 結果のうち, 全体の平方和
MSeffect <- res[1,3] # 結果のうち要因の平均平方
MSw <- res[2,3] # 結果のうち誤差の平均平方

eta2[i] <- SSb/SStot # 標本効果量η²
epsilon2[i] <- (SSb - 3*MSw)/SStot # 標本効果量ε²
omega2[i] <- (SSb - 3*MSw)/(SStot+MSw) # 標本効果量ω²

} # 2つめのforループここまで

ESmat[j,1] <- mean(eta2) # η²の平均 (期待値の推定値)
ESmat[j,2] <- mean(epsilon2) # ε²の平均 (期待値の推定値)
ESmat[j,3] <- mean(omega2) # ω²の平均 (期待値の推定値)

BIASmat[j,1] <- ESmat[j,1] - ES # η²のバイアスの推定値
BIASmat[j,2] <- ESmat[j,2] - ES # ε²のバイアスの推定値
BIASmat[j,3] <- ESmat[j,3] - ES # ω²のバイアスの推定値

} # 1つめのforループここまで
```

では，ここまでのプログラムを順に見ていきましょう．1つめのforループ

```
for (j in 1:10){ # 1つめのforループここから
  …
} # 1つめのforループここまで
```

は，1群あたりのサンプルサイズについてのループです．for (j in 1:10){ … }という指定によって，jの値が1のとき，2のとき，…，10のときと，jの値を変えて10回{ … }の間が繰り返されます．すぐ後で見るように，これは，シミュレーション上，サンプルサイズが10のとき，20のとき，…，100のときの10条件に対応しています．このforループの中に入れ子になっている，2つめのforループ

```
for (i in 1:nsim){ # 2つめのforループここから
  …
} # 2つめのforループここまで
```

は，1つの条件の中での繰り返しのためのループです。1つめの場合と同様に{ … }の間がnsim回繰り返されます。nsimは5万に設定したので，1条件あたり，ここが5万回繰り返されることになります。このように，for( )を用いて様々な条件のもとで乱数生成と推定量の算出をたくさんの回数繰り返せることが，シミュレーション研究の肝になります。

先に進みましょう。

```
nj <- j*10  # サンプルサイズ
```

は，for( )のインデックスである j を10倍して，1群あたりのサンプルサイズnjにしています。1つめのforループとして設定した通り，jは1, 2, 3, …, 10と1ずつ増えていく値でしたので，njは10, 20, 30, …, 100と10ずつ増えていき，合計計10条件ぶんのサンプルサイズができることになります。

次の

```
x <- matrix(NA,nrow=nj,ncol=4)  # データの入れ物
```

では繰り返しの各回におけるデータを入れる変数 x を，そして

```
eta2 <- rep(NA,nsim)     # 標本効果量η²の入れ物
epsilon2 <- rep(NA,nsim) # 標本効果量ε²の入れ物
omega2 <- rep(NA,nsim)   # 標本効果量ω²の入れ物
```

ではサンプルサイズを固定したときのnsim（＝5万）回の繰り返しにおける各効果量がすべて入る変数eta2, epsilon2, omega2をそれぞれ作成しています。後に，ここで作成した3変数に，乱数発生によって生成したデータから求めた標本効果量の実現値がnsim個（つまり5万個）ぶん入ることになります。

シミュレーション研究において最も本質的なところの1つである，母数を設定したもとで乱数データを生成している部分は

```
y <- c(rnorm(n=nj,mean=muvec[1],sd=1), rnorm(n=nj,mean=muvec[2],sd=1),
       rnorm(n=nj,mean=muvec[3],sd=1),rnorm(n=nj,mean=muvec[4],sd=1))
# 乱数データの生成
```

10章 効果量のバイアスを調べるシミュレーション研究

です。平均が各群の母平均（muvec），標準偏差が1である正規分布（これが各群の母集団分布です）からの乱数を，rnorm( )関数によって生成しています。Rではデフォルトの乱数生成アルゴリズムとして，質の高いメルセンヌ・ツイスター法が利用されます。また，

```
res <- anova(lm(y~x))  # 分散分析の実行
```

ではこの乱数データに分散分析を行い，その結果を変数resに入れています。

この分散分析を行うために，群ごとに同じ文字変数が入っている説明変数xを作ったのが1つ前の

```
x <- as.factor(c(rep("mu1",nj),rep("mu2",nj),rep("mu3",nj),rep("mu4",nj)))
# 分散分析のためのダミー説明変数
```

の部分でした。

ここで，resにはanova( )によって得られた分散分析表が入っています。それは，例えばiとjがともに1のときの結果を表示させてみると，

```
> res
          Df   Sum Sq   Mean Sq  F value    Pr(>F)
x          3 10.45181 3.4839383 4.19734 0.01204162
Residuals 36 29.88125 0.8300348      NA        NA
```

という形をしています。そこで，この分散分析結果が入っているresのうち，必要な部分の値を次のように取得します。

```
res <- as.matrix(res)  # 結果をmatrix（行列）型に変換
SSb <- res[1,2]  # 結果のうち，要因の平方和
SStot <- res[1,2] + res[2,2]  # 結果のうち，全体の平方和
MSeffect <- res[1,3]  # 結果のうち要因の平均平方
MSw <- res[2,3]  # 結果のうち誤差の平均平方
```

では，この結果のうち標本効果量の計算に必要な部分をとってきています。そして，

```
eta2[i] <- SSb/SStot  # 標本効果量η²
epsilon2[i] <- (SSb - 3*MSw)/SStot  # 標本効果量ε²
omega2[i] <- (SSb - 3*MSw)/(SStot+MSw)  # 標本効果量ω²
```

でそれぞれの定義にしたがい，3種類の標本効果量を計算しています。左辺が eta2[i] のようになっているので，標本効果量 η^2 の i 回目の繰り返しにおける値は，変数 eta2 の i 番目の要素に入ります。標本効果量 ε^2，ω^2 と変数 epsilon2, omega2 の関係も同様です。for( ) のインデックス i は，1 から nsim まで，for( ) の繰り返しごとに1ずつ増えていくのでした。したがって，合計 nsim 回ぶんの乱数データから求めた標本効果量の値が，各繰り返しごとに1つずつ，変数 eta2, epsilon2, omega2 にそれぞれ入っていくわけです。

　ここで，

```
}  # 2つめのforループここまで
```

と2つめのループ，すなわちあるサンプルサイズ条件あたりの繰り返しのループが終わります。ですので，2番目の for( ) からここまでの間が，i が1ずつ増やされながら nsim（＝5万）回繰り返されることになります。i がとうとう nsim まで達したら，そのときには eta2, epsilon2, omega2 には nsim 回ぶんの乱数標本から求められた標本効果量の値がすべて入っていることになります。そこで，次に進み，

```
ESmat[j,1] <- mean(eta2)  # η²の平均（期待値の推定値）
ESmat[j,2] <- mean(epsilon2)  # ε²の平均（期待値の推定値）
ESmat[j,3] <- mean(omega2)  # ω²の平均（期待値の推定値）
```

でそれぞれ nsim 回ぶんの各標本効果量の平均を計算します。これが，シミュレーションによって求めた，各標本効果量の期待値の推定値になるわけです。結果を入れる変数 ESmat を作ったとき，私たちは1～10行目がそれぞれサンプルサイズ10～100に，1～3列目がそれぞれ η^2，ε^2，ω^2 に対応するという約束にしていました。そこで，ESmat の対応する要素に各効果量の期待値の推定値を入れています。

　この効果量の期待値の推定値と，母効果量の真値とのずれが，シミュレーションによるバイアスの推定値になります。そこで，各行・各列を ESmat と同じ対応

関係にした結果変数BIASmatに対して

```
BIASmat[j,1] <- ESmat[j,1] - ES  # η²のバイアスの推定値
BIASmat[j,2] <- ESmat[j,2] - ES  # ε²のバイアスの推定値
BIASmat[j,3] <- ESmat[j,3] - ES  # ω²のバイアスの推定値
```

と期待値の推定値と,その真値との差を入れます。これが,η^2,ε^2,ω^2という各標本効果量のバイアスの,今回のシミュレーションによる推定値というわけです。

ここまでがすべて終わったら,1つめのループも終わりになります。

```
}  # 1つめのforループここまで
```

今,j=1,つまり各群のサンプルサイズ=10の条件におけるここまでの計算がすべて終わったとします。つまり,1つめのループが1回だけ終わった段階です。このとき,ESmatとBIASmatの値はどのようになっているでしょうか。それを表示させてみると,

```
> ESmat
         eta2     epsilon2   omega2
10   0.3190991  0.2623573  0.257844
20       NA         NA         NA
30       NA         NA         NA
40       NA         NA         NA
50       NA         NA         NA
60       NA         NA         NA
70       NA         NA         NA
80       NA         NA         NA
90       NA         NA         NA
100      NA         NA         NA
> BIASmat
          eta2        epsilon2       omega2
10    0.05439318   -0.00234856   -0.006861834
20        NA            NA             NA
30        NA            NA             NA
40        NA            NA             NA
50        NA            NA             NA
```

60	NA	NA	NA
70	NA	NA	NA
80	NA	NA	NA
90	NA	NA	NA
100	NA	NA	NA

と，サンプルサイズ10のときの結果だけが埋まっていることがわかります。実際にはここで，最初のforループに戻り，インデックスjが1増えて2になって（つまりサンプルサイズ20のときの）シミュレーションが続行されます。そうしてインデックスjが10のときまでがすべて実行されたら，この二重のforループが完了し，求めたい標本効果量のバイアスの推定値がすべて，結果変数BIASmatに入っているのです。

ここまででわかった通り，シミュレーションでは非常に大きな回数，for( )を使って乱数を生成し，結果をためておくという動作を繰り返しています。そのため，シミュレーション研究を実行するにはある程度の時間が必要です。実行してRが計算を始めたら，終わるまでの間しばしお待ちください。

10-5-4　結果の表示

シミュレーションが終わったら，最後に結果をプロットしましょう。

```
matplot(row.names(BIASmat),BIASmat,type="b",xlab="Sample Size",ylab="Estimated Bias",pch=1:3,col=2:4)
```

matplot( )は，今回プロットしたい対象であるBIASmatのように行列の形をしている変数を一度にプロットするのに便利な関数です。row.names(BIASmat)は，10から100までのサンプルサイズでした。これをx軸とし，y軸にBIASmatの各列の値（つまりバイアスの推定値）を，各列ごと（つまり標本効果量ごと）に点の形と色を変えてプロットします。pch=1:3で点の形はRが準備している1番目から3番目の点の形（○，△，+）を，col=2:4で色はRが準備している2番目から4番目の色（赤，緑，青）を，それぞれ使うことを指定しています。なお，ここで1番目の色を避けたのはそれが黒で，地との区別がややしにくいからです。

バイアスがちょうど0のところをわかりやすくするために，

```
abline(h=0,col="gray")
```

10章 効果量のバイアスを調べるシミュレーション研究

とy=0のところに灰色の線を引きましょう。そして，見やすさのためにlegend()を使って凡例もつけます。

```
legend(90,0.055,c("Eta2","Epsilon2","Omega2"),pch=1:3,col=2:4)
```

ここで90, 0.055というのは，それぞれ凡例を表示する箱のx軸とy軸の座標であり，左上の角の位置を指定します。こうして描かれた図は，図10.1のようになります。

図10.1を見ると，まず「赤○」で表示されるη^2は0よりもかなり大きな値をとっており，大きな正のバイアスがあること，また特にサンプルサイズが小さいときにバイアスが大きいことがわかります。一方，ε^2とω^2は，どちらもわずかながら負のバイアスがあります。そして，どのサンプルサイズ条件のときにも一貫して，「緑△」のε^2の方が，「青＋」のω^2よりもバイアスが小さいことがわかります。このことを実際の値を見て確かめるには，次のように結果変数BIASmatを小数点以下第6桁で四捨五入して表示させてみてください。

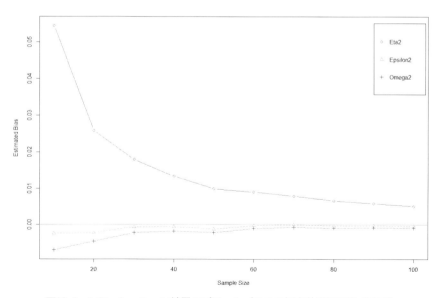

図10.1 シミュレーション結果のプロット（3つの標本効果量のバイアス）

```
round(BIASmat,5)
```

このように，これまで信じられていたのとは異なり，わずかではありますがω^2よりもε^2の方がバイアスが小さいこと，すなわちよい性質を持つ標本効果量であることがわかりました。

10-6 研究のまとめ

本章では，分散分析における3種類の標本効果量（η^2，ε^2，ω^2）のバイアスを，シミュレーション研究によって評価することを目的としました。まず必要な推測統計学の考え方と概念について解説し，その後Rプログラムを解説しながらシミュレーション研究を実行しました。その結果，これまで知られていたのとは異なり，ε^2がω^2よりも（もちろんη^2よりも）バイアスの小さな，よい標本効果量であることがわかりました。

本章での例は，Okada（2013）の研究とはいくつか変更したところがあります。まず，Okada（2013）は実際には，1条件あたりの繰り返し回数を百万回にしていました。しかし，これにはたくさんの計算時間が必要です。ですので，本書では5万回に抑えました（それでも，コンピュータによってはなかなか時間がかかったかもしれません）。時間に余裕さえあれば，繰り返し回数を変更するには変数niterの値を変えればよいです。第2に，本章ではKeselman（1975）の6条件のうち，平均間の変動・効果量の大きさがともに「大きい」条件をだけを利用しました。他の5条件でも実行する場合には，母平均muvecの値を変更すればよいです。以上2点の変更は読者の皆さん自身が試してみてください。前者については，繰り返し回数を増やすほどより正確にバイアスの値が求められることが，後者については他の母平均の設定でも試すことで今回得られた知見の一般性が，それぞれわかるでしょう。第3に，Okada（2013）はバイアス以外の推定量のよさの基準もあわせて計算し，論じています。しかし最も代表的な基準はバイアスですので，本書ではバイアスにしぼって論じました。

シミュレーション研究は，ここで示したような効果量のバイアスを比較・評価する以外にも，多くの心理学のための方法論の研究で利用されています。Rを用いたシミュレーション研究の他の具体例としては，山田・杉澤・村井（2008）に，分散の不偏性を例にした詳しい解説と具体例がありますので，あわせて参照してください。実際の研究の他の例を挙げると，9章で扱った構造方程式モデリング

では，モデルの当てはまりのよさを異なる側面から表現する，多数の適合度指標が提案されています。これらの適合度指標の性質を比較・評価するために，数多くの多くのシミュレーション研究が行われてきました（例えば星野・岡田・前田, 2005）。このように，心理学データ分析のための複数の指標や基準が提案されているとき，シミュレーション研究はそれの性質を比較・評価するための手軽で強力な研究ツールとなります。

10-7 この研究についてひとこと

本章では，Rを用いたシミュレーション研究の例として，標本効果量のバイアスを検討するOkada（2013）を取り上げました。この論文のアイディアは，大久保・岡田（2012）を執筆する過程で思いついたものです。本章の冒頭で述べた通り，従来の心理学研究における統計分析は統計的仮説検定に大きく依存していました。検定には，帰無仮説か対立仮説のどちらかが選ばれる，白黒がはっきりつくという実務上の便利さがあります。しかし，ロジック上，帰無仮説を積極的に支持できないこと，サンプルサイズが大きくなるほど対立仮説が採択されやすくなること，2値的な判断の危険性など問題点もまた多くあります。近年こうした危険性についての認識が広まり，検定に過度に依存するのではなく，効果量などを積極的に活用して，様々な観点からデータの持つ豊かな情報を活用していこうという大きな流れが生まれています。こうした動きは，「心理学における統計改革」と総称されています。

大久保・岡田（2012）はこの統計改革を正面から扱った1冊です。「効果量」「信頼区間」「検定力」という統計改革における主要な3つの概念を特に取り上げています。この書籍を執筆する過程で，標本効果量のバイアスについて文献に書かれていることが，実は現代から見ると不十分なシミュレーションによる先行研究による結果だと気付いたことが，Okada（2013）の執筆につながりました。活字になって書籍や論文に書かれていることはどうしても無条件に信じてしまいがちになりますが，完璧な先行研究は存在しませんし，学問の知見は行きつ戻りつしながら積み重ねられていくものです。ときには文献を疑うこと，根拠が十分なのかを先行研究に遡って考えてみることも大切かもしれませんね。

10-8 10章で学んだこと

- 統計的仮説検定と効果量
- 母集団と標本・母数と推定量
- シミュレーション研究
- 乱数の種の指定（set.seed( )による）
- 繰り返しforループ（for( )による）
- 行列のプロット（matplot( )による）

引用文献

[はじめに]

村井潤一郎（2013）．はじめてのR―ごく初歩の操作から統計解析の導入まで―　北大路書房

山田剛史・村井潤一郎・杉澤武俊（2015）．Rによる心理データ解析　ナカニシヤ出版

山田剛史・杉澤武俊・村井潤一郎（2008）．Rによるやさしい統計学　オーム社

[1章]

南風原朝和（2001）．準実験と単一事例実験　南風原朝和・市川伸一・下山晴彦（編）　心理学研究法入門―調査・実験から実践まで―　東京大学出版会　pp.123-152.

林 創・山田剛史（2012）．リサーチリテラシーの育成による批判的思考態度の向上―「書く力」と「データ分析力」を中心に―　京都大学高等教育研究, 18, 41-51.

平山るみ・楠見 孝（2004）．批判的思考態度が結論導出プロセスに及ぼす影響―証拠評価と結論生成課題を用いての検討―　教育心理学研究, 52, 86-198.

村井潤一郎（編著）（2012）．Progress & Application 心理学研究法　サイエンス社

村井潤一郎（2013）．はじめてのR―ごく初歩の操作から統計解析の導入まで―　北大路書房

谷岡一郎（2000）．「社会調査」のウソ―リサーチリテラシーのすすめ―　文春新書

谷岡一郎（2007）．データはウソをつく―科学的な社会調査の方法―　ちくまプリマー新書

山田剛史・林 創（2011）．大学生のためのリサーチリテラシー入門―研究のための8つの力―　ミネルヴァ書房

山田剛史・村井潤一郎・杉澤武俊（2015）．Rによる心理データ解析　ナカニシヤ出版

山田剛史・杉澤武俊・村井潤一郎（2008）．Rによるやさしい統計学　オーム社

吉田寿夫（2006）．研究法についての学習と教育のあり方について思うこと, あれこれ　吉田寿夫（編著）心理学研究法の新しいかたち　誠信書房　p.244-270.

[2章]

深谷達史（2010）．メタ理解の正確さに影響を及ぼす要因の検討―メタ分析によるアプローチ―　教育心理学研究, 58, 236-251.

Fukaya, T.（2013）．Explanation generation, not explanation expectancy, improves metacomprehension accuracy. *Metacognition and Learning*, 8, 1-18.

南風原朝和・市川伸一（2001）．実験の論理と方法　南風原朝和・市川伸一・下山晴彦（編）心理学研究法入門―調査・実験から実践まで―　東京大学出版会　pp.93-121.

市川伸一（2000）．概念, 図式, 手続きの言語的記述を促す学習指導―認知カウンセリングの事例を通しての提案と考察―　教育心理学研究, 48, 361-371.

Kabacoff, R.（2011）．*R in action: Data analysis and graphics with R*. NY: Manning Publications Co.

桐木建始（1990）．分散分析による平均値の差の検定法　森　敏昭・吉田寿夫（編）心理学のためのデータ解析テクニカルブック　北大路書房　pp.85-175.

Lin, L., Zabrucky, K., & Moore, D.（1997）. The relations among interest, self-assessed comprehension, and comprehension performance in young adults. *Reading Research and Instruction*, 36, 127-139.

Macaulay, D.(1988). *The way things work*. London: Dorling Kindersley Limited.　歌崎秀史(訳)（1990）．道具と機械の本―てこからコンピューターまで―　岩波書店

村山　航（2009）．メタ記憶の測定　清水寛之（編）メタ記憶―記憶のモニタリングとコントロール―　北大路書房　pp.41-63.

Nelson, T. O.（1984）. A comparison of current measures of the accuracy of feeling-of-knowing predictions. *Psychological Bulletin*, 95, 109-133.

高野陽太郎（2004）．実験と観察　高野陽太郎・岡　隆（編）心理学研究法―心を見つめる科学のまなざし―　有斐閣　pp.20-32.

Thiede, K. W., Griffin, T. D., Wiley, J. & Redford, J. S.（2009）. Metacognitive monitoring during and after reading. In D. J. Hacker, J. Dunlosky, & A. C. Graesser(Eds.), *Handbook of metacognition in education*. NY: Routledge. pp.85-106.

山田剛史・村井潤一郎・杉澤武俊（2015）．Rによる心理データ解析　ナカニシヤ出版

[3章]

Baayen, R. H., Davidson, D. J., & Bates, D. M.（2008）. Mixed-effects modeling with crossed random effects for subjects and items. *Journal of Memory and Language*, 59, 390-412.

郡司隆男・坂本　勉（1999）．現代言語学入門1：言語学の方法　岩波書店

井関龍太（2003）．テキスト処理時のオンライン推論における活性化ユニットの検討―単語ユニットか，命題ユニットか―　心理学研究，74，362-371.

永田　靖・吉田道弘（1997）．統計的多重比較法の基礎　サイエンティスト社

大久保街亜（2011）．反応時間分析における外れ値の処理　専修人間科学論集（心理学篇），1，81-89.

[4章]

Call, J., Aureli, F., & de Waal, F. B. M.（2002）. Postconflict third-party affiliation in stump-tailed macaques. *Animal Behaviour*, 63, 209-216.

遠藤利彦（2000）．観察によるアプローチ　大村彰道（編）教育心理学研究の技法　福村出版　pp.20-57.

Fujisawa, K. K., Kutsukake, N. & Hasegawa, T.（2005）. Reconciliation pattern after aggression among Japanese preschool children. *Aggressive Behavior*, 31, 138-152.

Fujisawa, K. K., Kutsukake, N., & Hasegawa, T.（2006）. Peacemaking and consolation in Japanese preschoolers witnessing peer aggression. *Journal of Comparative Psychology*, 120, 48-57.

Pellegrini, D. A.（1999）. *Observing children in their natural worlds*. NY: Psychology Press.　大藪　泰・越川房子（訳）（2000）．子どもの行動観察法―日常生活場面での実践―　川

島書店
de Waal, F. B. M. & Yoshihara, D.（1983）. Reconciliation and redirected affection in rhesus monkeys. *Behaviour*, **85**, 224-241.

[5章]

Crocker, L., & Algina, J.（1986）. *Introduction to classical and modern test theory*. NY: Holt, Rinehart, and Winston.
Cumming, G.（2014）. The new statistics: Why and how. *Psychological Science*, **25**, 7-29.
Ebel, R. L., & Frisbie,D. A.（1991）. *Essentials of educational measurement (5th ed.)*. Englewood Cliff, NJ: Prentice Hall.
南風原朝和（2014）．分散分析を基礎から見直す―有意性検定による「推測革命」と近年の「統計改革」― 基礎心理学研究，**32**, 1-6.
石井秀宗（2014）．人間科学のための統計分析―こころに関心がある全ての人のために― 医歯薬出版
国立教育政策研究所（編）（2010）．生きるための知識と技能―OECD生徒の学習到達度調査（PISA）2009年調査国際結果報告書― 明石書店
村井潤一郎（2013）．はじめてのR―ごく初歩の操作から統計解析の導入まで― 北大路書房
日本テスト学会（編）（2007）．テスト・スタンダード―日本のテストの将来に向けて― 金子書房
野口裕之・大隅敦子（2014）．テスティングの基礎理論 研究社
大久保街亜・岡田謙介（2012）．伝えるための心理統計―効果量・信頼区間・検定力― 勁草書房
柳井晴夫・石井秀宗（2008）．大規模学力テストと学ぶ力に関する研究をめぐって 児童心理学の進歩，58-86.
安永和央・齋藤 信・石井秀宗（2012）．構造的性質を操作した国語テストにおける回答の検討―中学生を対象にしたテストの実証研究― 日本テスト学会誌，**8**, 117-132.

[6章]

旭出学園教育研究所・日本心理適性研究所（1980）．新版S-M社会生活能力検査日本文化科学社
南風原朝和（2002）．心理統計学の基礎 有斐閣
池田 央（1973）．心理学研究法8 テストⅡ 東京大学出版会
文部科学省（2003）．今後の特別支援教育の在り方について（最終報告） 特別支援教育の在り方に関する調査研究協力者会議
文部科学省（2008a）．小学校学習指導要領解総則編
文部科学省（2008b）．中学校学習指導要領解説総則編
文部科学省（2009）．高等学校学習指導要領総則編
村山 航（2012）．妥当性:概念の歴史的変遷と心理測定学的観点からの考察教育心理学年報，

51, 118-130.
名越斉子・宇佐美 慧（2011）．旭出式社会適応スキル検査の信頼性の検討―知的障害児の保護者と担任による評定の一致および相関の分析を通して― 日本特殊教育学会第49回大会発表論文集
Sparrow, S. S., Cicchetti, D. V., & Balla, D. A.（1985）．*Vineland adaptive behavior scales: Classroom edition.* Circle Pines, Minnesota: American Guidance Service.
Sparrow, S. S., Cicchetti, D. V., & Balla, D. A.（2005）．*Vineland adaptive behavior scales (2nd ed.).* American Guidance Service.
宇佐美 慧（2013）．論述式テストの運用における測定論的問題とその対処 日本テスト学会誌，9，145-164.
宇佐美 慧・名越斉子・肥田野直・菊池けい子・斉藤佐和子・服部由紀子・松田祥子（2011）．社会適応スキル検査の作成の試み―検査の信頼性・妥当性・臨床的有用性の検討― 教育心理学研究，59，278-294.

[7章]
中央教育審議会（1996）．21世紀を展望した我が国の教育の在り方について（中央教育審議会第一次答申）
Dore, R. P.（1976）．*The diploma disease: Education, qualification and development.* London: George Allen & Unwin Ltd. 松居弘道（訳）（1998）．学歴社会―新しい文明病― 岩波書店
Enders, C. K., & Tofighi, D.（2007）．Centering predictor variables in cross-sectional multilevel models: A new look at an old issue. *Psychological Methods,* **12**, 121-138.
Hox, J.（2010）．*Multilevel analysis: Techniques and applications (2nd ed.).* Routledge Academic.
Kreft, I. & De Leeuw, J.（1998）．*Introducing multilevel models.* London: Sage Publications. 小野寺孝義・菱村 豊・村山 航・岩田 昇・長谷川孝治（訳）（2006）．基礎から学ぶマルチレベルモデル―入り組んだ文脈から新たな理論を創出するための統計手法―ナカニシヤ出版
久冨善之（1993）．競争の教育―なぜ受験競争はかくも激化するのか― 労働旬報社
Murayama, K. & Elliot, A. J.（2012）．The competition-performance relation: A meta-analytic review and test of the opposing processes model of competition and performance. *Psychological Bulletin,* **138**, 1035-1070.
西村多久磨・河村茂雄・櫻井茂男（2011）．自律的な学習動機づけとメタ認知的方略が学業成績を予測するプロセス―内発的な学習動機づけは学業成績を予測することができるのか？― 教育心理学研究，59，77-87.
太田伸幸（2001）．競争心概念の再検討―競争心の測定に関するレビュー― 名古屋大学大学院教育発達科学研究科紀要心理発達科学，48，301-313.
尾崎幸謙（2009）．マルチレベル・潜在曲線モデルにおける独立変数の中心化 豊田秀樹（編） 共分散構造分析―実戦編― 朝倉書店 pp.1-14.

Singer, J. D., & Willett, J. B.（2003）. *Applied longitudinal data analysis: Modeling change and event occurrence*. Oxford University Press. 菅原ますみ（監訳）（2012）. 縦断データの分析Ⅰ・Ⅱ　朝倉書店

鈴木雅之（2014）. 受験競争観と学習動機，受験不安，学習態度の関連　教育心理学研究, **62**, 226-239.

[8章]

Bijttebier, P., Beck, I., Claes, L, & Vandereycken, W.（2009）. Gray's Reinforcement Sensitivity Theory as a framework for research on personality-psychopathology associations. *Clinical Psychology Review*, **29**, 421-430.

Carver, C. S., & White, T. L.（1994）. Behavioral inhibition, behavioral activation, and affective responses to impending reward and punishment: The BIS/BAS scales. *Journal of Personality and Social Psychology*, **67**, 319-333.

Gray, J. A.（1970）. The psychophysiological basis of introversion-extraversion. *Behavioral Research and Therapy*, **8**, 249-266.

Gray, J. A., & McNaughton, N.（2000）. *The neuropsychology of anxiety. (2nd ed.)*. Oxford: Oxford University Press.

Kessler, R. C., Chiu, W. T., Demler, O., Merikangas, K. R., & Walters, E. E.（2005）. Prevalence, severity, and comorbidity of 12-month DSM-IV disorders in the National Comorbidity Survey Replication. *Archives of General Psychiatry*, **62**, 617-627.

Spielberger, C. D., Gorsuch, R. L., & Lushene, R. E.（1970）. *Manual for the State-Trait Anxiety Inventory*. Palo Alto, CA: Consulting Psychologist Press Inc.

Takahashi, Y., Ozaki, K., Roberts, B. W., & Ando, J.（2012）. Can low Behavioral Activation System predict depressive mood?: An application of non-normal structural equation modeling. *Japanese Psychological Research*, **54**, 170-181.

Takahashi, Y., Roberts, B. W., Yamagata, S., & Kijima, N.（in press）. Personality traits show differential relations with anxiety and depression in a non-clinical sample. Psychologia: An International Journal of Psychological Sciences.

高橋雄介・山形伸二・木島伸彦・繁桝算男・大野　裕・安藤寿康（2007）. Grayの気質モデル―BIS/BAS尺度日本語版の作成と双生児法による行動遺伝学的検討―　パーソナリティ研究, **15**, 276-289.

丹野義彦（2001）. エビデンス臨床心理学―認知行動理論の最前線―　日本評論社

Zung, W. W. K.（1965）. A self-rating depression scale. *Archives of General Psychiatry*, **12**, 63-70.

[9章]

Graham, J. W, Taylor, B. J., Olchowski, A. E., & Cumsille, P. E.（2006）. Planned missing data designs in psychological research. *Psychological Methods*, **11**, 323-343.

岡林秀樹（2006）. 発達研究における問題点と縦断データの解析方法　パーソナリティ研究,

15, 76-86.
尾崎幸謙・荘島宏二郎 (2014). パーソナリティ心理学のための統計学―構造方程式モデリング　誠信書房
尾崎幸謙・豊田秀樹 (2005). 要因が２つある場合の因子の分散分析の幾つかの表現の比較―音楽と感情の関係の分析―　心理学研究, 76, 97-104.
高比良美詠子・安藤玲子・坂元　章 (2006). 縦断研究による因果関係の推定―インターネット使用と攻撃性の関係―　パーソナリティ研究, 15, 87-102.
高野陽太郎・岡　隆 (2004). 心理学研究法　有斐閣アルマ
豊田秀樹 (編著) (2014). 共分散構造分析［R編］　東京図書
山田剛史・村井潤一郎・杉澤武俊 (2015). Rによる心理データ解析　ナカニシヤ出版

[10章]

Grissom, R. J., & Kim, J. J. (2004). *Effect sizes for research: A broad practical approach*. NY: Psychology Press.
南風原朝和 (2002). 心理統計学の基礎―統合的理解のために―　有斐閣
Hays, W. L. (1963). *Statistics for psychologists*. New York: Holt, Rinehart, & Winston.
星野崇宏・岡田謙介・前田忠彦 (2005). 構造方程式モデリングにおける適合度指標とモデル改善について―展望とシミュレーション研究による新たな知見―　教育心理学研究, 32, 209-235.
Kelley, T. L. (1935). An unbiased correlation ratio measure. *Proceedings of the National Academy of Sciences*, 21, 554-559.
Keselman, H. J. (1975). A Monte Carlo investigation of three estimates of treatment magnitude: Epsilon squared, eta squared, and omega squared. *Canadian Psychological Review*, 16, 44-48.
Okada, K. (2013). Is omega squared less biased? A comparison of three major effect size indices in one-way ANOVA. *Behaviormetricks*, 40, 1-19.
大久保街亜・岡田謙介 (2012). 伝えるための心理統計―効果量・検定力・信頼区間―　勁草書房
Olejnik, S., & Algina, J. (2000). Measures of effect size for comparative studies: applications, interpretations, and limitations. *Contemporary Educational Psychology*, 25, 241-286.
山田剛史・村井潤一郎 (2004). よくわかる心理統計　ミネルヴァ書房
山田剛史・杉澤武俊・村井潤一郎 (2008). Rによるやさしい統計学　オーム社

索　引

【事項】

●アルファベット

AIC（Akaike information criterion；赤池情報量規準）　166
ANOVA君　60
ANOVA君の主なオプション　74
BIC（Bayesian information criterion；ベイジアン情報量規準）　166
Bonferroniの方法　70, 119
Bonferroni Procedure　66
carパッケージ　71, 195
CFI　217
Chi-Muller　68
corpcorパッケージ　184
Cousineau-Moreyの信頼区間　74
CSVファイル　17
effects　48
exactRankTestsパッケージ　87
ezパッケージ　71
F値　45, 65
factor型　45
forループ　237
GoodmanとKruskalの順序連関係数　36
Greenhouse-Geisser　69
header＝F　62
Hunyh-Feldt　69
I-R相関（Item-Remainder correlation）　104
I-T相関（Item-Total correlation）　103
latticeパッケージ　157
lavaanパッケージ　207
lme4パッケージ　157
matrix形式　210
MCデータ（matched-control data）　79
Mendozaの λ　65
multcomp　50
na.rm＝TRUE　84
nlmeパッケージ　157
OpenMxパッケージ　208
PCデータ（post-conflict data）　79
PC-MC法（post-conflict matched control method）　79
PResiduals　41
psychパッケージ　19, 133
Rエディタ　18
R^2　185
Rスクリプト　18
RMSEA　217
semパッケージ　208
Shafferの方法　70
Shaffer's Modified　66
S-M社会生活能力検査　128
SRMR　217
TukeyのHSD法　70
Tukeyの方法　49
VIF（Variance Inflation Factor）　195
Vineland Adaptive Behavior Scales　128

●記号等

＃　18
γ 係数　36
ε（イプシロン）　68
ε^2（イプシロン2乗）　235
η^2（イータ2乗）　234
ω^2（オメガ2乗）　235

●あ

アーティファクト　194
アルゴリズム　236
アンバランスデザイン　71

●い

異常心理学　197
逸脱度（deviance）　165

一般化イータ2乗　74
因果関係　201
因子間相関　141
因子寄与　141
因子寄与率　141
因子的妥当性　127, 140
因子負荷　141
因子分析　140, 222

●う
ウィルコクソン順位和検定（Wilcoxon rank sum test）　88
ウィルコクソン符号順位検定　86
上三角要素　209

●お
横断研究　90
オンライン推論　56

●か
回帰係数　186
下位尺度　17
下位尺度得点　157
階層性のあるデータ　151
階層線形モデル（hierarchical linear model）　148
階層的重回帰分析（hierarchical regression analysis）　197
解答類型　101
解答類型分類率　103, 111
カイ2乗検定　91
学習動機尺度　149
確認的因子分析　223
完全無作為1要因デザイン　42
観測値（データ）の独立性　151
観測変数　221

●き
疑似相関　202
気質理論　173
基準連関妥当性　127, 134

期待値　233
基本統計量　19, 28
帰無仮説　232
逆転項目　21, 177
95%信頼区間　116, 138
級内相関係数（intra-class correlation coefficient）　153
球面性の仮定　64
共分散行列　209
共分散構造分析　206
共分散分析　32, 47
共変数（covariates）　32, 47, 197
共変量　32
許容度（tolerance）　195

●く
区間推定　188
グレンジャーの因果関係　227
クロス集計表　112
クロンバックの α 係数　21, 133

●け
欠測データ　228
欠損値（NA）　176, 241
決定係数　185, 212
検定力　251

●こ
効果量（effect size）　74, 120, 154, 232, 251
交互作用　58, 65
公差遅延モデル　216
構成概念　127, 221
構成概念妥当性　144
構造的性質　99
構造方程式モデリング（Structural Equation Modeling: SEM）　206
行動接近系（Behavioral Activation/Approach System: BAS）　173
行動抑制系（Behavioral Inhibition System: BIS）　173
項目識別力　103

項目得点率　103
項目分析　70, 103
誤差　221
誤差分散　213
個人内連関係数　36
個体追跡法による観察（focal observation）
　　79
固定効果　160
古典的テスト理論　103
混合モデル　70

●さ
最尤法　140
作業ディレクトリ　17
残差分析　93
散布図　180
サンプルサイズ　120
参与観察法（participant observation）　90

●し
時間的安定性　143
識別力指標　115
自己決定理論　149
事後検定　66
四捨五入　180
自然観察法（natural observation）　90
下三角行列　209
下三角要素　209
実験観察法（experimental observation）　90
実験群　38
シミュレーション研究　235
斜交回転　141
重回帰分析　191, 207
重決定係数　193
縦断研究　90
縦断調査　206
縦断調査デザイン　196
集団の異質性　152
集団平均センタリング（centering within cluster）
　　161
自由度　45

受験競争観尺度　149
主効果　65
剰余変数　39, 42
人口学的変数（demographic variables）　197
真値　221
信頼区間　120, 251
信頼性　21, 127, 133, 222
心理学における統計改革　251

●す
推定量　233
推定量のバイアス　233

●せ
正規分布　60
制御変数（control variable）　183
精神病理学　197
成長曲線モデル（growth curve model）　148
線形混合モデル（linear mixed model）　148
線形モデル　184
潜在変数　221
全体平均センタリング（centering at the grand
　　mean）　161
センタリング　161

●そ
素因ストレスモデル　197
相関の希薄化　222
双方向因果　202
損耗（attrition）　196

●た
ターゲット文　57
第1種の誤りの確率　64, 152
対応のあるデータ　86
対応のないデータ　88
対応のない2群のt検定　30
対数変換　60
代表値　59
タイプⅢ　71
タイプⅡ　71

対立仮説　232
多重共線性（multicollinearity）　195
多重比較（multiple comparisons）　49, 66
脱落（drop out）　196, 228
妥当性　127
ダミー変数　50, 136
単回帰分析　184, 206
単語ユニット　56
探索的因子分析　224
単純主効果の検定　68

●ち
直交回転　141

●つ
釣り合い型計画　71

●て
適合度　165
適合度指標　217

●と
等価性　42
統制群　38
独立な2群のt検定　30

●な
内的一貫性　21
内的整合性　127, 133
内容的性質　98
内容的妥当性　98, 127, 143
なぐさめ行動率（the triadic conciliatory tendency）　82

●に
2値変数　136
日本パーソナリティ心理学会　176
2要因混合計画　62
2要因被験者内計画　58

●は
パーセンタイル　105
パス　206
パス解析　207
パス解析モデル　215
パス図　206
外れ値　59
バランスデザイン　71
バリマックス解　141

●ひ
被験者間デザイン　42
被験者間要因　62
被験者内デザイン　42
被験者内要因　62
非参与観察法　90
ヒストグラム　26
非釣り合い型計画　71
批判的思考態度　15
評価基準　101
標準回帰係数　186
標準化解　187
標準化推定値　212
評定者間安定性　127
評定者間一致率　39
標本　233
平見・楠見（2004）の批判的思考態度尺度　15

●ふ
不等価デザイン　42
不等価2群事前事後デザイン　28
不偏性　234
不偏分散　234
プライミング効果　57
プロマックス解　141
分散説明率　193
分散の等質性の仮定　46
分散分析　45

索　引

●へ
ペアワイズ除去（pairwise deletion）　180
平均平方　65
平方和　65, 71
ヘッダ情報　62
偏回帰係数　194, 207, 214
変化量（差得点）　25
偏相関係数（partial correlation coefficient）　182, 203
変量効果　160

●ほ
棒グラフ　113
飽和モデル　213
母効果量　234
母集団　233
母数　233

●ま
摩耗　196
マルチレベル分析　152
マルチレベルモデル　70, 152

●み
ミルの3原則　203

●む
無作為化配置実験　204

●め
命題ユニット　56
メルセンヌ・ツイスター法　236

●も
モデル比較　165

モンテカルロ研究　239

●ゆ
尤度比検定（likelihood ratio test）　165

●よ
要因　45
抑制効果（suppressor effect; suppression effect）　194
抑制変数（suppressor variable; suppression variable）　194

●ら
乱数データの生成　235
乱数の種　239
乱数標本　237
ランダム傾きモデル　154
ランダム切片モデル　154

●り
理解度評定　36
リサーチリテラシー　14
リストワイズ除去（listwise deletion）　180

●れ
レベル1　153
レベル2　153

●ろ
ローデータ　209

●わ
ワルド検定（Wald test）　163

【関数】

●A
abline() 189
alpha() 21, 133
anova() 60
anovakun() 62
aov() 45
apply() 178
attach() 24
ave() 161

●B
barplot() 113
bartlett.test() 46

●C
c() 41, 106
cat() 238
cfa() 212
chisq.test() 93
colSums() 178
confint() 188
cor.test() 115, 137
cor() 137, 179
cor2pcor() 184
cov2cor() 210
cut() 106

●D
data.frame() 187
describe() 19
describeBy() 20, 29

●E
effect() 49
ezANOVA() 60

●F
factanal() 140
for() 237

●G
getCov() 210
GKGamma() 41
glht() 51
growth() 212

●H
head() 18
hist() 26

●I
install.packages() 19

●L
lavaan() 212
legend() 249
library() 19
list() 110
lm() 184, 210
lmer() 157, 159

●M
matplot() 190, 248
mean() 44

●N
names() 178
nrow() 136

●O
oneway.test() 60

●P
p.dif() 117
pairs() 180
par() 26
partial.r() 183
plot() 138, 189
predict() 190
print() 141
prob=c() 106

索　引

prop.table()　111

●Q
quantile()　105

●R
r.dif()　119
rbind()　41
read.csv()　17
rep()　137
rnorm()　239
round()　180
rowMeans()　24
rowSums()　178

●S
scale()　187
sd()　44
sem()　212
set.seed()　239
source()　61

subset()　108
summary()　46, 159

●T
t.test()　30
table()　43, 108
tapply()　44, 108
transform()　157
TukeyHSD()　49

●V
vif()　195

●W
wilcox.exact()　87
wilcox.test()　87
with()　105
write.csv()　107

●X
xyplot()　157

265

あとがき

「Rの本なのだけれど,『心理学研究』にこだわった本を作りたい」と考えていました。そんなときに,北大路書房の奥野浩之氏から執筆のお誘いを受けました。「こんな本を作りたい」という私の個人的な思いをそのまま受け入れてくださったおかげで,「Rによる心理学研究法入門」は完成しました。その懐の広さに感謝いたします。著者の先生方は,心理学領域における新進気鋭の研究者たちです。「心理学研究」の楽しさ,難しさ,面白さ,奥深さ,を読者に伝えてくれたと思います。また,それぞれの章で著者の個性がよく表れていると思います。それはRのスクリプトについてもいえることで,同じような分析をRで行うのに,人によってスクリプトの書き方が違います。本書ではこれも個性と考えて,あえてそのままにしました。「Rでの分析も一通りではなく,色々なスクリプトの書き方があるんだな」ということが伝われば嬉しいです。　　　　　　　　　　　（山田剛史）

心理学は「実に面白い!」学問です。その面白さは,優れた研究法と的確な分析によって生み出されます。でも,研究法や統計の学習はなかなか難しいですよね。外国語は,「文脈で覚える」のが効果的といわれます。単語や文法が「実際の会話や文章の中でどのように使われるか」を学ぶことで定着し,関心も増します。研究法も統計もRも同様です。これらが「実際の心理学研究の中でどのように使われるか」を学ぶことで,生きた知識やスキルとして身に付き,関心も増します。本書でご一緒に学び,「心理学の面白さ」を体験しましょう!　　　　　（林　創）

思いついたことを自分の手元で色々と分析してみることは心理学研究の面白みを感じる機会の1つになります。Rがあれば,学部生でもこうしたことを割と気軽に実行することが可能になります。本書が分析,ひいては心理学研究の面白さを実感する一助となれば,筆者の1人として大変嬉しく思います。　　　（深谷達史）

Rには豊富な機能がありますが,たくさんありすぎてどれを使えばよいか迷うことも少なくありません。本書のような具体的な研究例に沿った紹介は,実際の分析に際して特定の関数やパッケージを選ぶという点でも手助けになるのではないかと思います。また,これをきっかけとして紹介のない機能についても学習を進

めていただければ幸いです。 (井関龍太)

心理学研究の流れには，研究テーマを見つける・データを集める・データを分析する・結果を解釈するというものがあります。この本は，Rという統計ソフトの使い方をお伝えする本ですが，同時に様々な心理学研究の一通りの流れを紹介している本にもなっています。「心理学研究のテーマってどんなものがあるの？」という，これから研究を始める方にも，「データはどうやって集めるの？」「データ分析はどうすればいい？」「分析結果はどう見ればいい？」という，研究を既にスタートされた方にも，何らかの形でこの本がお役に立てたら嬉しいです。

(藤澤啓子)

近年，Rに関する本が多数出版されています。しかし，1冊の中で実際に行われた複数の研究例を複数取り上げ，心理学研究法から心理統計，Rを用いた分析の仕方までを説明しているものはあまりないと思います。これらの研究例を通じて，研究の考え方や分析手法，結果の解釈の仕方を学ぶとともに，それぞれの研究領域の面白さを味わってください。また，私の担当章でも述べましたように，日本ではテスト作成に関する研究が少ないのが現状です。この章を読んで，1人でも多くの方がテストの研究に興味を持ってくださいますと幸いです。 (安永和央)

心理尺度や心理学的検査，または様々な種類のテストといった測定道具を作成する上での「よい」測定についての基本的な考え方，またその奥深さを伝えることができればと思い本章の執筆を試みました。これら測定道具の作成を実際に経験して，その奥深さを肌で感じるとともに，実践場面での活用の中にある醍醐味を味わってください。そして，それと同時に，測定の考え方を支える基礎となる研究デザイン，統計的分析手法，データの集め方といった様々な方法論的側面についても関心を持ち，意欲的に学ぶ読者が今後少しでも増えてくれることを心密かに願っています。

(宇佐美 慧)

何か関心のある問題について研究をしたいと思ったときに，データ収集やデータ解析の方法は決して一通りではありません。だからこそ心理学研究は難しいのですが，研究方法について考えることが心理学の醍醐味の1つでもあると思います。本書を通じて様々な研究テーマや研究法，分析法に触れることで，読者の皆さまが研究をする際の一助となれば嬉しく思います。 (鈴木雅之)

今回8章で取り上げた研究は，実は，私の卒業論文のテーマでした。それをこのような形で皆さんにご紹介する機会をいただき，たいへん光栄に思います。今この本を手にとっている方々の中にも，卒業論文や修士論文のテーマを決めるのに苦悩している方もたくさんおられるのではないかと思います。しかし，研究のテーマというのは，思いがけないところに転がっているもので，思いもよらずに見つかってしまうものです。この本は，Rの使い方を示した統計の本でありながら，同時に10の心理学研究が掲載されています。これらの研究の中のいくつかが，皆さんの知的好奇心を刺激するわずかなきっかけになることを願っております。

(高橋雄介)

私は経営学の社会人大学院で教えています。社会人として何年か経つと，あいまいな考え方・理解のままで行っている実務の進め方に対して疑問を持つ人がいます。物事の考え方の基礎を学び，自分の中に確固たるものを作りたいというのが，入学する理由の1つのようです。心理学の研究方法（仮説検証・実験計画法・統計など）は，物事の考え方の基礎として極めて有用です。本書には実際の研究例がたくさん紹介されています。研究のみならず，皆さんが社会人になったときの問題解決のヒントとしても本書は有用だと思います。

(尾碕幸謙)

日本心理学会の委員を務めている関係で，最近，全国の大学における心理学教育について調査したデータを分析しました。心理学研究法やアセスメント，データ解析の科目は，多くの大学・大学院でカリキュラム上重要な位置を占めていますが，同分野が専門の専任教員はほとんど配置されていないことがデータからわかりました。心理統計学を専門とする大学教員として，こうした現状は少し残念に思います。本書によって心理学研究法の面白さ，重要さが伝わり，ゆくゆくは研究法や心理統計学を専門に研究する人が増えて，心理学研究の発展・活性化につながれば嬉しいな，と思います。

(岡田謙介)

■執筆者一覧

山田剛史（岡山大学大学院教育学研究科准教授）	1章
林　　創（神戸大学大学院人間発達環境学研究科准教授）	1章
深谷達史（群馬大学大学院教育学研究科講師）	2章
井関龍太（独立行政法人理化学研究所理研BSI-トヨタ連携センター研究員）	3章
藤澤啓子（慶應義塾大学文学部助教）	4章
安永和央（日本学術振興会特別研究員：東京大学）	5章
宇佐美慧（筑波大学人間系心理学域准教授）	6章
鈴木雅之（国立情報学研究所特任研究員）	7章
高橋雄介（京都大学大学院教育学研究科特定助教）	8章
尾碕幸謙（筑波大学大学院ビジネス科学研究科准教授）	9章
岡田謙介（専修大学人間科学部准教授）	10章

■編者紹介

山田剛史（やまだ・つよし）
1970年　東京都に生まれる
2001年　東京大学大学院教育学研究科総合教育科学専攻博士課程単位修得退学
現　在　岡山大学大学院教育学研究科　准教授

主著・論文
Rによる心理データ解析（共著）　ナカニシヤ出版　2015年
Rによる項目反応理論（共著）　オーム社　2014年
教育心理学研究とRについて　教育心理学年報, 52, 64-76．2013年
メタ分析入門―心理・教育研究の系統的レビューのために―（共編著）　東京大学出版会　2012年
大学生のためのリサーチリテラシー入門―研究のための8つの力―（共著）　ミネルヴァ書房　2011年
Rによるやさしい統計学（共著）　オーム社　2008年

Rによる心理学研究法入門

2015年2月10日　初版第1刷印刷	定価はカバーに表示
2015年2月20日　初版第1刷発行	してあります。

編　著　　山　田　剛　史
発行所　　㈱北大路書房
〒603-8303　京都市北区紫野十二坊町12-8
電　話　(075) 431-0361㈹
F A X　(075) 431-9393
振　替　01050-4-2083

©2015　　製作／ラインアート日向　　印刷・製本／創栄図書印刷㈱
　　　　　　　　検印省略　落丁・乱丁本はお取り替えいたします。
　　　　　　　　　　　ISBN978-4-7628-2884-3　Printed in Japan

本書の内容についての電話によるお問い合わせはご遠慮ください。質問等がございましたら，書面にて弊社編集部までお送りくださいますようお願いいたします。

・ JCOPY 〈(社)出版者著作権管理機構 委託出版物〉
本書の無断複写は著作権法上での例外を除き禁じられています。
複写される場合は，そのつど事前に，(社)出版者著作権管理機構
(電話 03-3513-6969,FAX 03-3513-6979,e-mail: info@jcopy.or.jp)
の許諾を得てください。